¿Dónde estamos?

¿Dónde estamos?

Verdades, mentiras y deberes pendientes de la recuperación económica

JOSÉ MARÍA GAY DE LIÉBANA

EDICIONES DEUSTO

Deusto es un sello editorial de Centro Libros PAPF, S. L. U.
Grupo Planeta
Av. Diagonal, 662-664
08034 Barcelona

www.planetadelibros.com

Diseño de cubierta: microbiogentleman.com
Imagen de cubierta: © Borrás Camps

ISBN: 978-84-234-2091-9
Depósito legal: B. 9.294-2015
Primera edición: junio de 2015
Preimpresión: Victor Igual, S.L.
Impreso por Egedsa

Impreso en España - *Printed in Spain*

Sumario

Presentación

Ante todo, amable lector y comprador de este libro, mi más sincera gratitud por haber elegido esta modesta obra. No sé si usted es de los que piensan que las cosas no acontecen por casualidad. Igual es que tanto usted como yo estábamos predestinados para que se produjera esa conjunción favorable de los astros... Porque la oferta de libros que tenía ante sus ojos era copiosa y usted va y precisamente se decanta por *¿Dónde estamos?*

Es de recibo, antes de romper el fuego de la obra, dejar constancia sobre su padrino, su aliado y su autor.

Sin el estímulo y perseverancia del querido Roger Domingo, para mí el jefe con quien me entiendo y, sobre todo, me entiende él, este libro no habría visto la luz. Roger es todo comprensión porque siempre contagia de bravuras y alienta en pro de la escritura, en que se refleje en una obra las ideas, los pensamientos y las cavilaciones de un economista que sólo pretende hacer lo que podríamos calificar como narrativa económica. Roger me ha perdonado no una vez sino muchas mis retrasos e incumplimientos, y en todo momento me inyecta las necesarias dosis de optimismo. Roger, como bien está usted entendiendo, es el padrino, el gran y benevolente padrino del autor.

En este trabajo he contado con un aliado de excepción: Manel Manchón. Él, enorme periodista muy especializado en información económica, ha sabido esculpir la materia prima, ha sabido dar forma a mi verborrea imparable, ha sabido templar impulsos y me ha ayudado en todo instante a seguir poniendo tesón en la labor de darle a las teclas, buscar datos, organizar gráficos e imprimir coherencia a pasos atropellados, con periodicidad semanal en estos últimos meses.

Le explico brevemente de qué va este trabajo aunque supongo que usted ya se lo imagina. El título es *¿Dónde estamos? Verdades, mentiras y deberes pendientes de la recuperación económica.* Y la autoría supone que es de este humilde escribidor, que es del Espanyol. Pues, ¡en efecto!

A la pregunta que da título al libro, se responde explicando no sólo dónde nos encontramos sino cómo estamos. Es importante en un momento como el actual que todos sepamos la verdad de nuestra situación y que sepamos compararla con las mentiras que nos cuentan y los deberes, muchos, que estamos haciendo y que aún tendremos que hacer. Máxime, porque en un año como éste de tan ferviente y acalorada pasión electoral digno de plantear consultas y más consultas, no es lo mismo depositar la papeleta en la urna pensando que si..., u obrando en consecuencia.

En este trabajo voy narrando cosas sobre nuestra realidad económica. Me pregunto, para empezar, si es verdad eso que nos dicen de que la crisis es historia del pasado. No lo creo. Lo que sí creo es que esta crisis ha provocado un brutal cambio de escenario económico, donde ya nada será igual que antes. Vivimos una pujanza ciertamente artificial, nos emborrachamos de algarabías y mejunjes económicos que desembocaron en una resaca de tomo y lomo, dura, durísima, en la que todavía estamos. Al final, llegó la intoxicación económica acompañada de la mezcla financiera. Nuestro cuerpo tiene que aguantar esa desazón o *resacón*. Hemos de acostumbrarnos a lo que hay..., salvo que seamos capaces de cambiarlo, de dar un giro a nuestras vidas en clave económica construyendo un hábitat confortable para ir tirando y, a ser posible, para aspirar a más.

Por ello, uno se pregunta, jugando con la metáfora de los aeropuertos que semanalmente piso y las experiencias personales a bordo de los aviones, si España despega y cuál es la potencia económica con que lo hace. Permítame que no le responda en este punto porque si lo hago, me temo que usted ya dé por finiquitada la lectura del libro. Así que le invito a seguir con este simple relato en las páginas que vienen a continuación.

Por más que se me tilde de pesimista —ya sabe que se suele decir que un pesimista es un realista o, incluso, un optimista bien informado— veo a España en una fase de estancamiento, sin liderazgos serios, encadenada a un paro que no amaina, a una falta de fuelle de nuestro modelo económico-productivo preocupante, a un consumo que no acaba de remontar y a una deriva atroz en cuestiones políticas, plagada de intrigas palaciegas y componendas de extraña catadura, juegos sucios entre socios en la alta política, y obsesiones sin freno por querer catapultar los chorizos como plato nacional con los medios de comunicación como testigos. Si a ello le sumamos las montañas de deuda que tenemos tanto en lo privado y familiar como empresarial y, por encima de todo, en el disparate de la deuda pública y los déficits alocados de nuestras cuentas públicas, las conclusiones que *prima facie* uno pueda extraer desaniman. No se preocupe, apreciado lector, que ese panorama cambiará más tarde o más temprano y este país entrará en razones, recobrará impulsos y sabremos divisar nuestro futuro en la línea del horizonte. Tranquilos que ese día, aunque no sé cuándo será, está por llegar.

En fin, no le quiero cansar más con estos preparativos para que se inicien las maniobras del despegue. Para su tranquilidad, sí le quiero aclarar que no tengo predilección por ningún color político, ni milito en formación alguna, ni tengo intereses partidistas, ni exhibo carnet de partido, ni espero una llamada para enrolarme en alguna candidatura. Nada de eso. Procuro ser imparcial y objetivo, explicar las cosas como las veo y seguro que yerro muchas veces. En su día, criticaba las políticas y gestiones de quienes gobernaron, alabé las decisiones efectivas y aportaciones positivas de otros que llevaron las riendas del país, me metí con quienes no lo hacían bien y opiné, y opino, sobre lo que hay, eso sí, con la mejor de las intenciones y en pos de sumar. Soy consciente de que esta libertad tiene un precio, que ya estoy pagando, pero creo en la verdad y en que todos sepamos dónde estamos y cómo estamos, adónde vamos y cómo nos llevan. No verá mi nombre en las próximas ni en las siguientes elecciones ni tan siquiera para optar a la junta de la comunidad de propietarios donde vivo. Por no verlo, ni tan siquiera me verá por un colegio electoral. ¡Quiero llegar al Cielo libre de toda complicidad!

Si de todo eso, de lo que unos dicen y otros decimos, de lo que unos opinan y otros opinamos, sumamos a buen seguro que llegamos a construir una España que vaya bien, que recobre su energía, que resurja la ilusión, que se contagie el entusiasmo. Porque entre todos, cada cual a su manera, sólo tenemos un clarísimo objetivo: conseguir que las cosas vayan bien, aprender de los errores, sentar las bases para un mañana mejor y, desde luego, iniciar el despegue cuanto antes con un vuelo seguro y estable, alcanzando una aceptable, regular y sostenible velocidad de crucero, como lo saben hacer los pilotos y tripulaciones de Vueling e Iberia, de Air Europa y Air Nostrum, y de otras compañías aéreas, empeñados como buenos profesionales en que lleguemos felizmente a destino. Igual sería preciso que alguno de esos excepcionales pilotos se sentara en la cabina y tomara los mandos de un avión llamado España.

Apreciado lector: ¡Gracias por los ratos que dedicará a leer estas páginas!

Barcelona, 26 de abril de 2015

1

¿La crisis es historia del pasado?

Un necesario tono optimista

La empresa de escribir un libro a finales del mes de enero de 2015, con el objetivo de dibujar un horizonte económico para España, tiene una ventaja: hay elementos que invitan a la esperanza, después de una larga crisis económica. Lo que ha comenzado a suceder es la coincidencia en el tiempo de diversos factores. Uno cree que se conjuran todos los sistemas interplanetarios financieros y los astros económicos, y que la reactivación es posible.

Hay varias circunstancias que pueden ayudar a esa recuperación. En primer lugar lo que tenemos es que el Banco Central Europeo (BCE) ha comenzado a inundar de dinero a todos los países de una Europa demasiado dubitativa. Y ello se une a un descenso del precio del petróleo, que, de forma sorprendente, repercute en los descosidos bolsillos de españoles y europeos.

Las medidas del BCE favorecen lo que tiempo atrás parecía un sueño inalcanzable en pos de la competitividad de la zona euro: la paridad con el dólar. Es uno de los objetivos que pretendía. Al regar con euros a todos los países, la moneda se devalúa frente al dólar. Y eso es positivo. Aunque no sea mucho, el impuesto sobre nuestras rentas se atempera. Ahora bien, confiemos en que no haya gato encerrado y que lo que nos dan por un lado no nos lo quiten por otro.

Y es que hay que contar también, de ahí esa confluencia de la que hablábamos, con el descenso en las retenciones del inefable IRPF, que ha puesto en marcha el Gobierno. Con ello, tendremos más dinero en nuestros bolsillos. Los tipos de interés caen. Por tanto, la lluvia de dinero que el BCE inyecta en los mercados debiera tener consecuencias favorables para mantener en mínimos y bajo control la temida prima de riesgo, aguantar los voluminosos endeudamientos públicos sin tensiones, facilitar la fluidez crediticia por parte de las entidades financieras, ajustar a la baja aún más los tipos de interés, permitir la colocación de deuda corporativa en los mercados —descendiendo el coste de las hipotecas e incentivándolas— y animar algo el empuje económico. Consecuencias, todas ellas, muy interesantes, y que, efectivamente, coinciden en el tiempo en estos primeros meses de 2015.

Una de esas consecuencias es el mantenimiento de los precios bajos. En este caso, las interpretaciones son diversas, porque se puede entender como una inflación contenida, o negativa, o los más atrevidos sostienen que se trata de una deflación a secas. En cualquier caso, ello debería servir como acicate para reactivar el consumo, porque no se pierde capacidad adquisitiva, a pesar de la devaluación interna de los salarios en España. A ello se añade lo que se apuntaba respecto al BCE y es ese volumen de dinero que regará todas las economías europeas.

Justo en ese contexto, en el que diversas medidas se han puesto en marcha, nos encontramos con Grecia o, mejor dicho, con el pueblo heleno, que, llamado a las urnas, ha decidido dar un golpe de timón y ha ofrecido el país a la izquierda considerada como radical. Los ajustes de la troika —esos señores de negro, producto de la estrecha colaboración entre la Comisión Europea, el Banco Central Europeo y el Fondo Monetario Internacional (FMI)—, con las políticas de austeridad incluidas en el paquete anticrisis, han propiciado un descontento generalizado y un rechazo abrumador por parte de la ciudadanía. No sabemos cuál será el futuro de Grecia ni del resto de la Europa del sur, pero se puede prever que 2015 volverá a ser un año en el que los interrogantes sobre el euro se agitarán de nuevo de modo espectacular. Atentos, pues, a los mensajes que lleguen desde la Europa del norte...

Uno de los mensajes importantes que escuchan esos países del Norte es el del FMI. El organismo publicó en el mes de enero sus pronósticos para este año 2015 y para el próximo 2016, presentados como perspectivas de la economía mundial. Ya sabemos que el FMI no siempre acierta, pero sí marca tendencias y sus, a veces, poco optimistas presagios sirven para provocar reacciones, y hacer bueno aquello de que las estadísticas sirven para romperlas, es decir, para desmentirlas con el trabajo que se haga a partir de ese momento.

En el caso de España, el FMI elevó las previsiones y auguró un crecimiento para 2015 del 2 %, y un 1,8 % para 2016. Posteriormente, la Comisión Europea aumentó también sus previsiones y pronosticó un crecimiento en 2015 para España del 2,3 %.

El paro sigue latente

La tan temida EPA —Encuesta de Población Activa— que trimestralmente publica el Instituto Nacional de Estadística (INE) era también esperada, a las 9 horas de la fría mañana del 22 de enero de 2015. Había algo de confianza y también bastante resquemor. Un par de días antes, la Organización Internacional del Trabajo (OIT) daba a conocer sus predicciones sobre el paro en el mundo y el mazazo para el trabajo español fue muy duro. Con todo, aquella mañana del 22 de enero arrancó, en clave española, con esa confianza que se apuntaba. Sin que se obraran milagros, el gran estigma del desempleo en España podría comenzar a amainar, aunque lentamente.

El empleo no vive aún, ni de lejos, momentos de esplendor, pero, aunque de manera tímida, parece que cambia de tendencia. Las cifra de parados disminuyó al concluir 2014, aunque la cruel enfermedad del desempleo sigue perjudicando seriamente a nuestro país.

Sin embargo, el 22 de enero de 2015 siempre será recordado como un día mágico para la economía europea de la eurozona.

Se evocará como el día en el que Mario Draghi, como sumo sacerdote del Banco Central Europeo, ofició un acto de política monetaria con mayúsculas: una inyección de dinero de más de un billón de euros. Por fin, tras meses de suspense y después de la palmaria constatación de que la economía europea o, mejor dicho, la de la zona euro, no se reactivaba, el cónclave del BCE pasaba de las palabras a la acción, de los mensajes más o menos descifrados al pronunciamiento claro y meridiano: 60.000 millones de euros al mes de inyección de dinero para reanimar la alicaída economía de una Europa que no tira ni es capaz de remontar el vuelo.

Una inyección en vena a una Europa cuya tasa negativa de inflación más parece apuntar hacia una preocupante deflación. La decisión es contundente: 60.000 millones de euros al mes desde marzo de 2015 hasta, por lo menos, septiembre de 2016. Y si es necesario, el bombeo se prolongará hasta que la inflación en Europa —insistimos, en la Europa del euro— apunte hacia el objetivo del BCE cifrado en el 2 %. De hecho, y eso se olvida con demasiada frecuencia, el BCE tiene como única misión en sus estatutos la vigilancia estrecha de la inflación, pero para controlar que no sobrepase el 2 %, cuando ahora en la zona euro esa inflación media cerró 2014 al 0,3 %.

En términos técnicos, los que utilizan los funcionarios de Bruselas, y los economistas del BCE, esa expansión cuantitativa (*Quantitative Easing*) del BCE supondrá un manguerazo en los mercados de 1,1 billones de euros, por lo menos. El objetivo primordial, finalmente, no es sólo la adquisición de deuda y bonos privados, sino sobre todo la compra masiva de deuda pública aliviando así las tensiones que la deuda soberana padece como consecuencia del elevado endeudamiento público de varios países de la eurozona. Y es que las finanzas públicas de esos países corren peligro: Francia, Italia y, cómo no, España, al margen de otros Estados con sus cuentas públicas tambaleándose.

Imprimir dinero desde el BCE

En palabras más sencillas, Mario Draghi, como presidente del BCE, no sin los recelos de Alemania, ha decidido darle a la máquina de imprimir billetes para favorecer movimientos inflacionistas. Y es que la amenaza de la deflación exigía ser combatida. Entre los diversos objetivos del BCE, que muestran, de hecho, los problemas de la eurozona, figuran que el crédito bancario fluya al sector privado y se active de una vez tras superar la banca española los test de estrés. También que la llamada deuda corporativa —la de las empresas— disipe sus dudas; que el consumo se reactive; que los precios suban, que los tipos de interés se mantengan bajos, que el euro se deprecie para que las exportaciones de la eurozona se impulsen, y que, en parte, se despejen las dudas sobre una Grecia que estaba a punto de votar, el 25 de enero, con serios interrogantes sobre su futuro político, como se apuntaba anteriormente.

La medida de Draghi se sumaba a la decisión anterior de bajar a la mínima expresión los tipos de interés, con la idea de forzar a la banca para que el dinero se moviera hacia la economía doméstica, la productiva y se alejara de esos complejos esquemas engendrados por la economía financiera que tantos golpes había propiciado al sector financiero al que entre unos y otros, aquí y allí, nos habíamos visto obligados a rescatar.

Así que los diferentes ingredientes para arrancar con estas páginas, en el momento de redactarlas, son algo positivos y nos alejan, por el momento, de un mensaje teñido de pesimismo. Ya era hora. España inicia un nuevo viaje, con problemas graves, pero remonta el vuelo.

Las previsiones del FMI: una Europa alicaída

Las previsiones del FMI, publicadas el 20 de enero de 2015, en cuanto a la tasa de variación anual del PIB, refrendaban las previsiones del cuadro macroeconómico trazado por el Gobierno de España al presentar los presupuestos generales del Estado para 2015.

GOBIERNO DE ESPAÑA — MINISTERIO DE ECONOMÍA Y COMPETITIVIDAD

Cuadro macroeconómico (I)

Tasa de variación anual	PGE 2015			Programa de Estabilidad	
	2013	2014	2015	2014	2015
PIB	-1,2	1,3	2,0	1,2	1,8
Consumo privado	-2,3	2,0	2,1	1,4	1,8
Consumo AA.PP.	-2,9	0,2	-1,0	-1,3	-1,9
FBC	-3,7	1,5	4,4	0,5	2,9
FBCF (Bienes de equipo y otros)	3,4	7,0	6,0	5,5	4,5
FBCF (Construcción)	-9,2	-3,3	3,1	-3,3	1,8
Demanda Nacional (*)	-2,7	1,4	1,8	0,7	1,2
Exportación bienes y servicios	4,3	3,6	5,2	5,0	6,1
Importación bienes y servicios	-0,5	4,4	5,0	3,6	5,0
Saldo exterior (*)	1,4	-0,1	0,2	0,6	0,5

(*) Contribución al crecimiento del PIB

Entre las potencias de la Eurozona se vaticinaba el mayor crecimiento económico para España en 2015 con una variación anual del 2 % de su Producto Interior Bruto (PIB) y del 1,8 % en 2016. El escenario español muestra, por tanto, una mayor consistencia que el de los otros grandes países europeos. Alemania crecerá en 2015, según esas previsiones, el 1,3 % y se animará en 2016 con el 1,5 %. Francia parece algo anquilosada con una pequeña variación en 2015 del 0,9 % y algo mejor en 2016 con el 1,3 %, e Italia se encuentra en un momento difícil sin apenas mejoría en 2015 al crecer sólo a una tasa el 0,4 % y del 0,8 % en 2016.

FMI: PREVISIONES ECONÓMICAS. PIB: Variación anual en % (20 enero 2015)

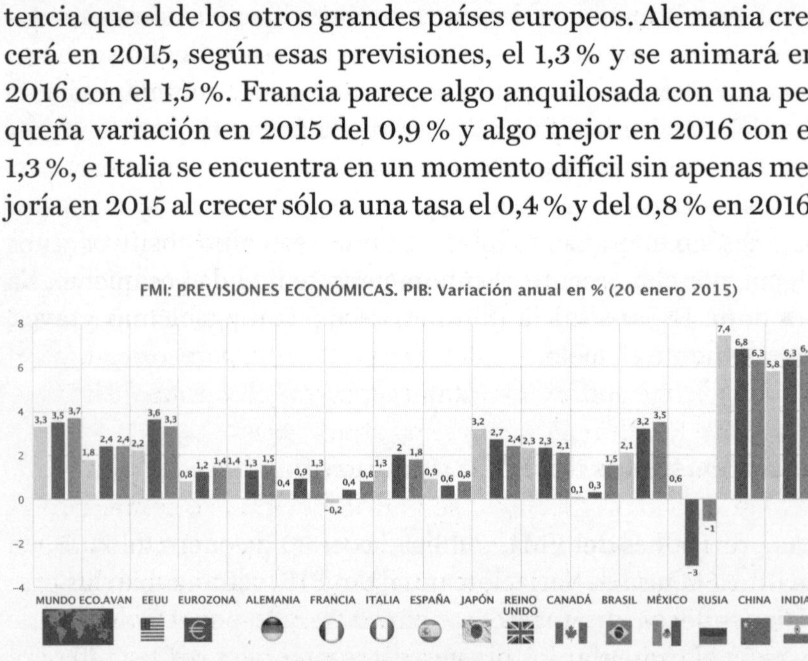

De hecho, y eso puede ser preocupante para España, que depende mucho de sus socios europeos, el conjunto de países de la eurozona para 2015 y 2016 no muestra síntomas de alivio económico, al crecer a unas tasas modestas del 1,2 % y 1,4 %, respectivamente. Estos crecimientos son débiles en comparación con la predicción para la economía mundial que crecerá, según el organismo internacional, en 2015 el 3,5 % y en 2016 al 3,7 %, por debajo del empuje de las economías avanzadas que aumentan el 2,4 % en ambos años.

Con esos crecimientos tan pequeños, quedan distanciados, también, del brío norteamericano cuya economía en 2015 galopa al 3,6 % y algo menos en 2016, el 3,3 %, y del empuje británico del 2,7 % en 2015 y del 2,4 % en 2016.

Lo que vemos en esas previsiones, cuando nos fijamos en países como Canadá o México, es que la América del Norte ha entrado en una fase expansiva, junto a Estados Unidos. Comprobamos, en cambio, que Rusia, golpeada por los precios del petróleo, —el 70 % de los ingresos por exportaciones depende en Rusia de los hidrocarburos— se aboca a una caída de su economía, que se concreta en 2015 en un 3 %, y en el 1 % en 2016. Y queda patente la desaceleración de ese motor de la economía mundial que es China, que pierde fuelle, mientras que India, quizás de forma menos vistosa, gana posiciones y acelera con crecimientos por encima del 6 %.

Los datos lo que muestran es una velocidad distinta entre continentes. Y, nos guste más o menos, la realidad es que lo que vemos en el conjunto de Europa, a los países que comparten el euro, es que está un tanto aletargada. Europa parece dormida, y la analogía que podríamos establecer es que el continente ha vivido bien en los últimos años y se ha aburguesado.

El Estado de bienestar ha sido aceptable, con una buena calidad de vida —privilegiada, se podría decir, si se compara con otros países de otros continentes—, con derechos consolidados, y con una Seguridad Social que nos ha mimado. La propia dinámica de esos Estados nos ha proporcionado todos esos servicios, que se han costeado, claro, con nuestros impuestos y cotizaciones sociales.

El problema ahora es que, una vez alcanzado, o casi, el sueño de la Europa del euro, tras muchos años de esfuerzos, todo parece derrumbarse como un castillo de naipes. Y es que el crecimiento —porque también se parte de una situación mucho más alta— es minúsculo comparado con el resto del mundo. Si en 2014 el mundo crecía, siguiendo los datos del FMI, a una tasa del 3,3 %, la zona euro lo hacía al 0,8 %. Si las economías avanzadas se movían a un ritmo del 1,8 %, nosotros —por la Europa del euro— lo hacíamos a ese 0,8 %. Si Estados Unidos, como si fuera la locomotora del AVE —sin tener AVE— disparaba su economía al 2,2 % —y su tasa de paro se reducía a poco más del 5 %—, ahí, anclados en un insuficiente 0,8 % andábamos nosotros, por debajo, incluso, del siempre estancado Japón con sus eternos problemas, pero con un PIB nipón que sigue mostrando fortalezas pese a que su particular IVA supusiera en 2014 una subida de precios y una contracción del consumo.

Ésa es la realidad que debemos afrontar para conocer las posibilidades de futuro, y asumir algunos problemas estructurales. En ese contexto de debilidad europea hay que señalar también lo que sucede en el Reino Unido. Los británicos, que son muy suyos y siguen circulando por el carril izquierdo y venerando sus tradiciones, se plantean un gran debate sobre su continuidad o no en la Unión Europea. Cuando se jactan de su crecimiento —no exento de estímulos monetarios que terminaron por influir en la política monetaria del propio BCE a lo largo de 2014, para facilitar dinero a la banca a cambio de que ésta lo trasladase hacia las economías familiares y empresariales—, uno los entiende. Hay que tener en cuenta que el Reino Unido trepaba en 2014 al 3,2 % y en 2015 aunque pierde algo de aliento, prosperará al 2,7 % y para 2016 la proyección es que crezca un 2,4 %, porcentajes que muestran la fortaleza de la economía británica, muy centrada en los servicios financieros.

Durante la primera quincena de abril de 2015, el FMI revisa sus previsiones económicas para 2015 y 2016, considerando el cierre definitivo de 2014. No se advierten grandes cambios aunque sí algo de ralentización de la economía mundial en 2016 y pequeña mejoría del cierre de 2014. Se mantienen los pronósticos para las economías avanzadas y se atisba algo de empuje en la eurozona con protagonismo descollante de España, que crecería en 2015 el 2,5 % y en 2016 lo haría al 2 %. La marcha atrás de Brasil y Rusia son preocupantes, pese al fuelle de la economía de la India.

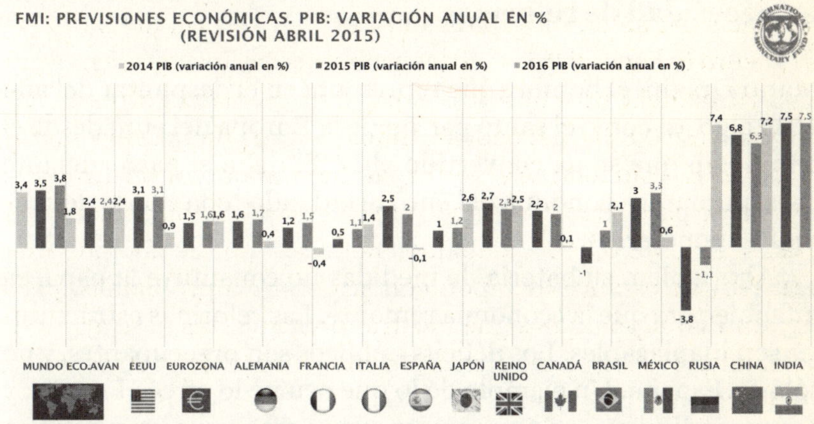

Un sistema costoso con excesiva regulación

El mundo, pues, crece. Nuestra economía europea, de las más desarrolladas, sin embargo, se estanca. Parece como si Europa se fuera desvaneciendo, como se apuntaba anteriormente. Será difícil que una Europa al ralentí, como atropellada en sus estructuras, pueda seguir ofreciendo tantos servicios al ciudadano. Y es que la madeja que ha creado es excesiva.

Es una Europa demasiado burocratizada, y muy regulada, con la aprobación de más de 3.000 normas jurídicas anualmente, —desde el año 2000 hasta marzo de 2013, según explicaba A. M. Vélez en *Vozpópuli*, se han producido 39.832 normas que luego se traducen en todo el aparato de transposición a los derechos nacionales de cada Estado miembro de la UE. Es una Europa generosa hasta ahora con sus ciudadanos a los que, por la fuerza de las circunstancias, esto es, problemas de dinero, se les va recortando sus derechos y compensaciones. Es una Europa atrofiada en su modelo económico-productivo.

El propio desarrollo del sistema democrático ha derivado en una carga institucional excesiva y entorpecedora, apabullante y costosa, insoportable de seguir manteniendo.

La necesidad de reformas

Mario Draghi, el hombre que representa en el despuntar del año 2015 algo así como el santo patrón de la Europa del euro desde el templo en que se ha convertido el BCE, daba el paso adelante para animar la economía del euro brindando toda suerte de estímulos monetarios.

Ahora bien, su batería de medidas no constituye la panacea infalible para que la economía remonte. Las reformas estructurales son inaplazables. Los déficits públicos son preocupantes, y no sólo en España. Un ejemplo de lo que ocurre lo ofrece Francia, y es muy indicativo: no presenta un superávit en sus presupuestos desde 1974.

La deuda pública, por tanto, alcanza cotas peligrosas. La competitividad europea no da la talla. La tasa de paro es preocupante y en España, alarmante. El paro juvenil enfila alturas que ponen en riesgo el presente de nuestra juventud y suma demasiadas incógnitas al futuro. Porque, de todo ello, surgen algunas preguntas: ¿Quiénes costearán las pensiones de los que nos vayamos jubilando durante los próximos años? ¿Serán capaces los jóvenes de cotizar a unos niveles suficientes para cubrir nuestras jubilaciones?

El problema central es que los salarios modestos de hoy y mañana, con bases de cotización muy ajustadas, serán insuficientes para hacer frente a desembolsos por pensiones, que, a su vez, van en aumento en cantidad de jubilados y en la cuantía de sus percepciones. Los ciudadanos de Europa envejecen —la proyección demográfica para los próximos años en España es muy peliaguda— y la paradoja es que eso es algo positivo, porque la longevidad de la población aumenta y el mito de vivir cien años se va haciendo cada vez más realidad. Pero tiene un aspecto negativo, y nada menor: ¿cómo sostener el coste de una población longeva tanto en sus jubilaciones como en el gasto médico inherente a nuestros mayores?

En estos momentos no se atisban, hoy por hoy, serios ánimos modernizadores para abordar esos graves problemas estructurales. Europa, además, cansada de tanta crisis, al menos la Europa del Sur, la periférica, vive en sus propias carnes el empobrecimiento de las clases medias que, a fin de cuentas, son las que siempre tiran del carro de la economía.

Los salarios se encogen, el poder adquisitivo pierde potencia y uno cavila si sus hijos vivirán tan bien como esta generación, como los que ya somos veteranos, o sus estándares de vida serán más bajos. Dicho de otra manera, si nuestros hijos podrán alcanzar, teniendo en cuenta nuestra internalizada cultura de la propiedad, un piso de propiedad, como lo hemos tenido nosotros.

El drama del paro español

Con todo el esquema expuesto, uno de los elementos centrales que España debe afrontar es su alta tasa de paro. Es cierto que la EPA conocida el 22 de enero de 2015 ofrecía un cuadro de la ocupación y del paro en España algo mejor, pero no nos podemos engañar, porque sigue siendo rematadamente malo, triunfalismos al margen y soslayando que ante los próximos envites electorales quienes mandan se quieran colgar medallas con ínfulas de record olímpico.

En un país con una población a partir de los dieciséis años que alcanza los 38,5 millones, que estén activos 23 millones arroja una tasa de actividad del 59,77 %. Que estén ocupados 17.569.100 indica que casi el 46 % trabaja y que estén parados 5.457.700 revela que la tasa de paro ronda el 24 %.

Con todos esos datos, la conclusión es que España tiene 5,5 millones de parados al despedir 2014, cuando al bajar el telón de 2011 eran 5.273.600 las personas que estaban en el paro. Por más boato que se dé a los números de las personas que están trabajando y por más que nuestras autoridades se llenen la boca presumiendo sobre lo bien que lo están haciendo y loen la efectividad de sus reformas en la última legislatura, los resultados sonrojan y preocupan. Son absolutamente alarmantes.

De los resultados de la EPA, que en definitiva confirmaban una tasa de paro al cierre de 2014 del 23,7 %, no cabe dudar. No obstante, un par de días antes, el 20 de enero de 2015, la Organización Internacional del Trabajo aludía a España como el país de la UE que se verá más afectado por el desempleo dentro de cuatro años, por encima de Grecia y de otros países con serios desequilibrios económicos.

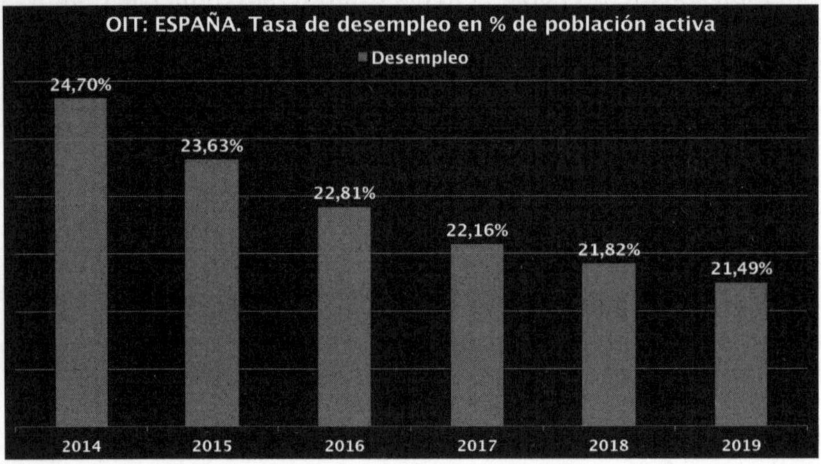

La reducción de la tasa de paro en España en el quinquenio 2015-2019 es muy débil. Hasta 2020, nuestro país tendrá un paro de más del 21 % según la OIT. Este organismo habla de las nuevas turbulencias en el horizonte del empleo y afirma que la brecha global de empleo causada por la crisis sigue ampliándose. Afirma la OIT que la situación del empleo está mejorando en algunas economías avanzadas, pero que el problema se concentra en gran parte de Europa.

En las economías avanzadas, en su conjunto, se recupera empleo, pero se detectan discrepancias sustanciales. Así, en Estados Unidos, Japón y ciertos países europeos el paro disminuye y parece que vuelve a aquellas tasas de antes de la crisis. Sin embargo, en esa Europa meridional en la que nos enclavamos las cosas no pintan bien al observarse un muy pausado decrecimiento del paro que sigue anclado en unas tasas muy altas.

También, en las economías emergentes y en desarrollo, el problema del paro se agudiza. América Latina, el Caribe, China, Rusia y otros países árabes sufren la epidemia de este siglo. Y en el África subsahariana, cuya economía progresa, tanto el paro como el empleo informal —o sea, el trabajo en «b» para entendernos— se mantendrá en niveles persistentemente altos durante el próximo lustro.

Ésa es la realidad, la proyección que se realiza, a falta de circunstancias que no conocemos ahora que puedan variar ese inmediato futuro. Es un panorama algo desolador, que acarrea secuelas como un aumento de la desigualdad, y que pospone que en el plano mundial se recupere la economía y el empleo. Considera la OIT que «en promedio, en los países sobre los que se dispone de datos, el 10 % más rico gana un 30-40 % de los ingresos totales. En cambio, el 10 % más pobre gana alrededor del 2 % de los ingresos totales».

Admite la OIT que «es posible promover las perspectivas laborales y sociales» y que «este panorama turbulento puede cambiar si se abordan las principales deficiencias subyacentes».

¿Qué hay que hacer para paliar el paro?

Entonces, ¿qué hay que hacer a nivel global, es decir, en el conjunto de países que conforman la economía mundial y, en especial, en aquellos que padecen la pandemia del paro?

El impulso de la demanda agregada y el aumento de la inversión empresarial son bazas fundamentales. Políticas laborales activas y no meras enunciaciones de fantásticos idearios alejados de la realidad imperante, son imprescindibles. Como lo son las políticas que conciernen a los ingresos empresariales y sociales. Sin olvidarnos de que los sistemas crediticios —en la Europa del euro, ahí está ya el BCE— deben marcar el rumbo hacia la economía real, aproximándose y colaborando con las pequeñas empresas, cuya suma total en un determinado país absorbe muy elevados porcentajes de empleo, como sucede en España.

Las políticas del mercado de trabajo junto con un buen diseño de las políticas fiscales suponen armas determinantes para plantar cara de manera convincente a esas comprometedoras deficiencias de la eurozona y a sus crecientes desigualdades.

Pero todo ello debe ir acompañado de otras medidas, porque no cabe bajar la guardia ante las duras vulnerabilidades sociales asociadas a la frágil recuperación laboral. Nos referimos a esa elevadísima tasa de desempleo de nuestros jóvenes, pero también al paro de larga duración que afecta a nuestros mayores en un número muy exagerado de casos. Y también hay que atender al abandono del mercado de trabajo que se detecta en particular entre la población femenina. Medidas que pongan en marcha reformas del mercado de trabajo que sean inclusivas, que apoyen la participación en el mismo y simultáneamente promuevan la calidad del empleo —considerada desde varias perspectivas como son la dualidad contractual, fijos y eventuales, indefinidos y temporales, a tiempo completo y tiempo parcial, así como las compensaciones laborales— y, desde luego, que promuevan una valiente y sólida actualización de las cualificaciones de los trabajadores. Porque detrás de esas tragedias escritas por tantos millones de personas que se encuentran en el paro, se aprecian serios y complicados desajustes en su preparación. Y eso no se puede soslayar.

Y es que los pronósticos de la OIT sobre la tendencia del paro en España no coinciden con los propósitos del Gobierno contenidos en los presupuestos para 2015.

GOBIERNO DE ESPAÑA · MINISTERIO DE ECONOMÍA Y COMPETITIVIDAD

Cuadro macroeconómico (II)

	PGE 2015			Programa Estabilidad	
Tasa de variación anual	2013	2014	2015	2014	2015
Deflactor del consumo privado	0,9	0,2	0,6	0,3	0,9
PIB nominal	-0,6	1,4	2,7	1,7	2,6
Empleo total (*)	-3,3	0,7	1,4	0,6	1,2
Tasa de paro	26,1	24,7	22,9	24,9	23,3

GOBIERNO DE ESPAÑA · MINISTERIO DE ECONOMÍA Y COMPETITIVIDAD

Previsiones empleo y paro

	2013	2014	2015
Media anual			
Empleo EPA (tasa variación)	-2,8	0,9	1,7
IV Trimestre			
Empleo EPA (miles)	17.135,2	17.409,4	17.757,6
Parados EPA (miles)	5.935,6	5.549,8	5.075,8
Tasa de paro	25,7	24,2	22,2

Fuentes: INE y MECC

Paro Global: 2014-2019

Panel A: Desarrollo del paro global

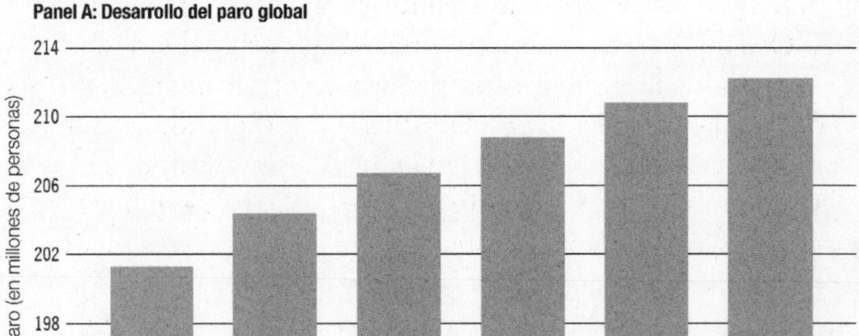

Nota: El Panel A presenta una estimación global y una proyección global del paro desde 2014-2019. La estimación de paro global está basada en una muestra de 178 países.

Si la perspectiva que ofrece el Panel A del informe de la OIT es desgarrador, disparándose entre 2014 y 2019 los millones de personas desempleadas en el mundo, el Panel B es el que más se merece destacar para ubicar las complicadas perspectivas del paro en España y ver, lamentablemente, con qué otros países de la geografía internacional estamos alineados. Gravísimo para España ese mapa...

Panel B: Variaciones por países de los porcentajes de paro

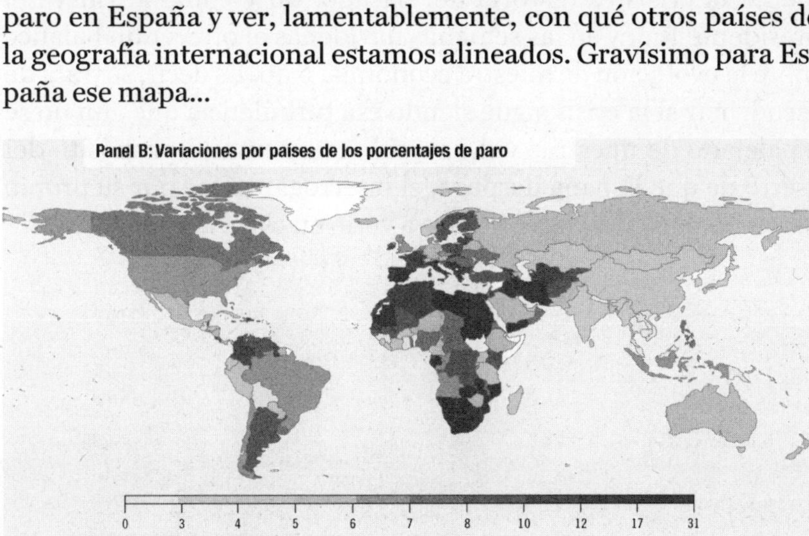

Panel B: Muestra una estimación de los porcentajes de paro (respecto a la fuerza laboral) por cada país desde 2014 (en blanco aparecen los países en los que no se ha podido estimar). Los colores más oscuros indican un porcentaje de paro más elevado.

Fuente: ILO, *Trends Econometric Models*, Octubre, 2014.

Evolución del paro. 2007-2017 (en porcentaje)						
País/Región	2007	2013	2014	2015	2016	2017
Mundo	**5.5**	**6.0**	**5.9**	**5.9**	**5.9**	**5.9**
Economías del G20	**5.0**	**5.7**	**5.6**	**5.6**	**5.6**	**5.6**
Economías avanzadas del G20	**5.7**	**8.4**	**7.7**	**7.4**	**7.2**	**7.0**
Economías emergentes del G20	**4.8**	**4.9**	**5.0**	**5.1**	**5.1**	**5.2**
Economías desarrolladas y Unión Europea	**5.8**	**8.5**	**7.8**	**7.5**	**7.3**	**7.1**
Australia	4.4	5.7	6.0	5.9	5.7	5.6
Canadá	6.0	7.1	6.9	6.7	6.6	6.6
Japón	3.9	4.0	3.7	3.6	3.6	3.7
Estados Unidos	4.7	7.4	6.2	5.9	5.5	5.2
Unión Europea	**7.2**	**10.9**	**10.2**	**9.9**	**9.7**	**9.5**
Francia	8.0	10.4	9.9	10.0	10.0	9.9
Alemania	8.6	5.3	5.0	4.7	4.9	5.0
Italia	6.1	12.2	12.5	12.6	12.5	12.3
Reino Unido	5.4	7.5	6.3	5.9	5.7	5.5
Europa Central y Sudeste europeo y CIS	**8.2**	**7.8**	**7.7**	**7.8**	**7.8**	**7.8**
Federación Rusa	6.0	5.5	5.1	5.3	5.4	5.4
Turquía	10.3	9.7	9.2	9.2	8.9	9.0
Oriente Medio	**10.2**	**10.9**	**11.0**	**11.0**	**10.9**	**10.8**
Norte de África	**11.4**	**12.4**	**12.5**	**12.5**	**12.5**	**12.5**
África subsahariana	**7.8**	**7.7**	**7.7**	**7.7**	**7.7**	**7.7**
Sudáfrica	22.3	24.6	25.1	25.0	24.9	24.8
América Latina y Caribe	**6.9**	**6.3**	**6.6**	**6.8**	**6.9**	**6.8**
Brasil	8.1	6.5	6.8	7.1	7.3	7.3
México	3.4	4.9	4.9	4.8	4.5	4.3
Asia oriental	**3.8**	**4.5**	**4.6**	**4.8**	**4.9**	**4.9**
República de Corea	3.2	3.1	3.5	3.5	3.5	3.5
Sudeste asiático y Pacífico	**5.5**	**4.3**	**4.3**	**4.3**	**4.2**	**4.2**
Indonesia	9.1	6.2	6.2	6.1	5.9	5.8
Sudeste asiático	**4.0**	**3.9**	**3.9**	**3.9**	**4.0**	**4.0**

Nota: El gráfico muestra la estimación de paro y las proyecciones a nivel global y regional y para los países del G-20.
Fuente: ILO, *Trends Econometric Models*, Octubre, 2014.

Queda aún un buen grupo de aspectos derivados de estos primeros párrafos que vamos a ir considerando en las páginas siguientes. Intentamos preguntarnos a través de ellas si efectivamente la crisis es historia del pasado, tal y como afirmara el presidente Rajoy en las semanas navideñas al ofrecer un balance sobre la evolución de nuestra economía, o no. Es decir, se trata de escudriñar si la crisis sigue siendo esa turbulencia que aún no se ha alejado de nuestras vidas. Y si barruntamos a propósito del aserto de que España despega, el interrogante cae por su propio peso: ¿España despega? Vamos a verlo en clave aeroportuaria.

2

¿España despega?

La crisis está resultando muy larga. Y no cabe duda de que la epidemia de crisis ha acabado por cansar a la ciudadanía, sobre todo a la de esta parte de Europa. Si los griegos están agotados a causa de tantos ajustes, hartos de tantos recortes y hasta las narices de tanta austeridad, en España las cosas más o menos funcionan de igual manera, como en Portugal. En Italia y Francia, con sus economías en encefalograma plano, la gente anda entre cabizbaja y enfadada, temiendo lo peor, que no acaba de ocurrir, por ahora, porque sus gobiernos no se atreven a iniciar un programa de reformas.

En España se palpa en el ambiente unas ganas tremendas de dejar la crisis atrás. Los síntomas optimistas, por suaves que sean, se magnifican. Existe una especial psicología del pueblo para ver y destacar el lado bueno de las cosas, para creerse que estamos entrando en una firme recuperación —que algo se está recuperando nuestra economía es indudable, pero sólo algo—, y para asimilar todo aquello que suene a previsiones optimistas. Es cierto, en todo caso, que algunos ingredientes se dirigen en la buena dirección.

Las previsiones económicas para este año 2015 y el próximo, 2016, son esperanzadoras si se atiende al crecimiento del PIB. Además, el consumo privado sería susceptible de repuntar. Éste es un elemento primordial para que nuestra economía se reactive. Estos últimos años se han caracterizado por un freno brusco en nuestro consumo y evidentemente la rueda de la contracción económica y de la caída de la actividad ha sido una constante. Si la gente gasta menos dinero, porque ingresa menos o se ve forzada a tirar de ahorros, las tiendas venden menos, recortan puestos de trabajo, hacen menos pedidos a sus proveedores, los fabricantes reducen su producción y si al final una tienda baja la persiana estamos ante una señal inequívoca de que las cosas no chutan.

SUMANDO PARA EL DESPEGUE DE LA ECONOMÍA ESPAÑOLA
PSICOLOGÍA DE LA GENTE
PREVISIONES OPTIMISTAS, ¿RECUPERACIÓN ECONÓMICA?
PRECIO DEL PETRÓLEO BAJANDO
MENOS IRPF = ¿+CONSUMO?
PRECIOS BAJANDO: ¿BAJA INFLACIÓN O DEFLACIÓN?
ECONOMÍA USA
EURO vs DÓLAR
SECTOR FINANCIERO SANEADO
INTERNACIONALIZACIÓN EMPRESAS
INVERSIÓN EXTRANJERA
BCE: INYECCIÓN DE DINERO + RESCATE DE DEUDA PÚBLICA
¿AFANES CONSUMISTAS? CONSUMO SUBIENDO…GRADUALMENTE…

El consumo privado, por tanto, es esencial, y que la previsión en ese sentido aumente en 2015 al 2,1 % es una buena noticia que deja atrás aquel valor negativo del 2,3 % en 2013 y mejora el hipotético 2 %, ya en positivo, con el que se habría cerrado 2014.

Un elemento que puede dinamizar esa cuestión es la reforma fiscal que, en realidad y en lo concerniente al Impuesto sobre la Renta de las Personas Físicas (IRPF), supone una rebaja fiscal para las rentas del trabajo y, en particular, para las más bajas. Lo que supone es que aligera las retenciones a cuenta del impuesto, y eso cristaliza en disponer a final de mes de más dinero.

La teoría de nuestras autoridades es que esos billetes o monedas, según los casos, que queden liberados gracias a la reducción impositiva, se destinarán a consumo puro y duro, lo que hará reactivar nuestra economía. Eso es una apuesta sobre el papel, teórica. ¡Ojalá sea así!

Porque ese consumo se traduce en más ventas, más actividad y ¡más IVA!, al aumentar las bases de este impuesto —Impuesto sobre el Valor Añadido— y más recaudación. Se trataría de entrar en una especie de círculo virtuoso, ya probado en años anteriores, cuando la bajada de impuestos provocaba, al subir los impuestos indirectos, como el IVA, y por la propia dinámica económica, más ingresos para el Estado.

No obstante, los cenizos, que siempre los hay, insinúan que igual esos excedentes de dinero no se destinarán al consumo. Se afirma que las familias utilizarán esos ingresos adicionales para rebajar y liquidar deudas y para no volver a vivir aquellos sobresaltos de estos años recientes. También podrían decidir que es mejor ahorrar esos aumentos en la nómina líquida que se cobra ante las incertidumbres que se ciernen sobre el horizonte.

Pero sigamos. Porque hay un punto central que no podemos olvidar, y que puede ayudar a ese aumento del consumo. Y es el descenso del precio del petróleo, que representa un catalizador de primer orden para apuntalar la recuperación. El petróleo es parte fundamental de nuestras vidas y de nuestros consumos. Raro es aquello que adquirimos que no esté condicionado por el precio del petróleo. Sin ir más lejos, en enero de 2015 llenamos el depósito de gasolina de nuestro coche con menos euros. Eso permite que haya unos euros sobrantes que podemos destinar a otros consumos. El transporte se abarata. Los precios finales de los productos transportados bajan. Teóricamente eso mismo debería ocurrir con los billetes de avión y de barco. Aunque harina de otro costal serán las cuentas de las empresas del sector, ligadas a esa preciosa fuente natural.

La caída del precio de los carburantes en España se ha visto favorecida por la mayor libertad para instalar gasolineras que ha avivado la competencia en el sector, abriéndose nuevas estaciones de servicio *low cost* e incluso algunas sin personal, con todo automatizado.

Y, cómo no, no debemos olvidarnos de lo que ocurre en otras zonas del mundo. Aunque nos pille algo lejos, sabemos de sobras que cualquier cosa que suceda en Estados Unidos acaba por salpicarnos. Así que si la economía norteamericana va como un cohete, está lanzada, su tasa de crecimiento es magnífica, su paro se halla en zona de mínimos, eso ayuda a que desde Europa veamos las cosas de otra manera y estemos como más ilusionados. Son, por tanto, diversos los factores que pueden ayudarnos a ese teórico despegue.

Precios a la baja

Los precios muestran una tendencia a la baja que, en principio, habría que interpretar como una gran noticia. La duda es si estamos ante una inflación negativa o más bien una deflación. Si la inflación es negativa, caen los precios y nuestro poder adquisitivo se potencia. Si pensamos en términos de deflación el panorama se embrolla un poco.

La deflación puede ser terrible. Comporta una serie de decisiones que van correlacionadas. Con precios bajos, no gastamos ahora pensando en que mañana aún compraremos más barato. No invertimos hoy porque estamos convencidos de que en el futuro se darán mejores condiciones y precios aún más bajos. Así que la deflación acarrea una carga de puntos negativos que terminan por pasar factura.

Al margen de consecuencias en la parcela impositiva —precios más bajos, menos recaudaciones por impuestos indirectos y directos—, los precios, con deflación, caen. Si la gente no compra, para vender hay que retocar y ajustar precios de los productos y servicios. Los alquileres, por ejemplo, pueden bajar y de hecho están bajando. Se compra menos, el Estado gasta menos, cae la demanda y los precios, por ende, van cayendo. El inversor se plantea dónde invertir y se cuestiona qué rentabilidad real obtendrá por sus inversiones. Cuando se da un descenso generalizado y continuado de los precios de los bienes y servicios, estamos en deflación. Técnicamente, se requieren dos semestres para que el fatídico término de deflación sea una realidad. Y la deflación comporta una depresión.

Si los precios de venta disminuyen, está claro que las empresas que venden reducen sus márgenes. Los menores ingresos obligan a reducir costes y a suprimir gastos. Los costes salariales, en forma de reducciones de sueldos o ajustes de plantillas, se ven afectados por culpa de la deflación. Los demás costes también son objeto de recortes. El problema para la empresa endeudada es que con menos dinero tiene que hacer frente al volumen de deudas contraído cuando las cosas iban bien. Irrumpen sombras sobre la solvencia de la empresa endeudada.

Claro que eso no sólo perjudica al tejido empresarial. Las economías familiares que arrastran deudas por compras de pisos se tensan. Menores sueldos de los componentes de la familia, el riesgo de que alguien de casa se quede sin trabajo, menos dinero que entra a final de mes... La hipoteca pesa como una losa y el crédito por la compra del coche o por la redecoración del hogar se convierte en una montaña de altas cimas. Se hace más costoso y difícil pagar las deudas. Por el otro lado, la banca topa con problemas para realizar sus créditos.

Con todas esas amenazas latentes, la respuesta del BCE al constatar los peligros deflacionarios no se ha hecho esperar demasiado. Ha bajado el precio del dinero, lo que se traduce en tipos de interés a la baja una y otra vez para, finalmente, adoptar medidas no convencionales de política monetaria regando de dinero a la Europa del euro. El resultado es que ha devaluado la moneda —porque hay más en circulación— y ha forzado que los precios de productos y servicios se vayan recuperando.

Si nos trasladamos a noviembre de 2014, la variación de la tasa anual de inflación en la UE y en la eurozona dejaba bien a las claras la tendencia bajista de los precios. Durante 2008, en los momentos calientes de la euforia económica, los precios escalaban y la tasa de inflación se disparaba. En el segundo tramo de 2008 y en 2009, se producía una abrupta caída. Entre 2010 y 2011, la inflación volvía a animarse. A partir de 2013 y durante 2014, Europa y la zona euro entran en horas bajas en términos de inflación.

Inflación anual (%) en la zona euro y en la Unión Europea

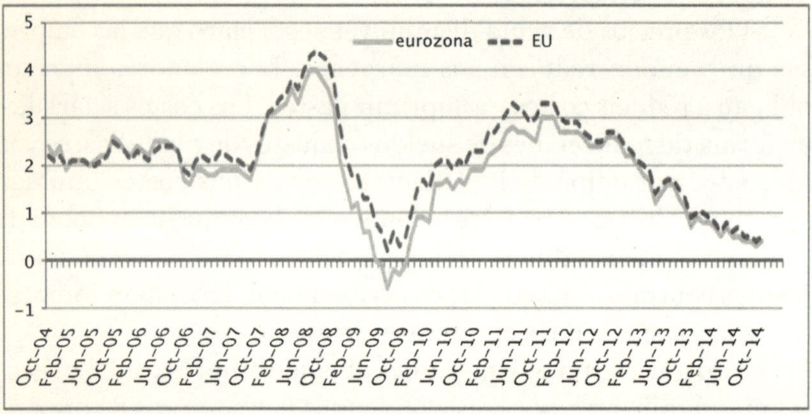

La tasa de inflación muy baja en noviembre de 2014 se acercaba ya a la temida deflación en buena parte de Europa. Así que había que empezar a pensar seriamente en tomar medidas de carácter monetario para reactivar los precios y apartar visos deflacionarios.

eurostat newsrelease
euroindicators

Annual inflation down to 0.3% in the euro area

Inflación anual (%) en noviembre de 2014, en orden ascendente

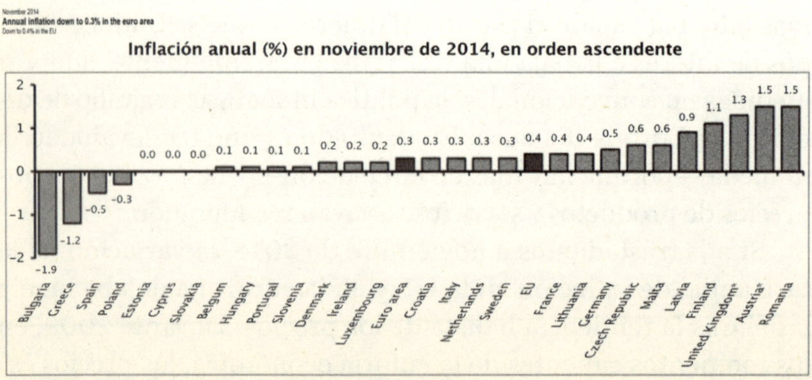

* El dato para Austria es provisional. Para el Reino Unido es de octubre de 2014.

Fundamentalmente, la caída de la inflación tenía en la recta final del año 2014 un protagonista descollante: el precio del petróleo y los costes energéticos. Su impacto provocaba que la tasa de inflación se tornara negativa en diciembre de 2014 en el área del euro pese a que en otros productos se advertían ligeros aumentos de los precios.

eurostat newsrelease
euroindicators

2/2015 - 7 January 2015

Estimación-Diciembre 2014

La inflación anual de la zona euro baja al -0,2%

Inflacción anual zona euro, diciembre de 2014, %

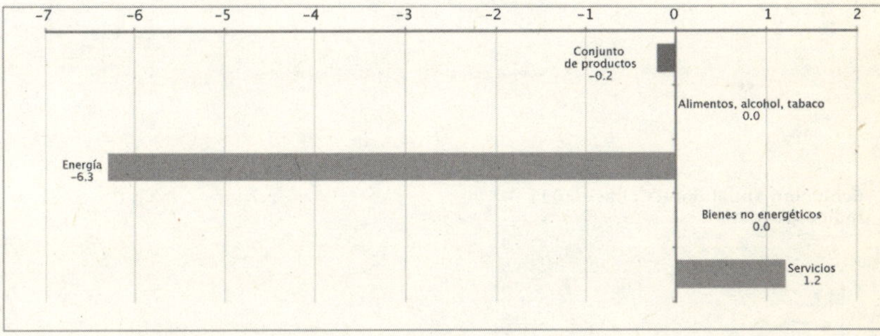

En España, la evolución anual del IPC dada a conocer en enero de 2015 evidenciaba una persistente caída tanto de la inflación como de la llamada inflación subyacente —que excluye de lo que es la cesta de productos que conforman el IPC, los alimentos no elaborados y los productos energéticos importados—, dejando la tasa de variación anual del IPC en diciembre de 2014 en el -1,0 %, seis décimas por debajo respecto al mes de noviembre, mientras que la tasa anual de inflación subyacente quedaba en el 0,0 %. El índice de precios de consumo armonizado (IPCA) cerraba su tasa anual con el -1,1 %.

Evolución anual del IPC
Índice general y subyacente

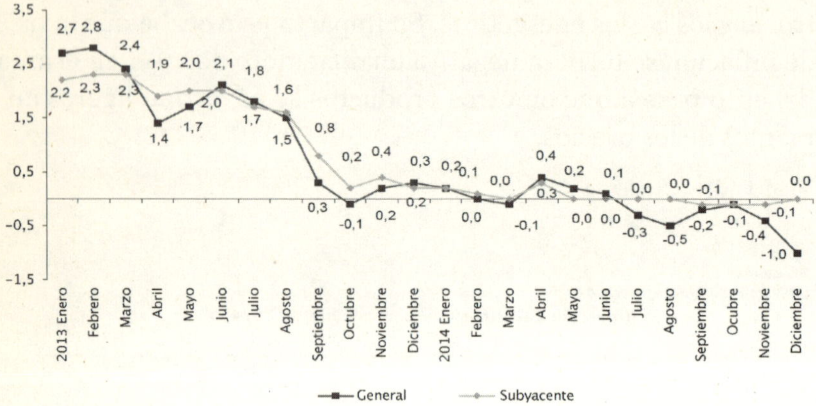

Evolución anual del IPC, base 2011 (1)
Índice General

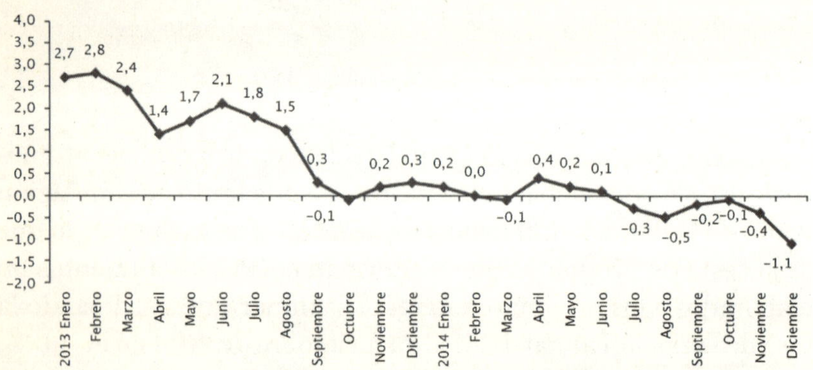

El INE explicaba acerca de la evolución anual de los precios de consumo que los causantes de la bajada se concretaban en el transporte y en los alimentos y bebidas no alcohólicas, si bien los precios de las legumbres y hortalizas frescas se mantuvieron estables, y en la vivienda —gracias al efecto de los precios del gasóleo para la calefacción—. Por su parte, el grupo de precios correspondiente a ocio y cultura, a causa del aumento de los precios de los viajes organizados, remontaban a finales de 2014.

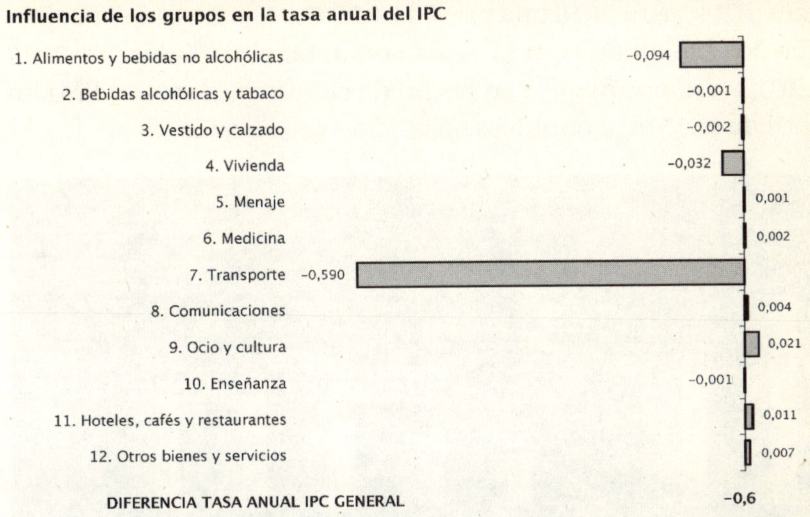

Parcelas con mayor repercusión positiva en la tasa mensual del IPC

	Tasa mensual (%)	Repercusión
Alimentación		
Pescado fresco	2,4	0,024
Legumbres y hortalizas frescas	0,9	0,008
Otras parcelas		
Viajes organizados	9,0	0,121
Electricidad	0,5	0,017
Automóviles	0,3	0,013
Prensa y revistas	1,6	0,011

Parcelas con mayor repercusión negativa en la tasa mensual del IPC

	Tasa mensual (%)	Repercusión
Alimentación		
Frutas frescas	–4,0	–0,062
Otras parcelas		
Carburantes y lubricantes	–8,2	–0,536
Prendas de vestir	–2,4	–0,139
Otros combustibles	–8,6	–0,041
Calzado	–0,9	–0,014

Las perspectivas de inflación para España son más bien bajas si nos ceñimos a lo que en el mes de enero de 2015 había pronosticado el FMI. El Fondo daba un aumento nulo de la inflación para 2014; para 2015 una previsión del 0,6 %; en 2016 del 0,9 %; y en 2017 se situaría en el 1 % para repuntar al 1,3 % durante 2018 y 2019. Y si nos fijamos en las predicciones que lanza el FMI en abril de 2015 el panorama se presenta algo alicaído.

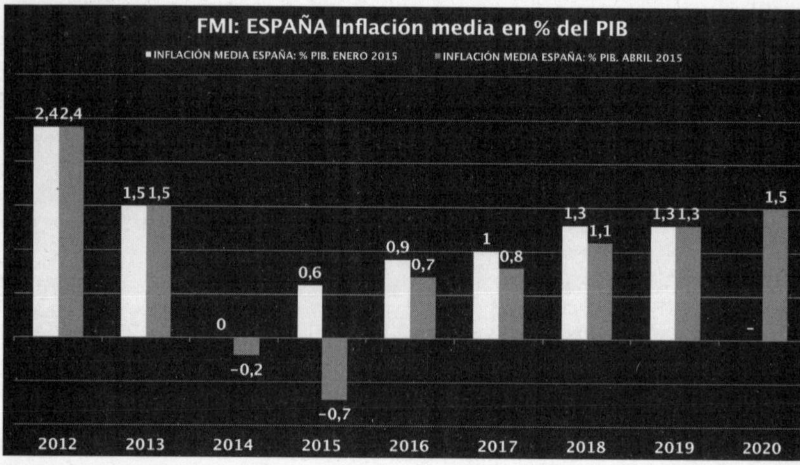

Por tanto, si nos fijamos en los vaticinios del FMI —insistiendo en que pueden estar algo errados de puntería, a pesar de que marcan una tendencia que no podemos dejar de lado—, España durante los próximos años no vivirá grandes saltos inflacionarios.

Los precios tenderán a mantenerse en unos niveles más o menos como los actuales y el coste de la vida, en consecuencia, no se disparará. Claro que esto tiene otra lectura no tan halagüeña. Si ése es el horizonte, ¿cuál será la evolución de nuestros salarios? ¿Cómo se potenciará nuestro poder adquisitivo? ¿Mejorarán nuestras rentas? ¿Qué rentabilidades podremos lograr por nuestro dinero ahorrado?

El euro devaluado, un buen augurio

Que el tipo de cambio entre el dólar y el euro juegue en contra de éste, depreciándose, imprime vigor a la economía de la zona euro para abrirse al mundo y exportar sus productos, salvo para los importadores. Es un buen augurio, si se tiene en cuenta que el sector exterior debería ser clave para países que están muy endeudados, y que necesitan reducir sus déficits en la balanza por cuenta corriente. Ése es el caso de España.

Las primeras reacciones tras la puesta en marcha por parte del BCE de la expansión cuantitativa del 22 de enero de 2015 fueron favorables por parte de los sectores y empresas exportadoras. Una de las quejas más extendidas entre el empresariado europeo era precisamente la exagerada fortaleza del euro que impedía a los productos de acá competir en precio con los norteamericanos y asiáticos, como los japoneses. El declive del euro, iniciado ya días antes de que Mario Draghi anunciara la entrada en vigor a partir de marzo de 2015 de los estímulos monetarios, juega a favor de los países que comparten la moneda y, por ende, de la economía europea en su conjunto. No es descartable que los próximos tiempos se caractericen por una mayor pérdida del euro frente al dólar.

A la economía española le está sucediendo otra circunstancia positiva. Y es que una de sus virtudes, en los primeros meses de 2015, es el saneamiento del sector financiero. Es posible que aún podamos tener algún que otro contratiempo, si bien sería liviano. Lo peor, en España, respecto al sistema financiero, ya ha pasado. Los fuertes ajustes y las limpiezas de balances acometidos entre 2011, 2012 y todavía en 2013, han dejado las cuentas de nuestras entidades financieras francamente saneadas, como lo confirma la buena nota con que superaron los test de estrés.

La banca española se ha capitalizado, ha depurado sus activos, ha nutrido sus fondos para hacer frente a riesgos y deterioros, y a pesar de que el porcentaje de morosidad crediticia no es bajo, las cosas se han reconducido enormemente.

No olvidemos que el precio pagado ha sido elevado. Entre el rescate y las ayudas y garantías concedidas más la monetarización de créditos fiscales, se han sobrepasado los 100.000 millones de euros. Han sobrevivido unas pocas entidades y han desaparecido del mapa bancario nombres históricos y cajas de ahorro legendarias. Pero al final de este turbulento trayecto nos encontramos con una banca que se halla en un buen estado de forma.

La banca, en 2015, puede volver a ejercer su cometido, dedicándose a su negocio tradicional que es el de dar crédito.

Podrá la banca, de nuevo, generar ingresos o productos financieros, recibir dinero en forma de depósitos que estarán a buen recaudo, aunque con unos intereses para los depositantes más bien testimoniales tal y como está el patio, cosa que favorece las cuentas de las entidades al mejorar sus márgenes financieros por la caídas de los tipos de interés, agravadas tras las medidas del BCE de enero de 2015.

Por consiguiente, en 2015 debería resurgir el crédito al sector privado y la financiación de las actividades productivas que durante los últimos años se han contraído muy agudamente. Y eso puede ser determinante.

La contratación de las grandes empresas ha aumentado en los últimos meses. La búsqueda de personal cualificado mejora entre finales de 2014 e inicios de 2015. Y la previsión de crecimiento de la economía española, con esa tasa comentada del 2 %, anima la demanda de empleo. Claro que habrá que estar pendiente de lo que suceda en el resto del mundo.

Los posibles parones económicos en Alemania, Francia e Italia, jugarían en contra de empresas españolas que pisan esos mercados. Si nuestras empresas más internacionales y que se abren al mundo necesitan profesionales cualificados, el empleo va al alza.

Las desaceleraciones de los países emergentes se deberán tener en cuenta, con la idea de compensarlas en otros mercados. Brasil sólo crecerá en 2015, año preolímpico, a una tasa del 0,3 % y en 2016 lo hará al 1,5 %; China pasará de aumentar su PIB en 2014 al 7,4 % a decaer al 6,8 % en 2015 y lo seguirá haciendo en 2016 al 6,3 %. Rusia, con un 0,6 % positivo de variación del PIB en 2014, se hunde y baja un 3 % en 2015 y se estima otra caída del 1 % en 2016. Todo ello podría ser contraproducente para las empresas españolas internacionalizadas. Siempre queda el consuelo de India, cuya economía, como antes indicábamos, se mueve con solidez.

Inversión extranjera: ¿señal positiva o España a precio de saldo?

Aplausos, alegría. Muchas veces por estos pagos recibimos con alborozo las noticias de la inversión extranjera en España. Es motivo de satisfacción ver cómo nuestro país se convierte en una especie de objeto del deseo en clave económica. Si se repasan los últimos meses vemos que han traído buenas noticias. De golpe, han aparecido por estas tierras inversores de la talla de Bill Gates, Warren Buffett, George Soros y Carlos Slim, así como otros procedentes de exóticos lugares situados por confines árabes, China, Singapur..., y otros mexicanos además del propio Slim. Bueno, si se añade a esos nombres de pedigrí el de «nuestro» Amancio Ortega, principal accionista de Inditex y uno de los más destacados inversores inmobiliarios en las principales ciudades del mundo occidental, se completa un excelente póquer de ases.

Unos han entrado en el capital de grandes compañías españolas que cotizan en el IBEX 35. Y en esas operaciones se incluyen sillones en los que nuevos inversores se sientan en las reuniones de los consejos de administración en calidad de máximos accionistas. En otros casos, sus apuestas se canalizan a través de clubes de fútbol —cosa que cabría interpretar en el sentido de que la Premier League inglesa ya está muy madura y ahora es el fútbol español el que presenta buenas oportunidades de negocio a modo de punta de lanza para aterrizar en España— y, a partir de ahí, poner en marcha otros proyectos empresariales.

Otras inversiones penetran en nuestro territorio para impulsar proyectos inmobiliarios, mientras que fondos de inversión van tomando posiciones en distintos frentes y hasta ampliaciones de capital de bancos españoles reciben a nuevos accionistas foráneos.

Si somos positivos, estamos ante una fuerte apuesta de grandes inversores por la economía española. España genera confianza y atrae capitales de excelente calidad. En cambio, si lo vemos desde el ángulo ácido, podríamos pensar que esas inversiones llegan ahora porque España está a precio de ganga. Se liquidan sus activos a precio de saldo y paulatinamente nos vamos decantando hacia una colonización de nuestro país.

Pero desde el punto de vista práctico, si se atiende el número de inversiones, lo cierto es que en 2013 España fue el país que recibió más inversión extranjera tras Alemania. Se situó en el segundo lugar entre los miembros de la OCDE (Organización para la Cooperación y el Desarrollo Económicos).

Después de los años gloriosos, que en 2008 alcanzaron su cénit, con una inversión evaluada en cerca de 35.000 millones de euros, España como destino inversor se fue consolidando, pero en 2012, duro año para nuestra economía, llegó la retirada. Y en 2013, de nuevo, llegaron capitales extranjeros. En 2014, la progresión de la inversión extranjera —excluyendo las entidades de tenencia de valores extranjeros (ETVE)— ha marcado un repunte.

En 2010, la inversión extranjera en España fue de 12.292 millones de euros, en 2011 de 24.994 millones, en 2012 de 14.642 millones, en 2013 de 16.047 millones y 2014 concluía con 17.626 millones. Por consiguiente, parece que renace la confianza en nuestra economía. El sector que concentró en 2014 mayor inversión exterior fue el de las actividades inmobiliarias —precios asequibles para inversores foráneos— con más de 3.000 millones de euros, comercio al por mayor con 2.600 millones e industria manufacturera con más de 2.000 millones.

Estados Unidos era en 2014 el principal país de origen último, con más de 3.500 millones de euros, seguido de Luxemburgo —¡ay, esos rincones fiscales tan ventajosos!—, después Reino Unido con casi 1.700 millones, y a continuación Francia (1.580), México (1.177) y Holanda (1.098) —también aquí se sienten aromas tributarios...

El sector que lideró la inversión extranjera en España durante 2013 fue el de actividades financieras y de seguros. La reestructuración de entidades bancarias, consolidándose el proceso de ajuste y saneamiento del sector financiero, atrajo a capitales procedentes de otros países.

Ésta es una baza interesante para nuestra banca en sus afanes por expandirse por el mundo y en la búsqueda de una proyección internacional. Posiblemente uno de los hándicaps de las entidades financieras españolas radique en su concentración en el mercado nacional. De hecho, los dos grandes bancos españoles, Santander y BBVA, se embarcaron años atrás en una valiente singladura de expansión por mercados internacionales —Europa y América, principalmente— que les ha permitido capear de mejor manera el temporal de los años críticos.

Ahora, gracias a la entrada de accionistas extranjeros, son varias las entidades españolas que cuentan con la posibilidad de alianzas internacionales que les puede permitir asomarse por otros mercados. Sin duda, inmersos en 2015 y tras el paquete de medidas del BCE, nuestra banca se reforzará en sus esfuerzos de internacionalización. Y eso es claramente positivo.

También la industria manufacturera marcaba el paso como foco de atracción a lo largo de 2013 y, cómo no, ese año resultaba propicio para que inversores extranjeros tomaran posiciones tanto en la parcela inmobiliaria como en el sector de la construcción.

Las comunidades autónomas que atraían más inversión extranjera en 2013 eran Madrid y Cataluña, seguidas a cierta distancia por País Vasco y, luego, Baleares y Andalucía. En 2014, Madrid y Cataluña.

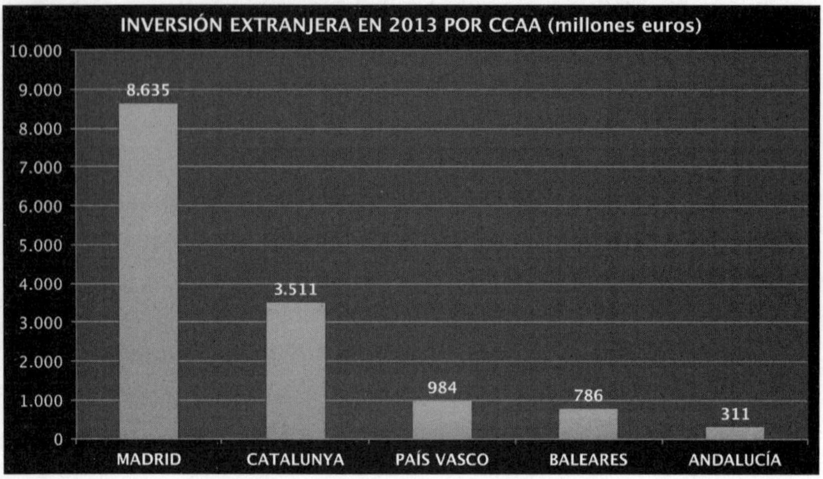

En 2014, según los datos referidos a los tres primeros trimestres —antes de que se consumaran algunas de las grandes transacciones protagonizadas por nombres ilustres, como antes veíamos—, la inversión extranjera en España sumaba 9.695 millones de euros. Fue algo por debajo —un 5 %— de la cuantía recibida entre enero y septiembre de 2013.

Las comunidades autónomas con mayor descenso de inversiones hasta septiembre de 2014 eran Baleares, que pasaba de 743 millones a sólo 144, Cataluña, cayendo de 1.999 millones a 1.094 millones, y Madrid, de 5.553 millones a 5.090. En el País Vasco, la contracción era algo menor, bajando de 803 millones a 673, y en Andalucía el descenso fue de 260 millones a 152 millones de euros.

La sorpresa en los tres primeros trimestres de 2014 corría a cuenta de Extremadura, donde las inversiones de origen foráneo se incrementaban de 15,9 millones de euros a 198, junto con Canarias, que de sólo 9 millones en 2013 saltaba a 113 millones de euros hasta septiembre de 2014.

La lectura de esos datos permite deducir que, a la espera de conocerse el cierre de 2014, Madrid es la comunidad que más inversión exterior atrae, el 52 %, mientras que Cataluña sufre desinversiones por 313 millones de euros, lo que hace que su inversión neta disminuya un 56,10 %, concretándose en 781 millones de euros.

El último apunte en esta lista de elementos que suman a favor de responder con un sí convincente a que la crisis es historia del pasado y contestar afirmativamente a la pregunta de si España despega, se ha apuntado anteriormente, y hace referencia a la decisión del BCE.

La inyección de dinero del BCE y el rescate de la deuda pública de los países con sus finanzas públicas más delicadas, es una realidad después de la mencionada fecha del 22 de enero de 2015. Por tanto, se ha conseguido rebajar no sólo la prima de riesgo gracias a la alargada sombra protectora del BCE, sino también las tensiones que se habían generado en torno a la deuda pública de España, Francia e Italia y, en menor medida, de otros países de la llamada periferia europea.

Ése ha sido el foco de los grandes problemas de desequilibrios macroeconómicos, donde la troika ha intervenido con el objetivo de evitar mayores estropicios. No lo ha hecho de forma inocua, porque ha levantado polvaredas tremendas entre una ciudadanía esclavizada por los recortes y unas duras y dolorosas políticas de austeridad.

Jugando al cenizo, o los elementos negativos

Los elementos positivos que acompañan a la economía española son consistentes, y reales. Es una buena confluencia de diversos factores, pero no todo va en la buena dirección. España también debe asumir que existen perspectivas negativas sobre su recuperación económica. Y, principalmente, las autoridades en el poder, que últimamente sólo ven pozos petrolíferos en cualquier rincón de España y un bello jardín tropical...

Sobre todos esos elementos que pueden resultar negativos, lo más adecuado ahora es realizar un flash de urgencia, para analizarlos a continuación. Estamos en la pista, a punto de despegar. Y al fondo, aparecen unas montañas no excesivamente altas, pero sí merecen que se las tome en consideración. Nuestros pilotos han de ser lo suficientemente diestros como para saber alzar la aeronave salvando esos obstáculos.

FRENANDO EL DESPEGUE DE LA ECONOMÍA ESPAÑOLA
PIB DE ESPAÑA, ¿CALIDAD?
¿CRECIMIENTO DE LA EUROZONA?
RIESGOS GEOPOLÍTICOS (RUSIA, GRECIA...)
PARO + EVOLUCIÓN DE LOS SALARIOS
Nº AFILIADOS A LA SEGURIDAD SOCIAL
ERA DIGITAL + ROBOTIZACIÓN
PENSIONES DE FACTO BLOQUEADAS
DÉFICIT SEGURIDAD SOCIAL
PRESIÓN FISCAL (IS + IVA + OTROS IMPTOS.)
DÉFICIT PÚBLICO: SIN NOVEDAD EN EL FRENTE, SEGUIMOS EN EL ABISMO
DEUDA PÚBLICA: ESTREMECEDORA
AÑO ELECTORAL : HARTAZGO DEL STATU QUO POLÍTICO
JÓVENES QUE SE VAN, FUGA DE TALENTO

La pericia de esos pilotos pasa por saber exactamente por qué senderos crecerá nuestro PIB. Está bien que digamos que nuestra economía crecerá en 2015 el 2 % e incluso que se llegue a decir que puede crecer el 3 %. La duda es conocer qué sector o sectores tirarán del carro de nuestra economía para que ese crecimiento sea una realidad. Porque no es lo mismo uno que otro. Turismo y exportación de automóviles son dos cartas seguras. A uno, que ya ha entrado en los sesenta, eso le suena al viejo NO-DO cinematográfico de las tardes de sábado en el cine de mis Escolapios de la calle Balmes de Barcelona, o en cualquier otro cine de barrio que era refugio de estudiantes de bachillerato escaqueados de su noble oficio o rincones oscuros donde empezar a descubrir la geografía de las chicas —y ellas a nosotros—. Uno rememora lo del milagro económico español, y le vienen a la mente imágenes de turistas suecas en un pujante Torremolinos, o la inauguración de otra planta de la factoría Seat de Martorell.

Pero puede ser todo ello una realidad, también en el siglo XXI. España, destino turístico. ¡Estupendo! Esos turistas atraídos por nuestros encantos y también por unos precios asequibles con un paquete de «x» euros todo incluido. ¿Seguirán siendo fieles a nuestra causa cuando en el amplio arco mediterráneo las tensiones se calmen? Porque España se ha beneficiado en los últimos años de los conflictos sufridos en países que son potencialmente competidores.

La gran asignatura pendiente es la de fomentar un turismo de calidad, resistente a modas, con poder adquisitivo y que encuentre arraigo en estas tierras. Baleares, en gran parte, ha sabido hacerlo. Canarias está en ello. La Costa del Sol se ha reconvertido en la Costa del Golf. La Costa Brava ofrece toques de distinción. ¡Muy bien! Pero todavía queda mucho trabajo por delante. No se trata de que nos visiten 65 o 68 millones de turistas al año y que otra vez más se batan registros, y se provoque la algarabía de las autoridades.

Un rato de espera en algún aeropuerto receptor de turistas extranjeros, mientras se está pendiente del embarque cada vez más puntual de Vueling, Iberia, Air Europa o Air Nostrum, sirve de lección práctica al respecto. Llegan manadas de turistas, de vestimenta que deja mucho que desear, tocados con piezas rimbombantes, mochilas a cuestas y botellas o botellones en las bolsas, aspecto un tanto desaliñado y chanclas aunque estemos en pleno invierno. Eso es así.

España cuenta con buen músculo económico, aunque hemos sacrificado en demasía nuestro componente industrial. El sector aeronáutico español cuenta con empresas auxiliares de otras principales y con protagonismo en el conjunto de Europa, que funcionan viento en popa. Nuestro sector agroalimentario es una de esas joyas de la corona que merece todo tipo de apoyos. Y cómo no, el turismo y nuestra magnífica infraestructura hotelera, añadiendo desde luego la cada vez más prestigiada hostelería española.

La automoción y su industria auxiliar es otro as en la manga. Sectores como el portuario que conecta con los del transporte, la logística, el industrial y la propia automoción, requieren mimos especiales. Distribución y alimentación funcionan bien, a pesar de que su dependencia del consumo es determinante. España se ha decantado abiertamente por ser un país de servicios, lo que tiene sus cosas buenas y sus aspectos negativos. Lo hemos fiado casi todo a los servicios y tal vez nos hemos olvidado de que éstos sirven a otros sectores.

En paralelo, las tecnologías de la información van ganando terreno y se convierten en una parcela con poco paro y con la exigencia de buenos titulados. En energía, España gana enjundia. El sector farmacéutico es otro baluarte, serio y con recorrido por delante, de nuestra economía. La banca y los seguros, a pesar de los procesos de reconversión que se han producido, encaran una nueva etapa.

Y nos olvidamos de las grandes posibilidades que el sector del deporte, donde cabe presumir de auténticos héroes en tantas y tantas disciplinas, sería capaz de sumar en pro de la economía española. Y muchas otras facetas también son susceptibles de actuar como motores de la España económica. Pero ésta es la cuestión: saber cuidarlas, mimarlas, animarlas y dar facilidades, con menos trabas burocráticas, menos presión fiscal y acoso tributario, menos escollos administrativos, facilidades crediticias y tipos de interés competitivos y a la altura de otros países de la zona euro. También hay que tener en cuenta el abaratamiento de los costes de la energía, o la reducción de unos disparatados costes de seguridad social.

Por tanto, dependemos de nosotros mismos para impulsar nuestra economía. Lo que ocurra a medio y largo plazo será el resultado de que en determinadas áreas se realicen los esfuerzos necesarios, y se elijan con atino los sectores llamados a consolidar ese despegue.

Los socios europeos deben ayudar

En esa perspectiva que ofrece, precisamente, la pista de un aeropuerto, hay otros montículos que exigen destreza por parte de nuestros pilotos: el crecimiento de la eurozona y, también, de Europa. En un mundo globalizado, en una economía tan abierta como la española porque está incardinada dentro de la Europa a la que pertenecemos, dependemos de cómo les vaya a nuestros vecinos para animar nuestra economía.

Tomando datos de 2013, España exportaba una cantidad

equivalente al 23,21 % de su PIB, concretamente 237.422 millones de euros. Francia absorbe el 17,12 % de lo que exportamos, lo que la convierte en nuestro principal socio. Alemania el 10,72 %; Italia el 7,47 %; Portugal el 7,95 %; Reino Unido el 7,17 %; Holanda el 3,10 %; Bélgica el 2,78 %; y Polonia el 1,73 %.

Aunque hay otros países europeos, si saltamos el charco, vemos que Estados Unidos representa el 3,85 % de nuestras exportaciones; México el 1,43 %; Brasil el 1,61 %; Rusia el 1,25 %; China el 1,75 %; Australia el 1,08 %; India el 0,50 %; Japón el 0,98 %; y Corea el 0,48 %.

Todas ésas serían exportaciones a países que tienen un peso específico para nosotros.

Cualquier parón en sus economías nos afecta y hay sectores que muestran una sensibilidad enorme a posibles cambios bruscos. Ergo, a España le interesa que el mundo crezca, que a esos países les vaya bien. Los necesitamos para alzar el vuelo de nuestra economía. Necesitamos socios, porque la economía, y en eso España puede presumir en los últimos años, está muy abierta.

En los primeros meses de 2015 también debemos tener en cuenta los riesgos geopolíticos que se vislumbran en el horizonte. El problema de Rusia y el conflicto con Ucrania perjudica fundamentalmente a nuestro sector agrícola. Los movimientos políticos de Grecia nos afectan. En mayor o menor grado, nos resentimos de los problemas del mundo islámico. Los conflictos que se susciten en Latinoamérica nos perjudican... Todo ello repercute en el desarrollo de la economía española. Y, aunque lo habíamos apuntado respecto a la necesidad de cuidar más y mejor a los sectores económicos que nos pueden ayudar, es evidente que no dependemos única y exclusivamente de nosotros mismos. La evolución futura dependerá de aquello que acontece en el vasto mapamundi, de las vicisitudes de aquí y de allá.

Ese lastre llamado paro

El paro atenaza España. Y es resultado no sólo de la coyuntura económica. Es uno de los lastres que llevamos peor, pese a que nuestra clase política se empeñe en decir que ya se ve la luz de salida del túnel. Unos 5,5 millones de personas sin trabajo es un estigma. Este paro no es coyuntural ni circunstancial, es estructural.

Llevamos años sumidos en un desempleo inaguantable y sin ver perspectivas solventes para erradicarlo. Es verdad que hay síntomas de mejora, y que la EPA de los últimos meses nos muestra que el número de afiliados y cotizantes a la Seguridad Social mejora, pero lo hace de forma muy tímida, poco recia. Si antes veíamos la tendencia sobre el paro en España que formulaba la OIT, ahora advertimos sobre los vaticinios que realiza el FMI. No son nada esperanzadores y corroboran que España tiene que ponerse las pilas para atajar esta hemorragia. De hecho, según el FMI en su informe de enero de 2015, hasta más o menos el año 2020 el paro no descenderá por debajo del 20 %. Es un porcentaje muy alto, que, si persiste, obligará a tomar medidas no únicamente para fomentar el empleo, sino políticas encaminadas a paliar la situación de parados de larga duración.

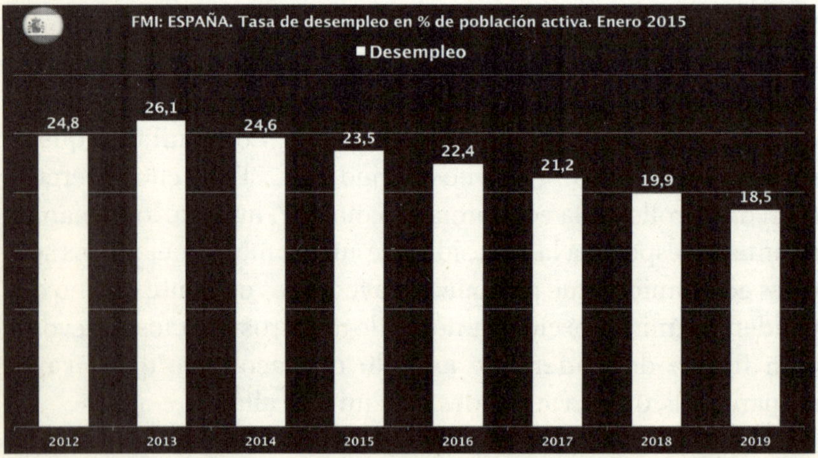

No obstante, la previsión que hace el FMI en abril de 2015 sin ser del todo reconfortante sí que anima nuestros espíritus cabizbajos. Porque en teoría y jugando en ese siempre complicado terreno de los pronósticos sería en 2017 cuando romperíamos, a la baja, la barrera de una tasa de paro acomodada por encima del 20 %, muy justos, sí, y previsiblemente en 2020 ya nos situaríamos por debajo del 17 %. ¡Ojalá tales augurios se conviertan en realidad!

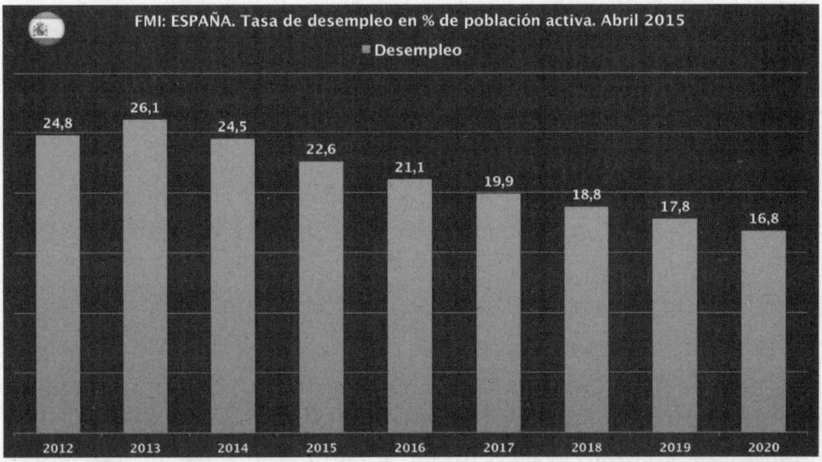

Los datos de Eurostat correspondientes a febrero de 2015, que más adelante desmenuzaremos, resultan impactantes cuando se refieren a España. Somos el segundo país con la tasa de paro más alta de toda Europa, sólo precedidos por la sufrida Grecia. Nuestro paro sobrepasa el 23 %. Estamos mejor que en noviembre de 2014 cuando el paro era casi del 24 %. En la Europa del euro, la tasa de paro es del 11,3 %, en la Unión Europea no llega al 10 %: el 9,8 %. En Francia, preocupados como están por el problema del paro, tienen un 10,6 % de desempleados. En Italia, en horas intranquilas, el 12,7 %. Un Portugal atribulado sufre un escarnio del desempleo del 14,1 %. Nosotros, por encima del 23 %. Entretanto, los alemanes se sitúan en un paro del 4,8 % y los austríacos del 5,3 %, lo que denota una situación, en la práctica, de pleno empleo. Otra cosa es lo que se considera como empleado, y los contratos parciales o temporales que se establecen, y los salarios que se pagan. Pero son contratos que mucho o poco cotizan en la Seguridad Social de esos países.

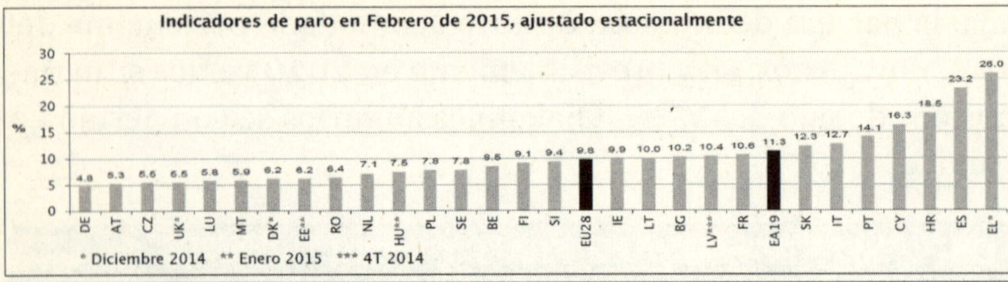

Indicadores de paro en Febrero de 2015, ajustado estacionalmente

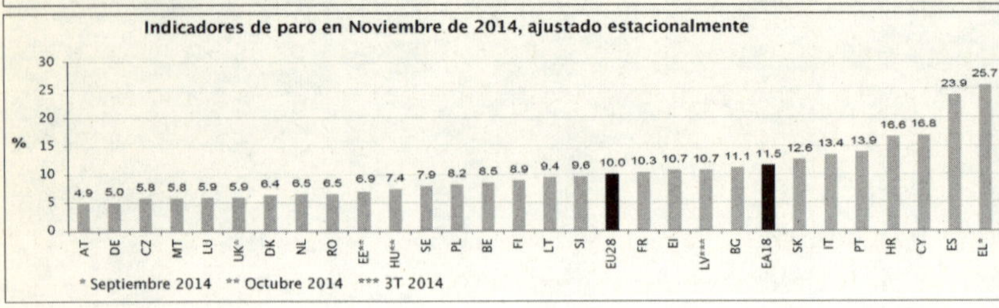

Indicadores de paro en Noviembre de 2014, ajustado estacionalmente

Esa comparación entre el penúltimo mes del año 2014 y el segundo de 2015 no deja indiferente a nadie. Aislamos el efecto navideño y los buenos propósitos del año nuevo. Calibramos la vuelta a la realidad si va o no va. Y cada cual hace su particular lectura sobre el fenómeno del paro.

Tanto en el conjunto de la Unión Europea como en la zona euro, lo peor del paro queda atrás, como se comprueba en el gráfico. De ahí que la situación de España sea todavía más alarmante al estar encaramados a ese insostenible 23,9 %.

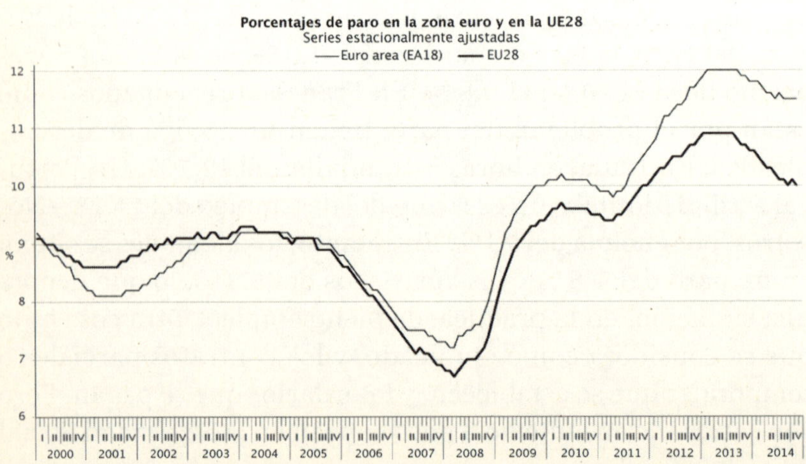

Porcentajes de paro en la zona euro y en la UE28

Cuando se musita al respecto, las preocupaciones se agitan. Tenemos un problema de cualificación de nuestros trabajadores en paro con un porcentaje muy elevado que apenas tiene estudios y su formación es muy básica. En general, quienes están formados acceden bien al mercado laboral. Otro asunto es si las retribuciones actuales hacen justicia o no, en un entorno tan recesivo, a su valía y preparación. Es un debate oportuno, y que obligaría a estudiar en profundidad la estructura educativa y la pirámide de población. Pero lo que preocupa de verdad es que casi el 46 % de aquellas personas cuya formación es muy débil, muy baja, están en el paro de acuerdo con los datos del INE correspondientes a 2013.

Tasas de paro por sector del nivel de formación alcanzado y sexo

Porcentaje	2013		
	Ambos sexos	Varones	Mujeres
Total	**26,09**	**25,60**	**26,67**
46 Matemáticas y estadística	6,81	6,99	6,62
42 Ciencias de la vida	12,40	9,96	13,75
38 Derecho	12,51	8,74	16,04
86 Servicios de seguridad	13,93	7,78	27,75
22 Humanidades	14,44	15,40	13,93
14 Formación de personal docente y ciencias de la educación	14,88	13,95	15,14
72 Salud	15,01	10,54	16,47
44 Ciencias físicas, químicas y geológicas	15,27	15,11	15,44
31 Ciencias sociales y del comportamiento	15,45	12,17	17,03
48 Informática	16,19	15,95	16,99
52 Mecánica, electrónica y otra formación técnica	17,86	17,70	20,33
84 Servicios de transporte	18,15	17,72	22,28
54 Industria manufacturera y producción	19,31	17,23	26,61
34 Enseñanza comercial y administración	20,13	14,95	23,18
62 Agricultura, ganadería y pesca	21,28	21,71	19,54
21 Artes	21,91	21,64	22,14
32 Periodismo e información	22,34	21,13	23,14
64 Veterinaria	24,16	25,24	22,39
76 Servicios sociales	26,74	21,43	28,11
81 Servicios personales	26,89	29,42	25,83
58 Arquitectura y construcción	29,91	29,59	30,73
09 Desarrollo personal	31,59	47,72	26,97
85 Protección del medio ambiente	32,04	45,27	17,99
01 Programas de formación básica	32,48	31,67	33,59
9 Sectores desconocidos, no especificados o no aplicable	45,59	41,74	51,26

Los niveles de formación de la población mayor de dieciséis años ponen de relieve una excesiva concentración en quienes no disponen de una preparación mínima.

Población de 16 y más años por sector del nivel de formación

	2013		2012	
	Miles de personas	Porcentaje	Miles de personas	Porcentaje
Total	**38.638,6**	**100**	**38.815,0**	**100**
01 Programas de formación básica	24.412,3	63,18	24.711,0	63,66
09 Desarrollo personal	17,8	0,05	25,7	0,07
14 Formación de personal docente y ciencias de la educación	1.167,4	3,02	1.152,0	2,97
21 Artes	383,8	0,99	362,1	0,93
22 Humanidades	611,8	1,58	615,8	1,59
31 Ciencias sociales y del comportamiento	321,3	0,83	353,5	0,91
32 Periodismo e información	182,7	0,47	200,0	0,52
34 Enseñanza comercial y administración	3.069,2	7,94	2.921,6	7,53
38 Derecho	591,3	1,53	643,4	1,66
42 Ciencias de la vida	149,0	0,39	162,0	0,42
44 Ciencias físicas, químicas y geológicas	352,6	0,91	402,3	1,04
46 Matemáticas y estadística	85,8	0,22	102,1	0,26
48 Informática	509,6	1,32	496,3	1,28
52 Mecánica, electrónica y otra formación técnica	2.338,5	6,05	2.163,1	5,57
54 Industria manufacturera y producción	234,4	0,61	243,4	0,63
58 Arquitectura y construcción	468,5	1,21	472,2	1,22
62 Agricultura, ganadería y pesca	194,5	0,50	211,8	0,55
64 Veterinaria	53,3	0,14	46,5	0,12
72 Salud	1.533,0	3,97	1.553,4	4,00
76 Servicios sociales	179,3	0,46	154,8	0,40
81 Servicios personales	680,6	1,76	702,5	1,81
84 Servicios de transporte	39,1	0,10	48,5	0,12
85 Protección del medio ambiente	61,4	0,16	46,3	0,12
86 Servicios de seguridad	69,9	0,18	53,5	0,14
9 Sectores desconocidos, no especificados o no aplicable	931,4	2,41	971,3	2,50

Tasas de actividad por sector del nivel de formación alcanzado y sexo

Porcentaje	2013		
	Ambos sexos	Varones	Mujeres
Total	**60,02**	**66,39**	**53,94**
85 Protección del medio ambiente	96,24	96,51	95,95
48 Informática	88,74	90,64	82,71
42 Ciencias de la vida	86,50	87,78	85,82
31 Ciencias sociales y del comportamiento	85,69	88,02	84,62
62 Agricultura, ganadería y pesca	85,34	86,17	82,09
32 Periodismo e información	83,93	86,33	82,43
76 Servicios sociales	83,89	90,79	82,27
38 Derecho	83,34	81,99	84,65
72 Salud	82,59	85,74	81,61
81 Servicios personales	82,30	85,73	80,93
52 Mecánica, electrónica y otra formación técnica	81,87	82,06	78,94
64 Veterinaria	81,80	81,12	82,94
58 Arquitectura y construcción	81,10	80,52	82,58
22 Humanidades	80,50	78,82	81,40
44 Ciencias físicas, químicas y geológicas	79,84	79,94	79,73
34 Enseñanza comercial y administración	79,77	83,85	77,55
46 Matemáticas y estadística	79,45	74,34	85,83
09 Desarrollo personal	78,74	79,41	78,55
21 Artes	76,32	83,19	71,35
14 Formación de personal docente y ciencias de la educación	74,78	71,56	75,75
54 Industria manufacturera y producción	73,17	72,05	77,39
84 Servicios de transporte	63,60	62,05	83,87
86 Servicios de seguridad	62,13	54,48	90,81
01 Programas de formación básica	50,05	58,70	41,64
9 Sectores desconocidos, no especificados o no aplicable	23,53	37,13	15,29

La pregunta nos duele. Pero hay que formularla: ¿Adolecen los trabajadores españoles de una adecuada preparación? O, dicho sin rodeos, ¿están poco formados?

Ésta es una de las trabas que impide a nuestra población encontrar trabajo o bien enfrentarse a innumerables dificultades. Que el paro es un problema estructural después de tantos años es indiscutible. Y que este lastre castiga a nuestra economía, haciéndola menos competitiva, es incuestionable.

Todo eso sucede cuando en sectores punteros de la economía, en términos globales, España ha logrado un papel muy determinante. Si bien es cierto que en la carrera por lograr una mayor autosuficiencia energética es Estados Unidos la que ha logrado una posición de privilegio, no es menos verdad que la corre con el concurso de empresas españolas. Energía solar y plantas termosolares, inversiones en energías renovables —frenadas en España—, parques eólicos, potabilización de agua salada y plantas desaladoras...en todos esos sectores aparecen nombres como Abengoa, Acciona, ACS, Iberdrola, Gamesa o Gestamp. Son empresas españolas con trabajadores españoles, claro, y de otras nacionalidades.

El error en el que ha caído a menudo España es que se ha buscado la competitividad de la fuerza laboral a base de reducir salarios y sin invertir ni preocuparse adecuadamente por la formación. Las universidades, en general, no estrechan sus lazos con el mundo empresarial, con la calle, no conectan con la realidad que se vive extramuros de las aulas. Los planes de estudios, en ocasiones, se conciben con una preocupante falta de empatía con la sociedad. No sé si dedicamos los esfuerzos necesarios a preparar a nuestra gente para el mundo real. Posiblemente, sigamos pensando en modelos educativos de antaño. Los años de carrera y algún máster y, venga, suficiente como para salir a la calle en busca de trabajo.

Hoy, no cabe ninguna duda, la formación debe ser continuada y exige actualización permanente. El rol de las universidades tendrá que adecuarse a los nuevos tiempos si queremos tener una generación de «jóvenes aunque suficientemente preparados», aquellos JASP del anuncio de Renault.

Los planes de estudios deberán diseñarse entre la clase empresarial y la universitaria. La relación que se debe establecer debe partir del conocimiento de la necesidad de formación que exigen nuestras empresas y entidades. Y, a partir de ahí, buscar qué respuesta, acorde a esos intereses —en el mejor sentido de la palabra—, puede ofrecer la universidad.

El problema es que, siguiendo ese esquema, aparece una acusación, y es la de entender que con ello se quiere mercantilizar la enseñanza universitaria. Lo que decimos está alejado de esa pretensión. Pero en la universidad debemos formar a unos jóvenes que con el acopio de conocimientos y habilidades de que se les dote, estén en disposición de aportar a la sociedad, al país y al mundo.

El interrogante que se plantea es que todos esos esfuerzos requieren tiempo, y no sabemos si en el momento en el que nuestra economía esté de nuevo en condiciones de doblar el cabo de la crisis, dispondremos de gente realmente preparada y capacitada para subirse al carro de las exigencias de las nuevas tendencias.

Una de las malas decisiones que se pueden tomar, y se ha hecho, es reducir el gasto en educación. Eso aporta frutos a corto plazo, porque con ello se gasta menos dinero público, y los presupuestos del Estado se achican. Pero a largo plazo supone un fallo garrafal, porque de lo que se trata es de aumentar la calidad de nuestro sistema de formación.

Los errores se multiplican. O se dispara en la dirección equivocada. Una de las discusiones que se establece a menudo es sobre la remuneración de un profesor y si está todo el día encerrado en la universidad, cumpliendo su jornada completa, en vez de preocuparnos por las potencialidades de ese profesor y lo que ofrece a nuestra sociedad. Nos enfrascamos en hablar de subempleo y dejamos de contemplar el superempleo al que tendrían que aspirar nuestros titulados. Y de los mayores que están en paro sólo reprochamos su falta de cualificación, olvidándonos de lo que la sabiduría popular ha dicho siempre: la experiencia es un grado. Formemos a esos mayores de cuarenta y cinco años sin empleo y démosles la oportunidad de sentirse útiles. Eso sí, será imprescindible tejer una economía capaz de absorberlos.

Los recortes en sanidad han sido extremos desde 2010 hasta 2014. La función social y a la vez formativa de nuestra sanidad, considerada como una de las más prestigiosas del mundo, resultan dañinos. La parte del león del gasto sanitario corre por cuenta de las comunidades autónomas al ser una competencia transferida.

Comunidad	Presupuesto 2010 Millones €	Presupuesto 2014 Millones €	VARIACIÓN Millones € PRESUPUESTO 2010-14	Variación en % 2010 - 2014
ANDALUCÍA	9.827.380	8.204.893	-1.622.487	-16,5%
ARAGÓN	1.907.634	1.605.304	-302.330	-15,8%
ASTURIAS	1.639.061	1.485.056	-154.005	-9,4%
BALEARES	1.176.349	1.195.017	+18.668	+1,6%
CANARIAS	2.857.009	2.607.637	-249.372	-8,7%
CANTABRIA	795.926	786.713	-9.213	-1,2%
CASTILLA - LA MANCHA	2.918.501	2.390.245	-528.256	-18,1%
CASTILLA Y LEÓN	3.518.637	3.200.341	-318.296	-9,0%
CATALUÑA	9.875.810	8.290.594	-1.585.216	-16,1%
EXTREMADURA	1.694.261	1.324.428	-369.833	-21,8%
GALICIA	3.728.814	3.419.362	-309.452	-8,3%
LA RIOJA	411.505	351.029	-60.476	-14,7%
MADRID (COMUNIDAD)	7.081.232	6.980.824	-100.408	-1,4%
MURCIA	1.984.828	1.623.243	-361.585	-18,2%
NAVARRA	986.761	893.089	-93.672	-9,5%
PAÍS VASCO	3.630.270	3.437.225	-193.045	-5,3%
VALENCIA (COMUNIDAD)	5.720.255	5.374.512	-345.743	-6,0%
TOTAL PPTO. SANITARIO	59.754.233 5,7% s/PIB	53.169.512 5,2% s/PIB	-6.584.721	-11,0%

Fuente: Confederación Estatal de Sindicatos Médicos. La Vanguardia

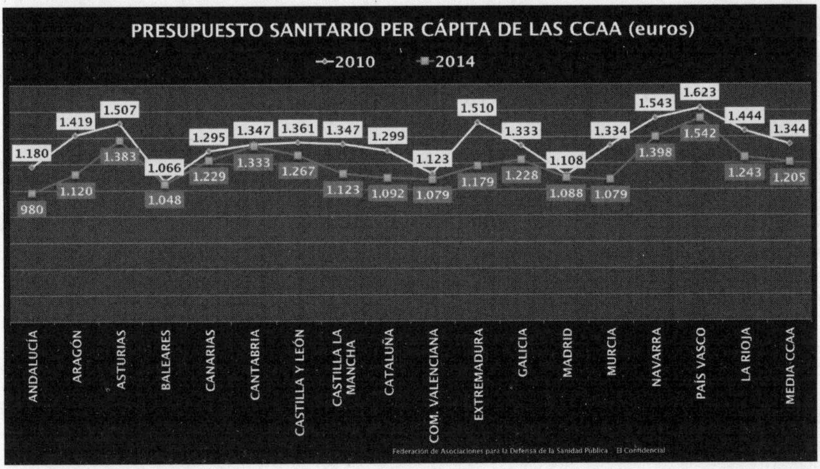

Y si nos fijamos en el ahorro que en el conjunto del Estado se ha hecho desde 2010 hasta 2014 en el frente conjunto de la sanidad y la educación, los fracasos que van apareciendo no han de sorprender. Esos recortes van minando sólidas bases y magníficos servicios para toda España y los españoles.

GASTO TOTAL DE COMUNIDADES AUTÓNOMAS	2010 MILLONES EUROS	2011 MILLONES EUROS	2012 MILLONES EUROS	2013 MILLONES EUROS	2014 MILLONES EUROS	DIFERENCIA 2010 - 2014 MILLONES EUROS
SANIDAD	59.141	56.810	55.988	53.166	52.758	- 6.383
EDUCACIÓN	40.602	38.397	37.724	35.261	34.289	- 6.313

GASTO TOTAL DEL ESTADO (ADMINISTRACIÓN CENTRAL)	2010 MILLONES EUROS	2011 MILLONES EUROS	2012 MILLONES EUROS	2013 MILLONES EUROS	2014 MILLONES EUROS	DIFERENCIA 2010 - 2014 MILLONES EUROS
SANIDAD	4.633	4.254	3.974	3.852	3.840	-793
EDUCACIÓN	3.089	2.841	2.220	1.944	2.150	- 939

GASTO TOTAL: COMUNIDADES AUTÓNOMAS + ESTADO (ADMINISTRACIÓN CENTRAL)	2010 MILLONES EUROS	2011 MILLONES EUROS	2012 MILLONES EUROS	2013 MILLONES EUROS	2014 MILLONES EUROS	DIFERENCIA 2010 - 2014 MILLONES EUROS
SANIDAD	63.774	61.064	59.962	57.018	56.598	- 7.176
EDUCACIÓN	43.691	41.238	39.944	37.205	36.439	- 7.252
TOTAL	107.465	102.302	99.906	94.223	93.037	- 14.428

Del cuadro siguiente, en el que se refleja la distribución de la población activa por nivel de educación en España de 1960 a 2013, se infiere la necesidad perentoria de potenciar y mejorar la calidad educativa de nuestra población.

DISTRIBUCIÓN DE LA POBLACIÓN ACTIVA POR NIVEL DE EDUCACIÓN EN ESPAÑA 1960 - 2013. Fuente: EPA, INE, PWC						
DATOS EN %	1960	1970	1980	2000	2005	2013
Analfabetos, primaria o primer ciclo de secundaria	94,5	89	73,3	53,7	45,7	40
Secundaria segundo ciclo	3,5	5	23,3	19,4	23	21,7
Superior	1,7	2	3,4	27	31,3	38,2

Si un país avanza, en buena medida lo hace gracias al nivel de preparación de su gente. Otro cuadro muy interesante que aparece en el informe de PwC sobre la economía española en 2033 es el concerniente al tiempo de estudio, en años, dedicado por la población adulta. Un vistazo al cuadro proporciona una cabal interpretación acerca de la potencia económica y el grado de desarrollo de los distintos países europeos, ayudando a interpretar por qué cada país está donde está.

AÑOS MEDIOS DE ESTUDIOS DE LA POBLACIÓN ADULTA DE EURORA, 1960 - 2010. Fuente: OCDE, Eurostat, PWC						
País	1960	1970	1980	1990	2004	2010
Alemania	9,9	11	12	12,9	13,4	13,5
Austria	9	9,3	10,3	11,3	11,4	11,7
Bélgica	7,7	8,5	9,4	10,1	11,3	11,6
Dinamarca	10,8	11,1	11,5	11,7	12,2	12,6
Finlandia	7,6	8,7	9,9	11	11,2	12,4
Francia	8,1	9	9,9	10,4	11,6	11,6
Grecia	5,6	6,2	7,1	7,9	9,9	10,8
Holanda	8,1	8,8	9,9	10,9	11,2	11,9
Irlanda	7,4	7,8	8,5	9,4	10	11
Italia	5,4	6,2	7	7,9	10,1	11,1
Noruega	9,7	10,5	10,6	11,1	12	12,9
Portugal	4,4	4,9	5,7	6,4	7	7,9
Reino Unido	8,6	9,1	9,8	10,5	12,6	13,5
Suecia	8	8,6	9,6	10,6	12	12,2
España	5	5,2	5,9	7,1	10	10,3
Europa	7,7	8,3	9,1	10	11,1	11,7

El descenso del peso de la industria

La composición de nuestra economía ha variado de forma sustancial. Algunos países han conservado mejor —tras esfuerzos para reforzarlos y hacerlos competitivos— sectores tradicionales como la industria. Esa variedad en el seno de cualquier economía es esencial, y es preocupante en el caso de España. Ocurre que, al ahondar en las espeluznantes tasas de paro, se comprueba el descenso del peso de sectores como la agricultura, que tiene una gran potencialidad en la que no se acaba de confiar, y de la industria.

Y es un craso error. La industria que en aquellos felices años sesenta contribuía con cerca del 29 % a nuestra economía, fue *in crescendo* en los posteriores años setenta y ochenta, encogiéndose en los noventa hasta caer por debajo del 16 % en 2012. La construcción, moviéndose por impulsos, sube y baja desde los añorados sesenta cuando la música del Dúo Dinámico alegraba tardes de fiesta de la muchachada. Y los servicios han ido arañando peso en nuestra economía y del 43,5 % que suponían en la España del Seat 600 ha pasado ahora a casi el 66 %.

El peso del empleo se ha ido desplazando al son que marcaba la calidad de nuestra economía. En los años sesenta el 40,5 % de los trabajadores ofrecía sus servicios en el campo; hoy, sólo representa el 4 %. En los sesenta, la industria absorbía el 23,5 % del empleo; hogaño, el 12,3 %.

En los sesenta, la construcción concentraba el 6,7 % de la fuerza laboral activa; ahora, el 7,3 % tras haber alcanzado el 10,9 %. Y los servicios, a los que nos hemos entregado en cuerpo y alma, de contar con el 29,2 % del empleo en los nostálgicos sesenta han pasado a representar el 76,4 % de quienes trabajan.

PriceWaterhouseCoopers, en su trabajo «La economía española en 2033», tomando como fuente el INE, efectúa una excelente instantánea sobre el peso de los sectores económicos en el Valor Añadido Bruto (VAB) y el desglose del empleo sectorial dentro del total.

PESO SECTORIAL EN % EN EL VALOR AÑADIDO BRUTO (Precios corrientes). Fuente: INE, PWC

	1960	1970	1980	1990	2000	2012
Agricultura	22,3	10,7	7,1	4,6	3,8	2,3
Industria	28,7	32,9	30,2	25,6	18,8	15,9
Construcción	5,5	9,1	8,4	9	9,3	7,9
Servicios	43,5	45,2	52,5	54,6	58,5	65,7
IVA, otros impuestos	0	2,1	1,8	6,2	9,6	8,2
	100	100	100	100	100	100

PESO DEL EMPLEO SECTORIAL EN % SOBRE EL TOTAL. Fuente: INE, PWC

	1960	1970	1980	1990	2000	2012
Agricultura	40,5	30,5	18,8	11,8	6,1	4
Industria	23,5	24,8	27,2	23,7	18	12,3
Construcción	6,7	8,5	9	9,7	10,9	7,3
Servicios	29,2	35,8	44,9	54,8	65	76,4
	100	100	100	100	100	100

Lo que esos porcentajes muestran es que España debería hacer frente a su modelo productivo y tratar de revisarlo. El camino que se ha seguido, al margen de la fuerza del propio mercado, que en todos los países occidentales, salvo algunas excepciones como Alemania, ha propiciado un mayor peso del sector servicios, es equivocado. Eso repercute en el desarrollo económico y en la creación de empleo. Por la misma cuestión, para cambiarlo e incidir en la industria se debería batallar más por mejorar el capítulo de la formación.

Personas que del campo fueron a las fábricas a trabajar, luego acabaron prendidos por los encantos de la construcción. Y con este sector en sus horas bajas y con los desempleados sin apenas cualificación, ¿qué podemos hacer? Eso es lo que nos lleva a considerar que una parte importante del paro que padece España es estructural, y será difícil recuperar a esas personas para que se integren en el mercado laboral. El trabajo que queda por delante es el de reciclar a miles de ciudadanos en paro para que puedan, de nuevo, sentirse útiles y aportar su esfuerzo al conjunto de la economía.

Porque en ese contexto, concreto, específico de España, debemos pensar en la transformación global sobre el mundo del trabajo. La crisis económica que, principalmente, ha afectado en los últimos años a los países occidentales se explica también por un cambio en el modelo productivo mundial, con menos personas llamadas al mercado laboral. El futuro es enigmático, pero sabemos que somos los testigos privilegiados y protagonistas activos de esta era de la digitalización y la robótica.

Existen ya coches autómatas, que funcionan solos, con todas las medidas de seguridad activas y pasivas que uno pueda imaginar. Hay peajes en las autopistas sin cobradores; gasolineras donde por toda compañía uno tiene una voz que le alerta del tipo de combustible que se ha elegido; parkings sin una sola alma por los que se camina en plena oscuridad sintiéndose carne de homicidio. También asistimos al auge del comercio electrónico que lleva a nuestros jóvenes a indagar en las tiendas para posteriormente comprar a través de internet. Comprobamos la desaparición del clásico comercio histórico que siempre otorga un plus de calidad y distinción a cualquier población, y conocemos ya intervenciones quirúrgicas en Europa a través de robots que van siguiendo las directrices e instrucciones de un equipo médico que se encuentra en Estados Unidos. Existe un robot apodado el «legalista Watson» al que se le introducen leyes, sentencias, jurisprudencia, y artículos doctrinales, y rápidamente responde a cualquier comprometida consulta de cariz jurídico...

Son avances tecnológicos que suman y mejoran nuestra calidad de vida, sí, pero habrá que ver qué suerte correremos todos nosotros. En algún hotel de lujo de California, cuando alguien esté en la habitación disfrutando de dulces momentos en agradable compañía y se le antoje degustar un buen champán francés, ya no irá el camarero a la habitación, para no interrumpir sensaciones mágicas, sino que enviarán un dron con el champán. Y es que empresas como Amazon están entrando en la era de los drones.

Es un futuro inquietante, pues, para todos nosotros y para quienes vengan después. Así que, ¿cómo se dibuja el futuro? ¿Qué nos deparará? ¿Qué perspectivas laborales nos aguardan?

Presión fiscal

Junto a esos elementos, hay otro que sí depende por completo de las decisiones políticas, que todavía están en manos de los gobernantes nacionales, al margen de la política monetaria, que los países de la zona euro hemos cedido al Banco Central Europeo. Se trata de la política fiscal, de la carga de impuestos que deseamos y podemos asumir. Y la elevada fiscalidad puede perjudicar el despegue de nuestra economía, que estamos intentando abordar. Esa presión fiscal recae tanto en las personas como en las empresas.

Los ciudadanos están sometidos a un esfuerzo fiscal excesivo. Los tipos del Impuesto sobre la Renta de las Personas Físicas (IRPF) no sólo son insoportables sino perjudiciales para el progreso económico del conjunto de la economía. Restan dinero en los bolsillos de los españoles, que podrían, como se advertía anteriormente, dedicarlo al consumo o al ahorro. Como primera disquisición, se debe incidir en que la reforma fiscal de 2015 deja mucho que desear si se atendiera a un correcto planteamiento de técnica jurídica. Y es que supone un remiendo de la Ley del IRPF y no construye una ley de nuevo cuño. Con esa decisión confunde a la ciudadanía y cae en la inseguridad jurídica e inestabilidad tributaria. Esa reforma baja los impuestos de tal manera que, de hecho, se volverá a tributar en los mismos niveles que en 2011, como se hacía en la anterior legislatura. ¿Qué quiere decir? Que no se baja de forma efectiva, salvo en casos de rentas bajas. La decisión lo que supone es volver al punto de partida, como estábamos en diciembre de 2011.

El acento de la rebaja fiscal del IRPF se ha situado en las rentas del trabajo. Sin embargo, habrá que estar, parafraseando a sir Adrian Cadbury, a la expectativa de los resultados que depare la llamada prueba del *puding*. Y es que no se ha entrado de lleno en otros capítulos, como los rendimientos del capital mobiliario, las ganancias patrimoniales o las actividades empresariales.

Lo que ha ocurrido, según nuestra perspectiva, es que el Gobierno ha desperdiciado el año 2014 para diseñar una efectiva y eficiente reforma fiscal. Ha perdido una magnífica oportunidad para remodelar el IRPF, simplificando su estructura y promoviendo una tributación *simpática* y atractiva, que animara al contribuyente español a tributar con alegría y propiciar que quienes aún no estén en el redil tributario se sumen a él.

Las medidas del ejecutivo proclaman a los cuatro vientos, en particular, la rebaja del IRPF en todas las rentas —mayores o menores— en un afán por transmitir un reajuste a la baja de la carga tributaria efectiva que soportamos los sufridos contribuyentes, apoyada en la reducción de los tramos del impuesto. Las cifras barajadas por el Gobierno indican que esa reconfiguración del IRPF afectará a 20 millones de contribuyentes, con una bajada media situada en torno al 12 %, y que se nota en las nóminas satisfechas a partir de enero de 2015.

La reforma fiscal se anunció a bombo y platillo, con un sugestivo menú para los contribuyentes. Menos impuestos sobre la renta, menos retenciones y más dinero para gastar por parte de los españoles, con el objetivo de fomentar el consumo —elemento nuclear del PIB—, que atraviesa horas bajas. En teoría, las arcas del Estado dejarían de recaudar en dos años, 2015 y 2016, una suma de 8.405 millones de euros que en parte será recuperada gracias a la estimación de un mejor comportamiento del consumo privado y a la reactivación económica prevista para 2015.

El Gobierno ha calculado que será una medida positiva. El plan es que la reducción de los tipos del IRPF provoque un ahorro de 3.366 millones de euros en 2015 y de 2.615 millones en 2016.

Al mismo tiempo, con los cambios en los impuestos indirectos, el Gobierno podría compensar la menor recaudación. El IVA, a raíz de los cambios operados en su normativa, comportaría un aumento en la recaudación de 370 millones de euros en 2015, mientras que el impuesto sobre sociedades —entre la aplicación del tipo reducido para las pymes de nueva creación (175 millones de euros), modificaciones en investigación y desarrollo (427 millones), reajustes en el gravamen por revalorización de activos (6 millones) y los efectos derivados de la reforma fiscal emprendida (437 millones)— permitiría una menor carga tributaria en 2015 de 1.045 millones de euros que en 2016, sólo por la propia reforma, sería de 2.641 millones.

Los nuevos tramos del IRPF, aplicables en 2015, suavizan pues la presión fiscal que se intensificó en España con la llegada del Partido Popular, en contra de todo lo que se había prometido, incumpliendo su propio programa electoral, y que fue, entre otras sugerentes propuestas, una de las bazas para lograr el apoyo de los ciudadanos en las elecciones. ¡Ay, Dios, lo que se llega a hacer por un puñetero voto!

ESCALA GENERAL DEL IRPF

Escala y tipos 2011-2014				Escala y tipos 2015-2016		
Base imponible	2011	Gravamen complementario	2012-2014	Base imponible	2015	2016
Hasta 17.707,20	24%	0,75%	24,75%	Hasta 12.450,00	20%	19%
17.707,20 - 33.007,20	28%	2%	30%	12.450,00 - 20.200,00	25%	24%
33.007,20 - 53.407,20	37%	3%	40%	20.200,00 - 34.000,00	31%	
53.407,20 - 120.000,20	43%	4%	47%	20.200,00 - 35.200,00		30%
120.000,20 - 175.000,20	44%	5%	49%	34.000,00 - 60.000,00	39%	
175.000,20 - 300.000,20	45%	6%	51%	35.200,00 - 60.000,00		37%
300.000,20 En adelante	45%	7%	52%	60.000,00 En adelante	47%	45%

Desde una perspectiva práctica, el IRPF y la bajada de las retenciones permiten disponer de algo más de dinero para destinar, sobre el papel, a consumir. Aunque ya hemos apuntado que quién sabe si igual la gente de la calle, preocupada por sus abultadas deudas o angustiada por las incertidumbres que se ciernen sobre nuestro mañana, opta por pagar préstamos y engrosar el ahorro.

IMPUESTO SOBRE LA RENTA DE LAS PERSONAS FÍSICAS, EN EUROS CONTRIBUYENTE SOLTERO Y SIN HIJOS

SALARIO BRUTO ANUAL	CUOTA A PAGAR EN 2011 (TIPO MARGINAL MÁXIMO: 45%)	CUOTA A PAGAR EN 2014 (TIPO MARGINAL MÁXIMO: 52%)	CUOTA A PAGAR EN 2015 (TIPO MARGINAL MÁXIMO: 47%)	CUOTA A PAGAR EN 2016 (TIPO MARGINAL MÁXIMO: 45%)
20.000 EUROS	2.622	2.704	2.450	2.338
30.000 EUROS	5.180	5.428	5.145	4.940
40.000 EUROS	7.964	8.418	8.165	7.767
50.000 EUROS	11.589	12.338	11.987	11.393
100.000 EUROS	32.561	35.222	34.304	32.710
500.000 EUROS	211.504	239.052	222.304	212.710
1.000.000 EUROS	436.504	499.052	457.304	437.710

IMPUESTO SOBRE LA RENTA DE LAS PERSONAS FÍSICAS, EN EUROS CONTRIBUYENTE CON DOS HIJOS

SALARIO BRUTO ANUAL	CUOTA A PAGAR EN 2011 (TIPO MARGINAL MÁXIMO: 45%)	CUOTA A PAGAR EN 2014 (TIPO MARGINAL MÁXIMO: 52%)	CUOTA A PAGAR EN 2015 (TIPO MARGINAL MÁXIMO: 47%)	CUOTA A PAGAR EN 2016 (TIPO MARGINAL MÁXIMO: 45%)
20.000 euros	2.157	2.225	1.940	1.854
30.000 euros	4.714	4.949	4.635	4.455
40.000 euros	7.499	7.938	7.655	7.283
50.000 euros	11.124	11.858	11.474	10.906
100.000 euros	32.096	34.742	33.794	32.226
500.000 euros	211.038	238.572	221.794	212.226
1.000.000 euros	436.036	498.572	456.794	437.226

Una de las cuestiones importantes que conviene tener en cuenta es que, al margen de las decisiones del Gobierno, consciente del problema que ha tenido desde el inicio de la legislatura por la enorme caída de ingresos que experimentaba el país, los pasos determinantes se han dado tras las indicaciones de las instituciones europeas.

El camino, por tanto, sobre la reforma fiscal que destaca el ejecutivo de Mariano Rajoy, había comenzado antes. Concretamente a raíz de la Recomendación del Consejo de la Comisión Europea del 29 de mayo de 2013 relativa al Programa Nacional de Reforma de 2013 de España y por la que se emitía un dictamen del Consejo sobre el Programa de Estabilidad de España para 2012-2016. Por tanto, la reforma no nace *motu proprio*, sino más bien forzada por nuestros amigos europeos y nuestros parientes de Washington.

Se trataba de un decálogo impuesto por la Comisión Europea, en consonancia con los mandatos del FMI. Y se exigía, en resumen, un esfuerzo presupuestario estructural; la puesta en marcha de una reforma sistemática del sistema tributario (*sic*) que a lo sumo tenía que entrar en escena en el mes de marzo de 2014; la recapitalización del sector financiero; proseguir con la reforma del mercado de trabajo que no se demorara más tarde de julio de 2013; tomar medidas para combatir el desempleo juvenil; actuar para atajar el riesgo de pobreza o marginación social; imponer la unidad de mercado así como fomentar el impulso empresarial; reformar el sector de la energía solventado los desajustes entre otras cosas del déficit de tarifa; poner fin a los peligros de los pasivos contingentes —autopistas, avales del Estado, o almacenes subterráneos—, y emprender de verdad la reforma de las administraciones públicas.

Auténtico reto, por ende, encima de la mesa española. Meses antes el Gobierno había remitido a Bruselas un riguroso ajuste tributario tanto en lo concerniente a impuestos propiamente dichos como a impactos presupuestarios, con el propósito de paliar la sangría del déficit público, involucrando, por tanto, además de a la Administración central, a las comunidades autónomas y a las corporaciones locales.

ESTADO: TOTAL INCREMENTO DE INGRESOS VÍA IMPUESTOS	IMPACTO PRESUPUESTARIO ADICIONAL AÑO/MILLONES €			
MEDIDA	2012	2013	2014	2015
IRPF	3.525	3.430	83	81
IMPUESTO SOCIEDADES	4.607	152	2.920	-602
NUEVA FISCALIDAD AMBIENTAL	-	1.889	54	-
OTROS NUEVOS IMPUESTOS DIRECTOS	1.300	-970	50	-
IVA	1.505	8.429	117	983
IMPUESTOS ESPECIALES	301	2.422	434	-
TASAS Y OTROS INGRESOS	-	604	-	-
IBI	900	-	100	100
PLAN LUCHA CONTRA EL FRAUDE	-	1.050	1.000	-
TOTAL	12.138	17.006	4.758	562

ESTADO, COMUNIDADES AUTÓNOMAS Y CORPORACIONES LOCALES: IMPACTO PRESUPUESTARIO ESPERADO DE LAS MEDIDAS ADOPTADAS Y PREVISTAS	IMPACTO PRESUPUESTARIO ADICIONAL AÑO/MILLONES €			
	2012	2013	2014	2015
ESTADO	12.137	17.006	4.758	562
COMUNIDADES AUTÓNOMAS	13.476	12.897	4.069	4.562
ENTIDADES LOCALES	-	2.105	3.530	5.309
TOTAL MEDIDAS	25.613	32.008	12.357	10.433

Pues bien, los objetivos de la reforma tributaria al dictado de lo indicado por Bruselas y el FMI que se trazaban en la primavera de 2013 eran los de elevar el potencial recaudador en España, aduciéndose para ello que España es, junto a Eslovaquia, el país de la Unión Europea con menores ingresos tributarios en función del PIB, por debajo de Grecia y Portugal; compensar la reducción de la tributación directa en el IRPF y en el Impuesto de Sociedades con subidas de la tributación indirecta, que se concretaba en el IVA y en los impuestos especiales. Y es que actualmente gran parte de la recaudación tributaria procede sobre todo del tipo más bajo en el IRPF, tal y como se constata en el gráfico basado en datos de la AEAT.

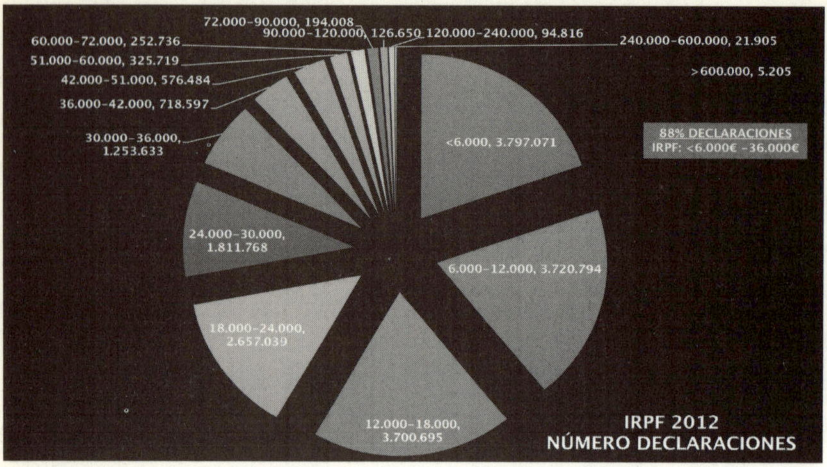

A pesar de esas deficiencias tributarias, lo cierto es que en España soportamos una barbaridad de impuestos que, como es obvio, siempre acaban recayendo sobre el sufrido ciudadano. De un lado, las figuras tributarias esenciales, donde enmarcaríamos el IRPF y el Impuesto sobre la Renta de los No Residentes (IRNR), así como el IVA. De otro, las figuras tributarias de control que suman sus buenas recaudaciones, como son el Impuesto sobre Sociedades (IS), el Impuesto sobre el Patrimonio (IP) —figura tributaria trasnochada y anticuada, con tintes de años bélicos— , el Impuesto sobre Transmisiones Patrimoniales y Actos Jurídicos Documentados (ITPAJD) y el desagradecido e irreverente Impuesto sobre Sucesiones y Donaciones (ISD). A ello, se añaden otras figuras tributarias que también aportan ingresos. Así que las cosas son muy simples: usted trabaja dignamente como un energúmeno y está obligado a pagar, faltaría más, en el consabido IRPF. Usted, precavido y prudente, decide ahorrar, consecuente con aquella máxima de que ahorro es igual a inversión y de paso para hacerse su propio colchón de ahorro. Cada año, gracias al Impuesto sobre el Patrimonio, le dé o no le dé el suyo, le tocará pagar. Más tiene, o sea, más ahorra, más que pagará. Y llega el día D, sí, la triste y luctuosa jornada en que usted, o yo, va, o vamos, al Cielo. Al palmarla, los suyos, además del disgusto tan tremendo por tal pérdida irreparable, se bambolean por culpa del Impuesto sobre Sucesiones y Donaciones que sus herederos van a tener que soportar por haber recibido su patrimonio que siempre, en cada fase de su incorporación y a través de su pertenencia, ha tributado en todo y por todo. Si quiere, un día de esos en que tenga la moral por los suelos, su autoestima bajo mínimos, que ve todo de color gris muy oscuro, por no decir negro deprimente, eche unos cuantos cálculos sobre los que acabamos de deslizar. Tras la indignación, llega la resignación. Digeridos todos eses contundentes golpes, usted se adscribirá al selecto grupo de los «¡Carpe diem!»...

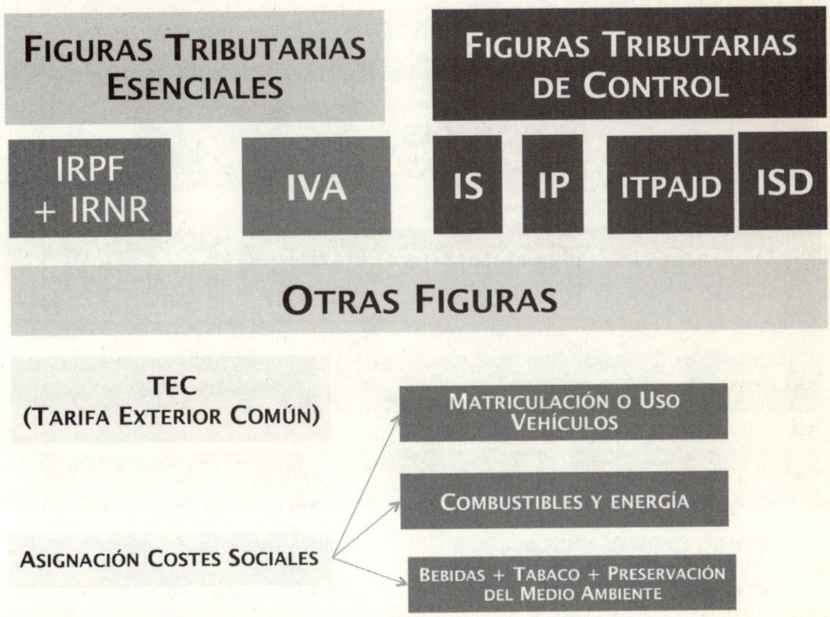

El desastre impositivo de España está provocado por la maraña impositiva que ha propiciado la batalla establecida entre las comunidades autónomas, y que se ha dado a conocer como federalismo tributario.

Y es que, por una parte, cada comunidad hace y deshace respecto a sus competencias en el IRPF —aunque limitadas—, provocando un fenómeno que damos en llamar migración tributaria. Eso implica que uno termine viviendo allí donde paga menos impuestos y de ahí ese flujo que a diario vemos en el AVE.

Por otra parte, la carga de impuestos autonómicos y locales hace la vida imposible al empresariado. De nuevo, la migración tributaria se torna realidad y la localización de nuestras empresas, de ser factible, se decide en función del lugar que brinda más facilidades desde el punto de vista administrativo y del sesgo tributario. Con razón, el FMI alude a las 2.700 barreras autonómicas que impiden que España alce el vuelo. Tanta norma y tanta exigencia fragmentan a España y la hacen mucho menos competitiva que otros países europeos.

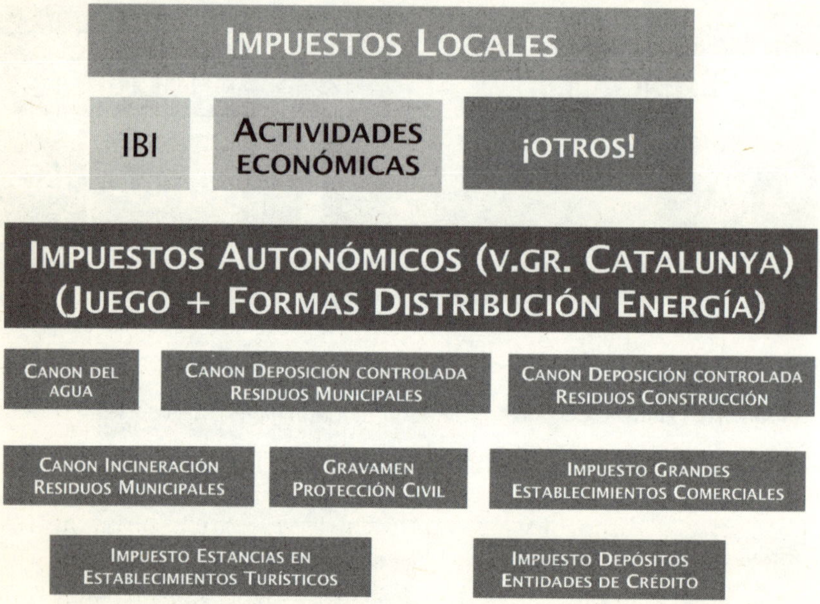

Tomando la información de la AEAT, la recaudación tributaria en 2013 tenía dos ejes fundamentales: IRPF e IVA, suponiendo entre ambos el 73 % de los ingresos de ese año.

IMPUESTO	RECAUDACIÓN AÑO 2013 MILLONES DE EUROS	% S/TOTAL INGRESOS
1) IMPUESTOS DIRECTOS		
IMPUESTO RENTA PERSONAS FÍSICAS (IRPF)	80.346	37%
IMPUESTO SOCIEDADES (IS)	27.610	13%
IMPUESTO RENTA NO RESIDENTES (IRNR)	4.196	2%
OTROS IMPUESTOS DIRECTOS	1.731	1%
TOTAL IMPUESTOS DIRECTOS	113.883	53%
2) IMPUESTOS INDIRECTOS		
IMPUESTO SOBRE EL VALOR AÑADIDO (IVA)	76.818	36%
IMPUESTOS ESPECIALES (IIEE)	19.388	9%
OTROS IMPUESTOS INDIRECTOS	2.736	1%
TOTAL IMPUESTOS INDIRECTOS	98.942	46%
3) TASAS Y OTROS INGRESOS		
TOTAL TASAS Y OTROS INGRESOS	2.073	1%
TOTAL INGRESOS TRIBUTARIOS 2013	214.898	100%

Fuente: AGENCIA TRIBUTARIA. INFORME 2013

El IVA, por suerte para el consumo y para la actividad económica, sólo ha sido objeto de algún ajuste en la reforma fiscal de 2014. Mucho se había especulado, máxime después de las emboscadas de nuestros políticos sobre el particular, acerca de una subida generalizada del IVA de manera que una gran mayoría de productos digamos que básicos que actualmente tributan al 10% saltarían al 21%, encareciendo brutalmente la cesta de la compra y el coste de la vida. Ahí, los empresarios hicieron causa común y se plantaron ante el Gobierno. La subida de IVA que preveía el Ministerio de Hacienda podía provocar que unas 100.000 personas perdieran sus puestos de trabajo. Por añadidura, y no era de ningún modo una cuestión menor, la conflictividad social que una decisión de tal calibre podía entrañar era comparable a lanzar una colilla en un depósito de gasolina.

Los estragos del IVA

Las subidas de impuestos deben ser abordadas con mucha cautela. Y es que la anterior subida del IVA en 2012 ha causado estragos en nuestra economía, matando el consumo. Uno de los sectores más castigados ha sido el cultural. Se podría decir que se lo ha cargado, si pensamos en el cine, por ejemplo, o en el teatro, que cayeron en picado. Poco saben de cine y de sus imponentes consecuencias económicas nuestros gobernantes. Han vuelto a caer en sus yerros al no bendecir al sector cinematográfico en la reforma del Impuesto sobre Sociedades. A ellos habrá que responsabilizar de la pérdida de unas cifras millonarias para España, demostrando su alejamiento del mundo real.

Hay otras consecuencias, claro. Las luces de los bares se apagan y sus persianas echan el cierre. Las peluquerías de barrio, y no tan de barrio, desaparecen. Suerte que la alegría ha retornado, desde el 1 de enero de 2015, a las floristerías al bajar el tipo de IVA aplicable. Y hasta el sector de las funerarias se resiente al descender su facturación. No es lo mismo donar el cuerpo a la ciencia, que de momento no lleva IVA, que despedirse de este mundo terrenal con unas honras fúnebres por todo lo alto, como sería deseable. La diferencia estriba en el maldito IVA.

Así que nos pasamos buena parte del año 2014, hasta bien entrado el verano, con el miedo en el cuerpo por culpa de la presumible subida del IVA. El impacto, de confirmarse, decíamos, hubiera supuesto un duro golpe.

El incremento en la cesta de compra, de haberse consumado ese previsible incremento del tipo de IVA cuyo acto más estelar hubiera consistido en hacer tributar a un IVA del 21 % una extensa oferta de productos gravados al tipo del 10 %, habría representado una verdadera patada ahí donde duele al maltrecho consumidor. Para que nos hagamos una idea, productos y alimentos como la carne, pescado, agua, aceite, refrescos, conservas, yogures, bollería y comida de bebé, entre otros, que actualmente tributan por IVA al 10 %, saltarían al 21 %. El encarecimiento para unos bolsillos ya de por sí menguados por los avatares de todos esos años hubiera supuesto una pequeña bomba atómica.

Otros productos y servicios gravados por el IVA también al 10 % como las gafas, productos sanitarios, entradas a museos y espectáculos deportivos, ferias y exposiciones, fertilizantes..., incrementarían su tributación por IVA al 21 %.

El revuelo que una decisión de ese calibre hubiera causado en la España de 2014 sería de imprevisibles consecuencias en una sociedad duramente castigada por tantas medidas perjudiciales.

Lo que sí quedaba claro era el capítulo de las exenciones: turismo, vivienda y transporte, que no subirían del 10 % al 21 %. También, por el momento ya que habrá que estar a la expectativa de lo que ocurra tras las próximas elecciones en función de cuál sea la opción gobernante, el tipo general del IVA que actualmente es del 21 % no saltaría al 23 % ni tampoco el superreducido del 4 % pasaría al 10 %. De momento...

El incremento en la cesta de la compra, ante una hipotética subida del IVA en la renta disponible del consumidor del 10 % al 21 %, la calculaba HISPACOOP a razón de 120 euros anuales más en concepto de carne, de 35 euros adicionales por pescado, de 16,97 euros por agua corriente, de 10,74 euros por yogures, de 10,22 por pastelería y bollería, y de 149,07 euros por alimentación variada, lo que arroja un total de 342 euros anuales.

El Impuesto sobre Sociedades, reformado de cabo a rabo, sí que se plantea a partir de 2015 como de nueva factura, aunque mucho nos tememos que las pequeñas y medianas empresas, las pymes, se verán seriamente perjudicadas.

Durante los últimos años la recaudación por este impuesto ha ido disminuyendo. Los retoques formulados buscan aumentar los ingresos del Estado y la reconfiguración del impuesto suprime deducciones y ventajas fiscales, poda partidas deducibles ensanchando así la base imponible, pero abre una nefasta brecha entre la magnitud del resultado contable y el fiscal. ¿Será un dinamizador de nuestra economía un Impuesto sobre Sociedades más gravoso?

La borrasca del déficit

Aún hay otros peros a la hora de lanzar las campanas al vuelo en cuanto a nuestra anhelada recuperación económica. El borrascoso déficit público empaña la remontada. El gasto público devora a los ingresos. Entre 2008 y 2014, el agujero asciende a 612.267 millones de euros. Esto es lo que se ha gastado por encima de lo que se ha ingresado.

Y ese descuadre, preocupante, ha provocado que la deuda pública suba hasta 1.033.857 millones de euros al cierre de 2014. Números calamitosos. Entre 2015 y 2018, el déficit total del Estado se elevará a 90.445 millones de euros. La deuda pública proseguirá con su imparable andadura. Estamos en trance de superar el 100 % del PIB.

Y si alarmante es el déficit público en términos globales, la ansiedad se adueña de uno mismo al contemplar las cuentas desequilibradas de la Seguridad Social, que lleva desde 2012 cerrando con déficit —en 2013 fue de 11.861 millones de euros y de 11.202 millones en 2014—. Se trata de un duelo entre cotizantes y pensionistas, entre ingresos frente a gastos, con saldos deficitarios. La hucha de las pensiones, aquella concebida por todos los partidos políticos y que se conoció como los Pactos de Toledo, se va vaciando.

En 2011 teníamos 66.815 millones de euros, la cifra más alta alcanzada desde que se inició su dotación en el año 2000, y ahora, en diciembre de 2014, quedan 41.634 millones de euros. A este paso, los actuales y futuros pensionistas tienen las espaldas cubiertas más o menos hasta dentro de cuatro años. Después, habrá que idear soluciones alternativas que garanticen las merecidas pensiones a nuestros mayores. El quid de la cuestión no es de pensionistas, sino el número de cotizantes.

Lo que esa ecuación quiere decir es que necesitamos que se incorporen al mercado laboral más personas, y que tengan, además, unos salarios aceptables, para que, con sus contribuciones, se pueda sostener a los mayores.

Estamos ante una cuestión crucial, que debería centrar la atención de nuestros gobernantes. Si no se enmienda el rumbo de las pensiones, nos encontraremos ante un laberinto del que no sabremos salir. Ese complicado panorama ha llevado, por ahora, a congelar las pensiones. Porque el pírrico incremento del 0,25 % anual que decidió el Gobierno no es otra cosa que mantenerlas en la nevera y bloqueadas.

Con ese somero repaso, siguiendo un punto de vista que alguien calificaría de cenizo, nos quedan tres puntos para perfilar la economía a lo largo de 2015. El primero es que estamos en un año electoral. Eso significa que habrá promesas a granel, alegría en el gasto público para que los políticos que están al frente del país, de las comunidades autónomas o de los ayuntamientos, se aseguren la reelección y que habrá algo de frivolidad en las medidas dadivosas que se puedan tomar. ¡Todo sea por el voto!, para mantenerse ahí bien agarrados a sus poltronas. Y eso quiere decir que el gasto público peligra. ¡Ay, la erótica del poder!

La crisis, que dura demasiado, provoca también un cambio en el panorama político. El voto, según las diferentes encuestas, se inclina hacia posiciones más radicales, como consecuencia del hartazgo social. Las formaciones políticas más clásicas, que se habían alternado en el poder, pierden muchos apoyos. El ¡basta ya! es la reivindicación de las masas que asisten no tan sólo a una gestión errática y errada de quienes mandan sino, lo que es peor, repleta de casos y escándalos de corrupción, a costa de nuestros impuestos. Eso no sólo afecta a España. Es la Europa de la periferia, la rescatada o semirrescatada, la que clama al cielo y no está dispuesta a continuar por ese camino del llamado austericidio que han impuesto las instituciones europeas.

De todo ello, sin embargo, surge una consecuencia, tal vez el peor mal: se ha quebrado el compromiso con nuestros jóvenes. Muchos de ellos ven España como un país de negras perspectivas, sin futuro, que se precipita hacia un abismo, sin oportunidades dignas de trabajo. El 84 % de los chavales entre dieciséis y veinticuatro años se ven trabajando lejos de España.

El deseo más común de todos ellos es culminar aquí parte de su formación y volar después hacia otros parajes para completarla y para encontrar posibilidades de futuro. El peligro, por tanto, es que se nos puede fugar parte del talento que no sabemos retener.

Con ello, España se va despoblando. La población en edad fértil de reproducción y contribución productiva desciende. España, de no remediarse, enfila una senda en la que la población está envejeciendo y envejecerá más. Se configura como un país de pocos niños y muchos mayores, con reducidos efectivos de juventud. Y, o somos capaces con inmediatez de dar la vuelta a ese panorama o nos esperan años muy difíciles en los que, tal y como sucede a día de hoy, la emigración irá a más.

Volvemos, en parte, a aquellas escenas de la España de los años cuarenta y cincuenta del siglo pasado, con los emigrantes españoles y sus maletas acartonadas en busca de oportunidades por el mundo, con rumbo a las Américas con el sueño de Eldorado, acudiendo a cualquier llamada procedente de la Europa del norte. Pero esperemos que eso no se generalice.

3

¿Qué potencia económica tiene España?: la realidad europea y española

Entancamiento en la zona euro

España está a punto de despegar. Hemos visto que debe sortear importantes dificultades. Pero, antes de desmenuzarlas, debemos analizar si tendrá la suficiente potencia para el arranque inicial. El avión corre por la pista de vuelo, antes de despegar. En algunos casos, hemos visto, desgraciadamente, accidentes graves de aviones que no llegan a alzar el vuelo. En el caso de España, ¿tenemos unos motores lo suficientemente potentes como para que la aeronave de nuestra economía se ponga a volar y lo haga cual caballero de fina estampa, porte elegante y con la debida energía?

A la hora de responder a ese interrogante, debemos preguntarnos por la evolución de la economía en nuestro contexto, el europeo, y echar una ojeada a otras potencias que siempre sirven como piedra de toque.

Los datos que conocíamos a través de Eurostat acerca del crecimiento de la economía europea en 2014 confirmaban su parón. Solo un 1,3 % aumentaba la economía de la UE en el cuarto trimestre de 2014, el 0,9 la de la zona euro, y para hablar de aumentos económicos algo animados en el conjunto de Europa hay que citar a países pujantes que no son grandes potencias, como las repúblicas bálticas, Rumanía, Hungría... Por tanto, en lo referente a nuestro entorno las tasas de crecimiento de ese cuarto trimestre de 2014 se antojaban muy débiles y carentes de brío, incluyendo a Alemania, Francia e Italia. Se confirmaba de este modo algo que ya en los trimestres anteriores se advertía: Europa no acaba de tirar, su economía está flojeando, su crecimiento es entre frágil —en cualquier momento puede ser, y está siendo, negativo— y muy pequeño.

	Cambios en los porcentajes comparados con el trimestre anterior/				Cambios en los porcentajes comparados con mismo trimestre del año anterior			
	2014				2014			
	1T	2T	3T	4T	1T	2T	3T	4T
Zona euro 18	0.3	0.1	0.2	**0.3**	1.1	0.8	0.8	**0.9**
Zona euro 19	0.3	0.1	0.2	**0.3**	1.1	0.8	0.8	**0.9**
UE 28	0.4	0.2	0.3	**0.4**	1.5	1.3	1.3	**1.3**
Estados Miembros								
Bélgica	0.4	0.1	0.3	**0.1**	1.2	1.0	1.0	**0.9**
Bulgaria	0.1	0.3	0.4	**0.3**	1.5	1.8	1.5	**1.2**
República Checa	0.6	0.2	0.4	**0.2**	2.6	2.3	2.4	**1.3**
Dinamarca	0.2	0.1	0.4	:	0.4	1.2	0.9	:
Alemania	0.8	-0.1	0.1	**0.7**	2.3	1.4	1.2	**1.5**
Estonia	0.1	0.9	0.4	**1.1**	0.4	2.4	2.3	**2.6**
Irlanda	2.8	1.1	0.1	:	5.1	6.2	3.6	:
Grecia	0.7	0.3	0.7	**-0.2**	-0.4	0.4	1.6	**1.7**
España	0.3	0.5	0.5	**0.7**	0.7	1.3	1.6	**2.0**
Francia	0.0	-0.1	0.3	**0.1**	0.8	0.0	0.4	**0.2**
Croacia	0.1	-0.2	0.0	:	-0.4	-1.0	-0.6	:
Italia	0.0	-0.2	-0.1	**0.0**	-0.3	-0.4	-0.4	**-0.3**
Chipre	-0.5	-0.4	-0.3	**-0.7**	-3.5	-2.1	-1.8	**-1.9**
Letonia	0.2	0.8	0.5	**0.4**	2.3	3.3	2.3	**1.9**
Lituania	0.5	0.9	0.4	**0.6**	3.4	3.3	2.7	**2.4**
Luxemburgo	1.0	0.5	2.3	:	2.5	1.3	3.8	:
Hungría	1.0	0.9	0.5	**0.9**	3.6	3.8	3.3	**3.4**
Malta	0.9	1.3	0.8	:	3.5	3.1	4.0	:
Holanda	-0.3	0.6	0.2	**0.5**	0.0	1.1	1.0	**1.0**
Austria	0.0	0.0	-0.1	**0.1**	0.8	0.5	0.2	**0.0**
Polonia	1.0	0.6	0.8	**0.6**	3.5	3.3	3.3	**3.1**
Portugal	-0.4	0.3	0.3	**0.5**	1.0	0.9	1.1	**0.7**
Rumanía	0.3	-0.4	2.2	**0.5**	4.0	2.0	3.2	**2.5**
Eslovenia	0.1	1.1	0.7	:	1.9	2.8	3.1	:
Eslovaquia	0.6	0.6	0.6	**0.6**	2.3	2.4	2.5	**2.4**
Finlandia	-0.4	0.4	0.2	**-0.3**	-0.2	0.1	0.0	**-0.1**
Suecia	0.2	0.5	0.3	:	1.6	2.4	2.1	:
Reino Unido	0.6	0.8	0.7	**0.5**	2.4	2.6	2.6	**2.7**
Otros países								
Islandia	-2.7	-1.6	3.9	:	0.7	0.2	-0.3	:
Noruega	0.5	1.1	0.5	**0.9**	2.0	1.9	1.7	**3.0**
Suiza	0.4	0.3	0.6	:	2.4	1.6	1.9	:
Estados Unidos	-0.5	1.1	1.2	**0.7**	1.9	2.6	2.7	**2.5**

Las economías avanzadas de la nueva Europa, las de los países del Este que se han ido incorporando al proyecto común de la gran casa europea, vienen de atrás y empujan con ahínco. Son economías en plena transformación, muchas de ellas con un componente industrial, que se pierde en la Europa occidental como consecuencia de deslocalizaciones, relocalizaciones, problemas burocráticos, costes de mano de obra o exigencias energéticas. Son países, los de la Europa del Este, que aún tienen muy vivo el recuerdo de muchos años de penuria y de sacrificios, cuando sus economías estaban centralizadas y el manto soviético caía sobre ellas. Son naciones donde el nivel de preparación de la gente es muy elevado, tanto en perfiles universitarios como de formación profesional, donde poder trabajar en sus fábricas supone un orgullo y en las que se siente el proyecto solidario de sus habitantes por convertirse en economías robustas.

Por eso no sorprende que sea Rumanía —considerada como uno de los hermanos pobres y recién llegada a esta gran Europa— uno de los países que encabece el crecimiento del tercer y cuarto trimestre de 2014. Ni extraña que por ahí esté Polonia, que lleva más años pisando el acelerador en pos de su integración europea. Ni es raro ver encaramados en esos puestos que marcan el paso europeo a Eslovenia, Eslovaquia, Hungría o República Checa, junto con los países bálticos.

Tampoco sorprende ver a la sufrida Grecia con un buen comportamiento. Su PIB cayó en los últimos años, sus sacrificios económicos han sido puros latigazos, la troika ha impuesto al pueblo heleno unas exigencias insoportables y esa asfixia ha terminado por provocar un vuelco político de dimensiones desconocidas aún. Grecia encarna el sufrimiento y la marcha atrás en los anhelos de una Europa sólida, creciente, económicamente bien armada, con unos aceptables estándares de calidad de vida.

Grecia deviene el antimodelo de la Europa soñada, cobrándose un buen número de víctimas en las espaldas de los ciudadanos helenos. Grecia hablaba el 25 de enero de 2015 y se pronunciaba: no queremos esos sacrificios tan brutales, no aguantamos más esas austeridades que están acabando con nuestra calidad de vida. En 2013 cerraba el ejercicio con unos números complicados. Su PIB se situaba en 182.438 millones de euros y su deuda pública en 319.178 millones, con un déficit público de 22.498 millones. El pueblo heleno baja el telón de 2014 con su economía alicaída y sin repuntar, con un PIB de poco más de 179.081 millones de euros, reduciendo la deuda pública un poco, hasta los 317.095 millones, y el déficit encogiéndose a 6.356 millones.

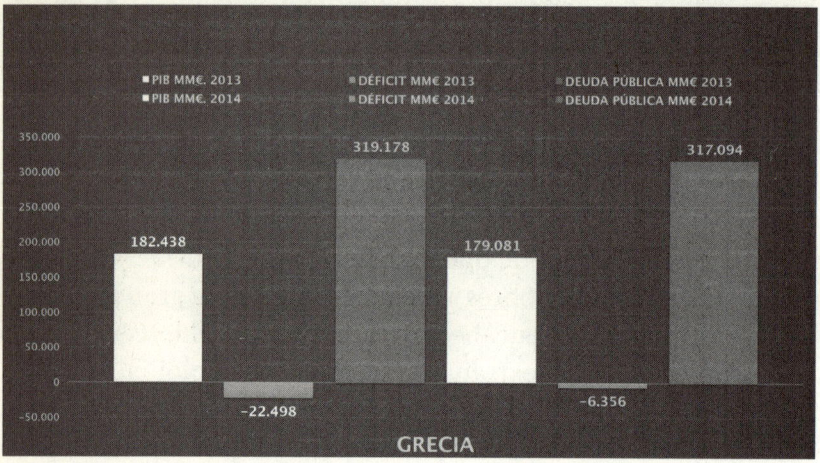

Cuando uno echa una ojeada a las grandes magnitudes macroeconómicas helenas, entiende el hartazgo de la población.

Es el resultado, todo ello, de los planes de la troika, es decir, del FMI, del BCE y de la Comisión Europea, apoyados por la canciller Angela Merkel. Es la consecuencia de muchas reformas, muchos ajustes, mucha mano dura con el pueblo, con las clases medias en trance de desaparición. Son demasiados esfuerzos soportados y con los que apechugar en el futuro, y, sin embargo, la economía griega sigue cayendo.

Es necesario ver, de forma rápida, la evolución del PIB desde 2007 hasta 2014 para corroborar los fracasos con que se salda tanta intervención por parte de la troika. Si el consumo no tira, con un pueblo cuyo poder adquisitivo está destrozado, y el país no se caracteriza por la internacionalización de sus empresas que le permitiría jugar fuerte la baza de la exportación, y además las duras políticas de ajustes recortan gasto público, con inversiones desaparecidas, no se puede esperar que aumente, precisamente, el PIB. De los 242.096 millones de euros de 2008, su PIB cae a 182.438 millones en 2013 y a 178.081 millones en 2014. Para que se tenga una idea, este PIB es inferior al de Cataluña y la Comunidad de Madrid, que fueron de 197.319.940 y 196.009.867 millones de euros, respectivamente, en ese año.

Entretanto, la deuda pública griega iba en aumento. En 2011 llegó a cerca de 356.000 millones de euros. Luego vino la quita, con el propósito de dulcificar un poco el peso de tanto endeudamiento. Grecia, cuando su economía empezó a sentir los primeros síntomas de su enfermedad, tenía una deuda pública que justo superaba el 100 % de su PIB —en 2007, era del 103 %—. ¿Le suena al amable lector algo parecido por estos pagos? Desde entonces, la deuda griega cabalgó hacia arriba.

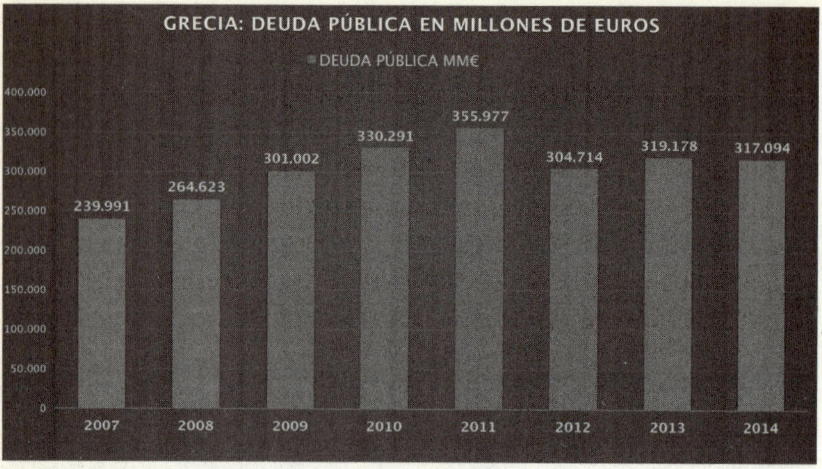

Sólo contemplando los guarismos del PIB y de la deuda pública, hay que hacerse a la idea de que las cosas hoy no son fáciles por esas tierras, bañadas por las aguas del Mediterráneo, que fueron cuna de nuestra cultura. La necesidad de reestructurar la deuda pública —que es algo muy distinto a la idea de que se deja de pagar por la cara, cosa que en ningún momento se ha planteado de forma seria— es la única solución para insuflar algo de oxígeno a unas finanzas públicas seriamente descuadradas.

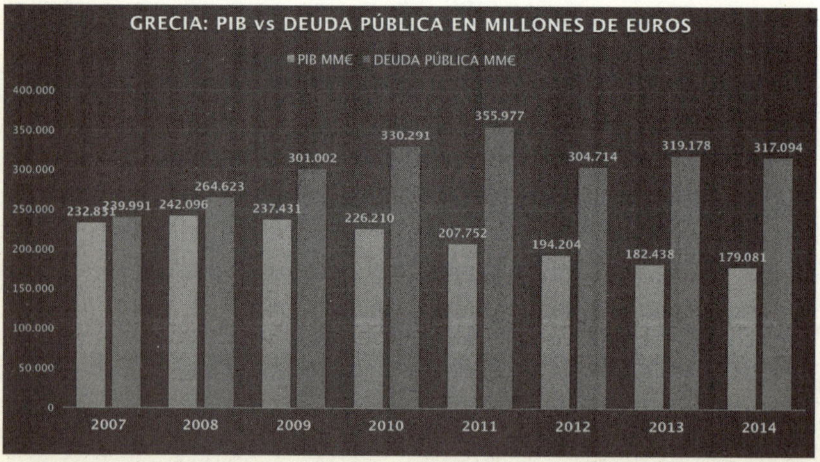

El déficit público en Grecia representa otro nefasto episodio. Si se considera las cifras del PIB heleno, la cuantía de sus déficits anuales es todo un torpedo en la línea de flotación de sus cuentas públicas. Eso sí, en 2014 queda patente el esfuerzo acometido para intentar enderezar la perjudicial tendencia deficitaria. No obstante, el pueblo alude a la cleptocracia, a la evasión de impuestos de potentes adinerados y hasta el rechazo, por parte de algunas familias adineradas, al pago de impuestos. Y es que todo el peso de los ajustes recae sobre el sufrido pueblo griego, sus clases medias y bajas, los pensionistas...

Una mirada a lo que ha sido en estos años recientes el PIB per cápita confirma una caída en picado que obviamente perjudica a la población.

Tras este inciso dedicado a Grecia —justificado al escribir estas líneas tras la aplastante victoria de Syriza y su líder Alexis Tsipras en las elecciones celebradas el 25 de enero de 2015 y considerando las incógnitas que rodean al país heleno durante los primeros meses de este año—, volvamos a los crecimientos de la economía de los países europeos. Si Alemania crece en el tercer trimestre de 2014 un 0,1 % y respecto a 2013 lo hace en un 1,2 %, quiere decir que la cosa no anda muy bien, que podemos asistir a cierta parálisis.

Alemania es el tractor de la economía europea, su locomotora. Si ésta baja la marcha, por fuerza los demás países de la UE se resentirán. Si Francia, segunda potencia de la eurozona, apenas crece en un 0,3 % en tasa trimestral y en un ajustadísimo 0,4 % anual, la preocupación se extiende.

Entre Alemania y Francia suman el 50 % del PIB de la zona euro. Si el tercer gran país de la Europa de los 18 —ahora, ya 19— que es Italia, muestra un crecimiento negativo o caída de su economía en 2014 del 0,4 % y en comparación con 2013 del 0,3 % abajo, pintan bastos.

Esos países, junto a España, representan las economías que constituyen la columna vertebral de la Europa del euro. Junto a Reino Unido, que creció en el cuarto trimestre de 2014 un 0,5 % si bien respecto a 2013 lo hace el 2,7 %, estamos hablando de las mejores cartas de la baraja europea. Las otras economías, como la portuguesa, la holandesa, la belga, o la irlandesa tienen un menor calado, pero sus números tampoco ofrecen una estampa reconfortante.

Ante ese panorama, es obligado mirar de reojo a Estados Unidos. Es algo que casi siempre gratifica. Hay diversos factores que pueden explicar el crecimiento de los norteamericanos. Uno de ellos hace referencia a la política de estímulos monetarios fomentada por la Fed —hoy importada a Europa con el ya comentado *manguerazo* de los 60.000 millones de euros mensuales de marzo de 2015 a septiembre de 2016 o hasta que la inflación se acerque al 2 %—. Estados Unidos también se beneficia de la fuerza de sus empresas, gracias al tipo de cambio del dólar, merced a su imponente internacionalización. Todo ello constata que la economía norteamericana haya crecido el 0,9 % en el tercer trimestre de 2014 y en tasa interanual haya ascendido al 2,3 %, con una tasa de paro en franco descenso.

El viaje ahora lo hacemos de vuelta. Estamos de nuevo en España. Nuestro PIB durante estos años ha caído. Tocamos el cielo en 2008 y luego nuestra economía se fue contrayendo. Sin duda, existen muchas explicaciones sobre ese descenso y la mayor parte obedecen al contexto de crisis, y a la caída brusca de los ingresos del Estado, por un descenso en la actividad económica.

Una de las ideas claras es que lo fiamos casi todo al sector de la construcción y al entusiasmo inmobiliario y, de repente, un buen día o, mejor dicho, un mal día, vimos cómo se derrumbaba aquel maravilloso castillo de naipes.

Ahora hablamos de recuperación, aunque falta mucho para volver a aquellos niveles de 2008. El año 2014 se cierra con un PIB de 1,058 billones de euros, mas el recorrido hasta alcanzar aquel 1,116 billones de 2008 es largo.

ESPAÑA: EVOLUCIÓN DEL PIB, en millones de euros. Fuente: BdE e IGAE

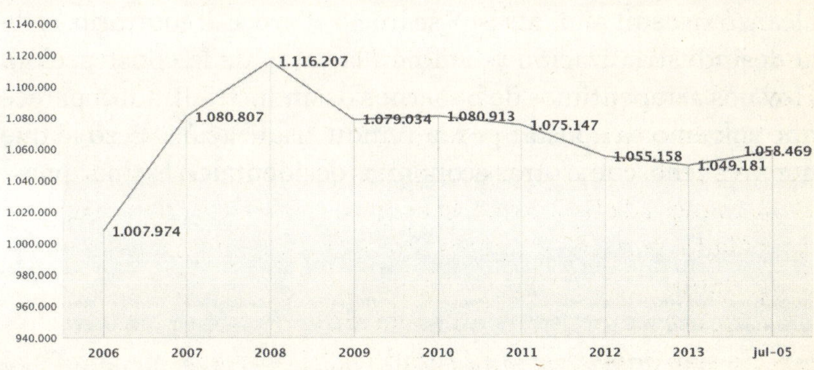

La economía española necesita crecer. A tenor de la contabilidad regional correspondiente al período 2010-2014, se observan algunos detalles interesantes.

El PIB en ese quinquenio ha ido recortándose. Como siempre, cabría espetar aquel dicho: mal de muchos, consuelo de tontos. Se podría decir que la economía europea en su conjunto ha pasado por una situación similar, y que esas cosas pasan en las mejores familias. Pero no podemos quedarnos con esa respuesta. No es un buen argumento.

No lo es porque ni Alemania, ni Francia ni tampoco Italia han diezmado su PIB de esta manera. Ergo, tenemos un problema, y recae en la propia composición del PIB.

La agricultura, ganadería, silvicultura y pesca representa un porcentaje muy pequeño del PIB. Es una lástima. España es un país con enormes potencialidades en este campo. Sin embargo, durante años lo hemos ido abandonando. Nos fuimos a las ciudades para aprovechar el empuje industrial. Y lo cierto es que hemos perdido comba en un sector como el agroalimentario que, sin embargo, últimamente está rebrotando con ímpetu. Se trata de un sector en el que destacan grandes empresas con vocación exportadora, y con buenas dosis de innovación. El sector de la alimentación se erige como un buen representante del sector exportador en su conjunto. En casi todas las comunidades autónomas tiene una presencia destacada.

El trasiego de población desde el campo hacia la ciudad, con la llamada de la industrialización y el auge de la construcción, alcanzó su cénit años atrás. Y se inició el proceso contrario, el de la desindustrialización y también la caída de la construcción. Hoy nos arrepentimos de habernos desindustrializado y parece que volvemos a apostar por la reindustrialización. Pero lo que hemos hecho, como otras economías occidentales, es una apues-

En miles de euros	2010	2011	2012	2013	2014
PRODUCTO INTERIOR BRUTO A PRECIOS DE MERCADO	1.080.913.000	1.075.147.000	1.055.158.000	1.049.181.000	1.058.469.000
Agricultura, ganadería, silvicultura y pesca	25.253.000	24.317.000	23.634.000	26.578.000	24.050.000
Industrias extractivas; industria manufacturera; suministro de energía eléctrica, gas, vapor y aire acondicionado; suministro de agua, actividades de saneamiento, gestión de residuos y descontaminación	169.978.000	172.183.000	167.200.000	168.603.000	169.077.000
- De las cuales: Industria manufacturera	131.436.000	133.039.000	127.628.000	126.498.000	127.377.000
Construcción	87.526.000	74.177.000	60.779.000	55.070.000	53.672.000
Comercio al por mayor y al por menor; reparación de vehículos de motor y motocicletas; transporte y almacenamiento; hostelería	222.593.000	228.067.000	230.882.000	228.198.000	232.124.000
Información y comunicaciones	43.430.000	42.809.000	42.892.000	39.726.000	38.534.000
Actividades financieras y de seguros	43.936.000	40.907.000	40.821.000	35.587.000	37.481.000
Actividades inmobiliarias	100.489.000	107.212.000	112.005.000	114.455.000	117.319.000
Actividades profesionales, científicas y técnicas; actividades administrativas y servicios auxiliares	70.971.000	73.227.000	72.009.000	70.527.000	71.407.000
Administración pública y defensa; seguridad social obligatoria; educación; actividades sanitarias y de servicios sociales	185.094.000	184.294.000	177.997.000	178.677.000	179.466.000
Actividades artísticas, recreativas y de entretenimiento; reparación de artículos de uso doméstico y otros servicios	40.643.000	41.096.000	41.117.000	41.050.000	41.980.000
Valor añadido bruto total	989.913.000	988.289.000	969.336.000	958.471.000	965.110.000
Impuestos netos sobre los productos	91.000.000	86.858.000	85.822.000	90.710.000	93.359.000
PRODUCTO INTERIOR BRUTO A PRECIOS DE MERCADO	1.080.913.000	1.075.147.000	1.055.158.000	1.049.181.000	1.058.469.000

ta por el sector servicios, con la utilización de una mayoría de trabajadores.

Si nos fijamos en la estructura porcentual del PIB entre 2010 y 2014, se observa un ligero aumento del sector agrícola, en concreto del ganadero. Y también se percibe un resurgimiento en la industria en general, aunque la manufacturera, que sería crucial para que cobre impulso nuestra economía, está ligeramente a la baja. En 2014, este panorama cambia algo y es bueno pensar que en el futuro lo haga, lo que significará más trabajo también. Empero, el modelo no se modifica. La construcción cede posiciones en ese lustro. El comercio se fortalece y los servicios más o menos van oscilando un poco. No obstante, falta carácter en nuestra economía. La panorámica la ofrece el INE.

CONTABILIDAD REGIONAL DE ESPAÑA
ESPAÑA
PRODUCTO INTERIOR BRUTO A PRECIOS DE MERCADO Y VALOR AÑADIDO BRUTO A PRECIOS BÁSICOS POR RAMAS DE ACTIVIDAD
VARIACIONES DE VOLUMEN. ÍNDICES DE VOLUMEN
ENCADENADOS, REFERENCIA AÑO 2010 = 100

	2010	2011	2012	2013	2014
PRODUCTO INTERIOR BRUTO A PRECIOS DE MERCADO	100,0	99,4	97,3	96,1	97,4
Agricultura, ganadería, silvicultura y pesca	100,0	104,2	90,9	105,0	108,5
Industrias extractivas; industria manufacturera; suministro de energía eléctrica, gas, vapor y aire acondicionado; suministro de agua, actividades de saneamiento, gestión de residuos y descontaminación	100,0	100,1	96,2	94,5	95,9
- De las cuales: Industria manufacturera	100,0	99,1	95,2	94,1	96,3
Construcción	100,0	87,3	74,8	68,7	67,9
Comercio al por mayor y al por menor; reparación de vehículos de motor y motocicletas; transporte y almacenamiento; hostelería	100,0	101,3	101,7	101,0	103,8
Información y comunicaciones	100,0	99,5	102,0	99,2	100,8
Actividades financieras y de seguros	100,0	98,0	94,6	87,2	82,5
Actividades inmobiliarias	100,0	103,0	105,5	106,7	108,8
Actividades profesionales, científicas y técnicas; actividades administrativas y servicios auxiliares	100,0	102,7	102,2	101,1	103,7
Administración pública y defensa; seguridad social obligatoria; educación; actividades sanitarias y de servicios sociales	100,0	100,5	99,9	98,6	99,0
Actividades artísticas, recreativas y de entretenimiento; reparación de artículos de uso doméstico y otros servicios	100,0	100,8	100,5	102,0	104,9
Valor añadido bruto total	100,0	99,8	97,9	96,7	98,2
Impuestos netos sobre los productos	100,0	94,8	90,7	89,3	89,8
PRODUCTO INTERIOR BRUTO A PRECIOS DE MERCADO	100,0	99,4	97,3	96,1	97,4

El interrogante que desde hace tiempo nos venimos planteando es cómo seremos capaces de crear empleo sólido y sostenible atendiendo al modelo económico español.

Si por unos momentos nos planteáramos las diferencias existentes en el origen del PIB entre España y la siempre venerada Alemania, se resumirían, tomando el PIB de 2013 en los siguientes puntos, en un ejercicio siempre complicado porque son realidades con experiencias históricas muy diferentes:

- El sector agrario y de pesca en España representa el 2,35 %, mientras en Alemania supone el 0,8 %.
- La rama industrial en nuestro país es del 15,92 % y en Alemania del 25,50 %. Aquí está la gran diferencia. La fuerte industrialización germana constituye su motor económico. Eso nos falta a nosotros.
- La construcción en España es del 7,16 % y en Alemania del 4,70 %. Empero, en Alemania la construcción no sufre bruscas variaciones como sí ha sucedido sucede en nuestro país.
- Los servicios en España representan el 65,78 % frente al 69 % de Alemania. El quid de la cuestión radica en la calidad de los servicios. No es lo mismo concentrar focos de producción económica en hostelería y restauración de *low cost* y todo incluido que en servicios financieros, actividades aseguradoras, actividades profesionales, científicas y técnicas.

El factor determinante, por tanto, es el peso de nuestra industria, que ha ido retrocediendo. Entre las causas de ese proceso se deben señalar los elevados impuestos; el precio de la energía; las cotizaciones sociales altas; los sustanciales costes financieros; las trabas administrativas y la insolente burocracia. Todos esos factores han constituido un freno, cuando no un plomo para su caída.

De ello se deriva otro aspecto estrechamente vinculado a nuestro desarrollo económico, como es la remuneración de los asalariados. La crisis ha castigado con dureza. De 542.334 millones de euros en 2010, las remuneraciones descienden a 492.270 millones en 2013. La pérdida de trabajo, la cada vez mayor oferta de mano de obra, los ajustes salariales, la pérdida de empuje de nuestra economía dinamita los salarios. En la industria, la caída es acusada y también en el sector público.

MILES EUROS	2000 (P)	2001 (P)	2002 (P)	2003 (P)	2004 (P)	2005 (P)	2006 (P)	2007 (P)	2008 (P)	2009 (P)	2010 (P)	2011 (P)	2012 (P)	2013 (A)
REMUNERACIÓN DE LOS ASALARIADOS	313.263.000	337.835.000	360.690.000	386.223.000	411.320.000	444.044.000	481.152.000	522.556.000	559.777.000	549.173.000	541.475.000	531.879.000	501.909.000	490.253.000
Agricultura, ganadería, silvicultura y pesca	3.444.000	3.661.000	3.713.000	3.764.000	3.950.000	4.118.000	4.297.000	4.551.000	4.524.000	4.509.000	4.887.000	4.949.000	4.344.000	4.307.000
Industrias extractivas; industria manufacturera; suministro de energía eléctrica, gas, vapor y aire acondicionado; suministro de agua, actividades de saneamiento, gestión de residuos y descontaminación	68.172.000	72.685.000	74.968.000	79.121.000	81.558.000	85.702.000	89.969.000	94.952.000	98.692.000	90.111.000	89.608.000	88.296.000	84.751.000	82.304.000
- De las cuales: Industrie manufacturera	62.419.000	66.510.000	68.433.000	71.934.000	74.049.000	77.616.000	81.342.000	85.470.000	88.919.000	79.784.000	78.340.000	77.404.000	73.433.000	71.178.000
Construcción	31.301.000	35.297.000	38.475.000	41.773.000	46.640.000	52.601.000	58.799.000	63.744.000	63.694.000	54.305.000	46.896.000	39.424.000	31.578.000	27.617.000
Comercio al por mayor y al por menor; reparación de vehículos de motor y motocicletas; transporte y almacenamiento; hostelería	68.825.000	74.375.000	80.661.000	86.544.000	93.033.000	100.020.000	107.393.000	117.692.000	130.000.000	129.054.000	128.055.000	129.606.000	123.822.000	119.645.000
Información y comunicaciones	13.131.000	14.075.000	15.554.000	16.153.000	16.564.000	17.708.000	19.129.000	20.422.000	19.776.000	20.403.000	21.086.000	21.624.000	20.641.000	20.370.000
Actividades financieras y de seguros	15.072.000	15.944.000	16.552.000	17.020.000	17.784.000	18.921.000	20.448.000	22.313.000	23.286.000	23.113.000	22.862.000	22.380.000	21.228.000	21.447.000
Actividades inmobiliarias	1.570.000	1.772.000	2.037.000	2.423.000	2.703.000	3.206.000	3.852.000	4.354.000	5.021.000	4.187.000	4.359.000	4.384.000	4.389.000	4.064.000
Actividades profesionales, científicas y técnicas; actividades administrativas y servicios auxiliares	21.305.000	23.553.000	25.745.000	28.246.000	29.825.000	33.318.000	38.350.000	43.288.000	49.520.000	49.051.000	48.837.000	48.581.000	47.380.000	45.918.000
Administración pública y defensa; seguridad social obligatoria; educación; actividades sanitarias y de servicios sociales	75.206.000	80.082.000	85.252.000	92.191.000	98.850.000	106.667.000	115.410.000	126.223.000	137.689.000	146.207.000	146.555.000	144.617.000	136.382.000	136.648.000
Actividades artísticas, recreativas y de entretenimiento; reparación de artículos de uso doméstico y otros servicios	15.237.000	16.391.000	17.733.000	18.988.000	20.413.000	21.783.000	23.505.000	25.017.000	27.575.000	28.233.000	28.330.000	28.018.000	27.394.000	27.933.000
REMUNERACIÓN DE LOS ASALARIADOS	313.263.000	337.835.000	360.690.000	386.223.000	411.320.000	444.044.000	481.152.000	522.556.000	559.777.000	549.173.000	541.475.000	531.879.000	501.909.000	490.253.000

En los felices años dorados de la economía española, con 2008 como momento culminante, dicha remuneración alcanzó los 560.517 millones de euros. Los datos del INE son impactantes. Del orden de 70.000 millones de euros desaparecidos en ese largo período contractivo de nuestra economía.

La caída del empleo ha sido un lastre para nuestra economía. De 19,6 millones de personas trabajando en 2010, a 17,9 en 2013. Todos los sectores han reducido sus efectivos. Y, por encima de todos, la construcción, que se ha visto seriamente afectada en esos cuatro años, tal y como se ve en los datos de contabilidad regional del INE.

	2000 (P)	2001 (P)	2002 (P)	2003 (P)	2004 (P)	2005 (P)	2006 (P)	2007 (P)	2008 (P)	2009 (P)	2010 (P)	2011 (P)	2012 (P)	2013 (A)	2014 (1ª E)
PERSONAS	16.691,0	17.247,8	17.692,9	18.281,8	18.970,1	19.784,0	20.609,2	21.284,9	21.324,1	19.986,8	19.639,5	19.140,9	18.430,3	17.947,8	18.175,6
Agricultura, ganadería, silvicultura y pesca	984,8	988,3	978,8	969,0	944,8	925,3	874,5	853,8	820,4	781,3	793,9	760,1	740,1	735,5	
Industrias extractivas; industria manufacturera; suministro de energía eléctrica, gas, vapor y aire acondicionado; suministro de agua, actividades de saneamiento, gestión de residuos y descontaminación	3.074,8	3.069,2	3.044,3	3.059,4	3.080,2	3.091,2	3.063,3	3.017,8	2.992,4	2.640,4	2.559,2	2.474,6	2.348,6	2.241,6	
- De las cuales: Industria manufacturera	2.887,6	2.880,7	2.854,3	2.854,2	2.863,7	2.867,5	2.833,0	2.781,0	2.758,0	2.408,2	2.311,2	2.227,3	2.103,9	2.009,1	
Construcción	1.858,3	1.988,5	2.065,8	2.153,9	2.259,9	2.432,9	2.593,6	2.731,2	2.415,6	1.869,5	1.630,5	1.383,4	1.140,0	1.004,7	
Comercio al por mayor y al por menor; reparación de vehículos de motor y motocicletas; transporte y almacenamiento; hostelería	4.505,8	4.621,0	4.778,8	4.998,1	5.281,9	5.505,0	5.732,5	6.061,9	6.157,4	5.844,4	5.761,7	5.727,9	5.533,6	5.441,2	
Información y comunicaciones	355,4	368,0	384,3	387,2	406,9	430,7	462,0	463,5	478,7	475,5	470,6	475,6	465,9	455,3	
Actividades financieras y de seguros	362,1	362,8	366,7	368,0	370,0	377,0	390,4	405,1	413,6	407,1	402,3	389,0	381,0	369,2	
Actividades inmobiliarias	116,5	123,9	132,7	148,2	160,4	177,9	206,2	215,8	229,8	202,5	193,9	188,0	185,5	182,4	
Actividades profesionales, científicas y técnicas; actividades administrativas y servicios auxiliares	1.127,5	1.306,8	1.416,7	1.508,8	1.620,9	1.777,5	1.982,2	2.109,6	2.266,9	2.172,6	2.163,2	2.119,7	2.082,7	2.043,1	
Administración pública y defensa; seguridad social obligatoria; educación; actividades sanitarias y de servicios sociales	2.993,2	3.068,2	3.135,8	3.248,0	3.337,8	3.479,7	3.641,6	3.729,3	3.835,9	3.898,7	3.978,0	3.985,1	3.934,1	3.848,9	
Actividades artísticas, recreativas y de entretenimiento; reparación de artículos de uso doméstico y otros servicios	1.312,6	1.351,1	1.389,0	1.441,2	1.507,3	1.586,8	1.662,9	1.696,9	1.713,4	1.694,8	1.686,2	1.637,5	1.618,8	1.625,9	
PERSONAS	16.691,0	17.247,8	17.692,9	18.281,8	18.970,1	19.784,0	20.609,2	21.284,9	21.324,1	19.986,8	19.639,5	19.140,9	18.430,3	17.947,8	18.175,6

La caída de las horas trabajadas confirma el deterioro de nuestras fuerzas laborales.

CONTABILIDAD REGIONAL DE ESPAÑA. **ESPAÑA**

EMPLEO TOTAL. HORAS. UNIDAD: MILES DE HORAS

	2000 (P)	2001 (P)	2002 (P)	2003 (P)	2004 (P)	2005 (P)	2006 (P)	2007 (P)	2008 (P)	2009 (P)	2010 (P)	2011 (P)	2012 (P)	2013 (A)
HORAS	29.255.236,4	30.399.247,7	31.220.430,8	32.101.723,4	33.036.560,4	34.139.281,6	35.358.289,7	36.258.568,4	36.518.637,2	34.370.781,1	33.591.316,7	32.860.264,2	31.403.401,5	30.497.486,9
Agricultura, ganadería, silvicultura y pesca	1.987.324,0	2.000.800,1	1.974.475,8	1.933.237,1	1.877.529,8	1.818.674,8	1.721.509,8	1.674.441,9	1.607.889,7	1.538.007,8	1.530.281,4	1.495.308,7	1.463.745,2	1.436.836,9
Industrias extractivas; industria manufacturera; suministro de energía eléctrica, gas, vapor y aire acondicionado; suministro de agua, actividades de saneamiento, gestión de residuos y descontaminación	5.475.565,4	5.510.392,4	5.491.242,0	5.536.711,6	5.544.475,5	5.514.205,4	5.436.359,1	5.346.578,0	5.334.607,5	4.726.643,4	4.635.488,8	4.515.143,7	4.257.598,0	4.073.179,6
- De las cuales: Industria manufacturera	5.147.014,0	5.175.261,1	5.149.149,9	5.167.021,7	5.155.598,7	5.116.925,3	5.029.132,5	4.928.898,2	4.919.296,8	4.310.774,0	4.188.320,9	4.074.824,9	3.821.113,1	3.663.244,8
Construcción	3.510.318,3	3.824.667,8	4.025.841,5	4.205.699,8	4.378.551,8	4.695.269,4	4.970.557,5	5.212.207,3	4.627.163,5	3.622.067,5	3.128.324,2	2.669.958,2	2.133.284,5	1.877.291,5
Comercio al por mayor y al por menor; reparación de vehículos de motor y motocicletas; transporte y almacenamiento; hostelería	8.296.291,2	8.568.649,2	8.843.833,4	9.099.601,0	9.495.287,2	9.774.939,1	10.131.978,6	10.625.482,4	10.925.316,3	10.401.960,8	10.288.192,8	10.183.030,1	9.802.072,6	9.647.933,6
Información y comunicaciones	626.450,0	653.674,5	682.231,6	685.403,4	710.603,7	741.068,6	785.387,3	780.993,7	808.626,4	817.819,7	809.272,5	831.248,7	811.928,6	795.176,8
Actividades financieras y de seguros	615.126,0	613.454,5	624.071,8	625.796,9	629.488,7	641.262,9	665.424,4	687.148,4	703.847,3	687.746,0	679.951,6	662.054,5	649.657,7	623.258,3
Actividades inmobiliarias	185.286,2	200.082,3	217.905,6	244.744,5	264.008,6	293.746,3	337.114,5	351.399,6	377.794,1	339.849,3	336.983,4	340.425,6	327.547,0	313.048,3
Actividades profesionales, científicas y técnicas; actividades administrativas y servicios auxiliares	1.964.350,6	2.267.361,4	2.449.970,1	2.597.544,5	2.751.997,8	2.975.579,4	3.277.331,9	3.462.599,2	3.745.290,1	3.627.162,8	3.581.989,2	3.526.527,9	3.411.997,7	3.314.423,5
Administración pública y defensa; seguridad social obligatoria; educación; actividades sanitarias y de servicios sociales	4.765.556,2	4.875.070,6	4.978.900,5	5.151.848,1	5.270.528,9	5.469.888,0	5.717.728,8	5.764.574,8	5.965.995,2	6.173.953,2	6.214.094,0	6.260.199,6	6.192.060,0	6.061.345,7
Actividades artísticas, recreativas y de entretenimiento; reparación de artículos de uso doméstico y otros servicios	1.828.968,5	1.885.094,9	1.931.958,5	2.021.136,5	2.114.088,4	2.214.647,7	2.314.897,8	2.353.143,1	2.422.107,1	2.435.570,6	2.386.738,8	2.376.367,2	2.353.510,2	2.354.992,7
HORAS	29.255.236,4	30.399.247,7	31.220.430,8	32.101.723,4	33.036.560,4	34.139.281,6	35.358.289,7	36.258.568,4	36.518.637,2	34.370.781,1	33.591.316,7	32.860.264,2	31.403.401,5	30.497.486,9

En fin, todas esas circunstancias repercuten directamente en un primer elemento, que es el consumo. Menos personas se ven con posibilidades de consumir. Y la economía vive momentos bajos. Menos salario, menos trabajo, menos ingresos, menor gasto. Y menor producción. Y más crisis empresarial. Se entra en un círculo devorador. En un círculo vicioso, del que es difícil salir.

El nuevo PIB: la economía *picante* también suma

Europa en todos estos años de crisis ha tenido un papel fundamental. España ha estado sujeta a las indicaciones de las instituciones comunitarias. Y en 2014 se procedía a revisar el PIB. No era un capricho del Instituto Nacional de Estadística, sino que respondía, precisamente, a esas directrices de Bruselas, la capital comunitaria. Se trataba, en definitiva, de que las cuentas nacionales españolas, como las europeas, actualizaran fuentes y procedimientos estadísticos para medir la actividad económica, en suma, una mejor fotografía económica.

En síntesis, se introducían cambios metodológicos y también estadísticos. Entre los primeros, se pasó a reconocer como inversión, es decir, formación bruta de capital fijo, el gasto en investigación y desarrollo, la tan típica y vital I+D, como el gasto en sistemas de armamento militar.

La importancia de la I+D, que hasta la fecha se consideraba como un consumo intermedio, es clave. Con el cambio se considera un activo fijo y es su depreciación lo que se trata como consumo de capital fijo. El capítulo militar atañe a que sólo se calificaba como inversión las adquisiciones de estructuras y equipamiento militar. A raíz de los cambios, la definición de activos fijos no comprende sólo las estructuras y equipamiento militar que tienen su equivalente en uso civil como son los aeródromos, o los hospitales militares, sino las armas y los sistemas de apoyo usados de forma continuada durante más de un año en los servicios de defensa.

Esos cambios metodológicos se traducían en un repunte del PIB del 1,55 %, y correspondía a la capitalización del gasto de I+D el 1,17 %, a la capitalización del gasto en armamento militar el 0,17 % y otros cambios metodológicos de menor importancia el 0,21 %.

Claro que, sin duda, el aspecto morboso de esa revisión de los componentes de las cuentas nacionales, lo que incitaba a una cierta erótica a la hora de revisar el PIB, radicaba en los cambios estadísticos que incorporaban nuevas fuentes, revisaban las existentes, y actualizaban métodos y procedimientos de los agregados macroeconómicos. ¿Por qué?

Porque se decidió la inclusión de actividades ilegales y, entre ellas, la más significativa era la prostitución, junto al tráfico de drogas, el contrabando de tabaco y el juego ilegal. Era un tema polémico y que afectaba a toda Europa. Fue un duro trabajo el que tuvieron que afrontar los técnicos en materia estadística, ya que sus investigaciones no se limitaban a estudios académicos y científicos, sino que fue preciso indagar en asuntos tales como la encuesta de hábitos sexuales, o determinar la pureza de la droga y su valor estimado en el mercado.

Con todo, al final surgió la sorpresa al constatarse que el impacto total de las actividades ilegales suponía el 0,87 % del PIB, con un impacto de la prostitución del 0,35 % y del 0,50 % por el tráfico de drogas.

Y, a pesar de una posible idea preconcebida, y de acuerdo con el resumen en el plano europeo presentado por Eurostat, una vez concluida en los estados de la UE la revisión del PIB, se vio que España no era ni de lejos la que más economía *picante* atesoraba.

Impacto de los cambios metodológicos y mejora en la estadística del PIB en 2010
% sobre el PIB

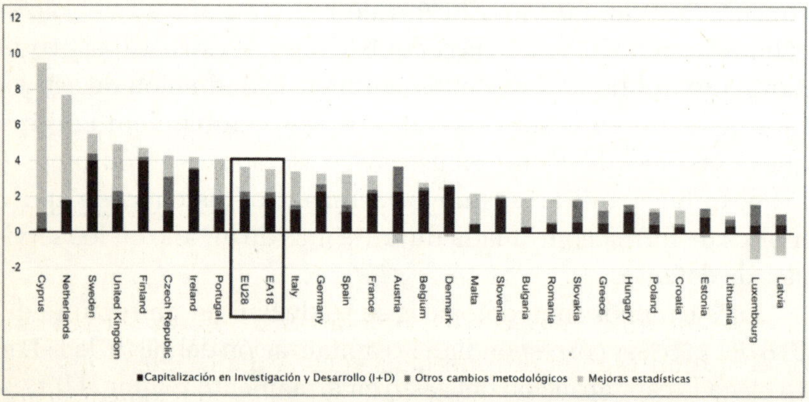

La revisión del PIB, pues, incluyendo esos cambios daba como resultado un incremento del mismo. Sin embargo, se confirmaba la tendencia a la baja mostrada por nuestro PIB entre 2010 y 2013. La estimación de PIB incluida en los Presupuestos Generales del Estado ya incorporaba esos cambios.

Comparación de la base 2010 y 2008. PIB nominal

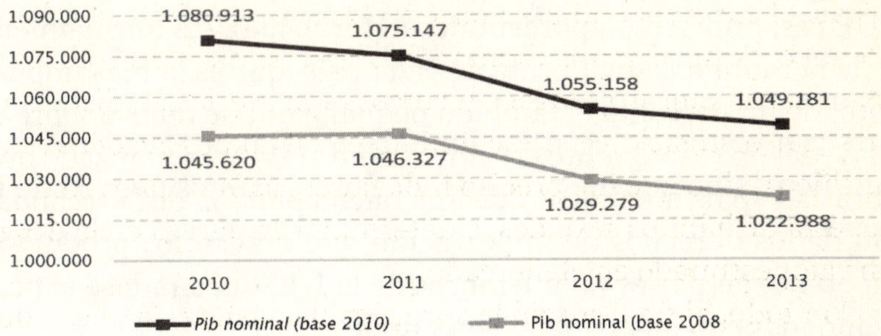

Se incluyen tanto las actividades ilegales como aquellas no reguladas legalmente.

Participación porcentual de los cambios en el PIB	
Capitalización del gasto en I+D	1,17
Capitalización del gasto en armamento	0,17
Otros cambios metodológicos	0,21
Total cambios metodológicos	**1,55**
Cambios estadísticos	**0,84**
Actividades ilegales	**0,87**
Variación total PIB 2010	**3,26**

Esas medidas podían tener una justificación. Es verdad que en el conjunto de la economía esas actividades existen, y que mueven dinero, mucho dinero. Pero aparecieron las suspicacias, porque el aumento del PIB implica que las relaciones con otras magnitudes sean más positivas. Es decir, si el PIB aumenta y si la deuda pública, el déficit público y una serie de magnitudes se referencian sobre ese indicador, esas magnitudes son más positivas. Y algunas voces en seguida indicaron que esos cambios sirvieron para que los Estados de la UE mejoraran artificialmente sus grandes magnitudes macroeconómicas, maquillándolas.

Apareció otro recelo, y es que de ese aumento se beneficiaba la propia Unión Europea. Las principales fuentes de ingresos de la UE responden a un porcentaje, en torno al 0,7 % normalmente, de la renta nacional bruta de cada país, que es la más importante; de un porcentaje, también pequeño que se mueve sobre el 0,3 %, del impuesto sobre el valor añadido (IVA) armonizado que cobra cada país miembro; y de una buena porción de la recaudación de los derechos de importación que gravan los productos con origen en países no miembros de la UE, quedándose el país recaudador con un pequeño porcentaje.

La UE tiene otros ingresos como los impuestos del personal que trabaja en ella, las contribuciones de países no miembros a sus programas y la cuantía de multas impuestas a empresas que contravienen las normas europeas, tema candente en estos tiempos.

Claro, afirman voces iconoclastas, de ese modo, revisando la renta nacional bruta la UE aumenta sus ingresos. Efectivamente, así es.

CONTABILIDAD NACIONAL DE ESPAÑA
RENTA NACIONAL DISPONIBLE
PRECIOS CORRIENTES
UNIDAD: MILLONES DE EUROS

OPERACIONES	1999	2000	2001	2002	2003	2004	2005	2006	2007	2008	2009	2010 (P)	2011 (P)	2012 (P)	2013 (A)
REMUNERACIÓN DE LOS ASALARIADOS	288.705	313.294	337.976	360.911	386.543	411.567	444.370	481.540	523.123	560.517	549.867	542.334	532.770	503.260	492.270
IMPUESTOS NETOS DE SUBVENCIONES SOBRE LA PRODUCCIÓN Y LAS IMPORTACIONES	61.793	66.596	70.358	74.675	82.847	92.983	104.119	113.283	112.775	95.712	79.723	98.053	94.309	99.486	104.930
RENTAS NETAS DE LA PROPIEDAD	-8.190	-6.875	-12.379	-13.693	-11.792	-13.175	-18.259	-21.879	-31.395	-35.160	-25.523	-20.508	-23.492	-14.774	-13.850
EXCEDENTE DE EXPLOTACIÓN BRUTO / RENTA MIXTA BRUTA	248.589	270.834	296.172	319.075	339.380	362.133	386.878	417.480	450.170	465.182	455.174	445.879	453.354	458.324	458.590
RENTA NACIONAL BRUTA	590.897	643.849	692.127	740.968	796.978	853.508	917.108	990.424	1.054.673	1.086.251	1.059.241	1.065.758	1.056.941	1.046.296	1.041.940
CONSUMO DE CAPITAL FIJO	79.094	88.002	95.485	103.616	112.835	124.682	137.514	151.151	163.764	174.258	177.000	182.025	184.471	185.670	182.218
RENTA NACIONAL NETA (A PRECIOS DE MERCADO)	511.803	555.847	596.642	637.352	684.143	728.826	779.594	839.273	890.909	911.993	882.241	883.733	872.470	860.626	859.722
TRANSFERENCIAS CORRIENTES NETAS PROCEDENTES DEL RESTO DEL MUNDO	-2.326	-4.514	-5.235	-5.226	-7.720	-7.866	-10.403	-14.030	-13.283	-15.696	-14.268	-12.718	-14.140	-12.081	-13.098
RENTA NACIONAL DISPONIBLE NETA	**509.477**	**551.333**	**591.407**	**632.126**	**676.423**	**720.960**	**769.191**	**825.243**	**877.626**	**896.297**	**867.973**	**871.015**	**858.330**	**848.545**	**846.624**
PRODUCTO INTERIOR BRUTO A PRECIOS DE MERCADO	594.316	646.250	699.528	749.288	803.472	861.420	930.566	1.007.974	1.080.807	1.116.207	1.079.034	1.080.913	1.075.147	1.055.158	1.049.181
RENTAS PRIMARIAS NETAS PROCEDENTES DEL RESTO DEL MUNDO	-3.419	-2.401	-7.401	-8.320	-6.494	-7.912	-13.458	-17.550	-26.134	-29.956	-19.793	-15.155	-18.206	-8.862	-7.241
RENTA NACIONAL BRUTA	590.897	643.849	692.127	740.968	796.978	853.508	917.108	990.424	1.054.673	1.086.251	1.059.241	1.065.758	1.056.941	1.046.296	1.041.940
CONSUMO DE CAPITAL FIJO	79.094	88.002	95.485	103.616	112.835	124.682	137.514	151.151	163.764	174.258	177.000	182.025	184.471	185.670	182.218
RENTA NACIONAL NETA (A PRECIOS DE MERCADO)	511.803	555.847	596.642	637.352	684.143	728.826	779.594	839.273	890.909	911.993	882.241	883.733	872.470	860.626	859.722
TRANSFERENCIAS CORRIENTES NETAS PROCEDENTES DEL RESTO DEL MUNDO	-2.326	-4.514	-5.235	-5.226	-7.720	-7.866	-10.403	-14.030	-13.283	-15.696	-14.268	-12.718	-14.140	-12.081	-13.098
RENTA NACIONAL DISPONIBLE NETA	**509.477**	**551.333**	**591.407**	**632.126**	**676.423**	**720.960**	**769.191**	**825.243**	**877.626**	**896.297**	**867.973**	**871.015**	**858.330**	**848.545**	**846.624**
POBLACIÓN TOTAL (MILES DE HABITANTES) (*)	39.927	40.264	40.721	41.424	42.196	42.859	43.663	44.361	45.236	45.983	46.368	46.562	46.736	46.766	46.592
RENTA NACIONAL DISPONIBLE NETA A PRECIOS DE MERCADO POR HABITANTE (EUROS)	12.760	13.693	14.523	15.260	16.030	16.822	17.617	18.603	19.401	19.492	18.719	18.706	18.365	18.144	18.171

Con esta cuestión surge una pregunta, y hace referencia a la transparencia de las cuentas de la UE. Es necesario analizar de forma somera lo que ocurre en el seno de las instituciones comunitarias, porque han sido ellas las que han tomado decisiones drásticas sobre las economías nacionales, como la España. Y, si todo fuera en la dirección adecuada, su peso aumentará en los próximos años, con el objetivo de constituir unos Estados Unidos de Europa.

Con los datos de 2013, vemos que el balance consolidado de la UE tiene unos activos de casi 155.000 millones de euros y unas deudas totales de cerca de 201.000 millones. Tiene un déficit patrimonial de unos 46.000 millones de euros.

Su estado de resultados muestra unos ingresos de casi 150.000 millones de euros, unos gastos operativos en torno a los 148.000 millones de euros y un déficit final de 4.365 millones de euros en 2013, mientras en 2012 era de 5.329 millones.

Por tanto, si se revisan los criterios y se procede a los cambios metodológicos y estadísticos que afectan a la renta nacional bruta de los países encuadrados dentro de la UE, se mejoran sus ingresos. Es indudable. ¡Todo sea por Europa!

16 *Balance consolidado de la UE EN 2013*

BALANCE

EUR millions

	Note	31.12.2013	31.12.2012
ACTIVOS NO CORRIENTES			
Activos intangibles	2.1	*237*	*188*
Inmovilizado material	2.2	*6 104*	*5 978*
Participaciones puestas en equivalencia	2.3	*349*	*392*
Activos financieros	2.4	*59 844*	*62 311*
Pendientes de cobro	2.5	*498*	*564*
Financiación	2.6	*38 072*	*44 505*
		105 104	**113 938**
ACTIVOS CORRIENTES			
Inventarios	2.7	*128*	*138*
Activos financieros	2.8	*5 571*	*1 981*
Pendientes de cobro	2.9	*13 182*	*14 039*
Financiación	2.10	*21 367*	*13 238*
Efectivo y equivalentes en efectivo	2.11	*9 510*	*10 674*
		49 758	**40 070**
ACTIVO TOTAL		**154 862**	**154 008**
PASIVO NO CORRIENTE			
Pensiones y otras prestaciones a empleados	2.12	*(46 818)*	*(42 503)*
Provisiones	2.13	*(1 323)*	*(1 258)*
Pasivos financieros	2.14	*(54 153)*	*(57 232)*
Otros pasivos	2.15	*(2 216)*	*(2 527)*
		(104 510)	**(103 520)**
PASIVOS CORRIENTES			
Provisiones	2.16	*(545)*	*(806)*
Pasivos financieros	2.17	*(3 065)*	*(15)*
Deudas	2.18	*(92 594)*	*(90 083)*
		(96 204)	**(90 904)**
PASIVO TOTAL		**(200 714)**	**(194 424)**
ACTIVOS NETOS		**(45 852)**	**(40 416)**
Capital	2.19	*4 073*	*4 061*
*Cantidades pendientes de los estados miembros**	2.20	*(49 925)*	*(44 477)*
ACTIVOS NETOS		**(45 852)**	**(40 416)**

17 *Balance consolidado de la UE en 2013*

ESTADO DE LA SITUACIÓN FINANCIERA

EUR millions

	Note	2013	2012
INGRESO DE OPERACIONES			
Recursos propios	3.1	141 241	130 919
Otros ingresos de operaciones	3.2	8 414	6 826
		149 655	**137 745**
GASTOS DE EXPLOTACIÓN			
Gastos administrativos	3.3	(9 269)	(9 320)
Gastos de funcionamiento	3.4	(138 571)	(124 633)
		(147 840)	**(133 953)**
BENEFICIOS POR ACTIVIDADES DE EXPLOTACIÓN		**1 815**	**3 792**
Ingresos financieros	3.5	2 038	2 157
Gastos financieros	3.6	(2 045)	(1 942)
Movimientos de pensiones y otros subsidios de empleados		(5 565)	(8 846)
Déficit neto de empresas conjuntas	3.7	(608)	(490)
RESULTADO ECONÓMICO DEL AÑO		**(4 365)**	**(5 329)**

Para rematar este inciso a propósito de las cuentas de la UE, veamos el desglose de la cantidad total de recursos propios correspondiente a cada Estado en 2013.

DESGLOSE DE LA CANTIDAD TOTAL DE RECURSOS PROPIOS POR ESTADO MIEMBRO

(EUR)

Estado miembro	Presupuesto inicial 2013	Presupuesto final 2013
Belgium	5 510 443 714	5 360 691 464
Bulgaria	437 005 538	465 090 646
Czech Republic	1 623 978 090	1 667 308 458
Denmark	2 728 158 040	2 909 676 774
Germany	26 174 240 845	28 460 345 880
Estonia	182 571 535	202 332 579
Ireland	1 416 171 908	1 597 761 402
Greece	1 973 386 637	1 947 195 924
Spain	10 869 016 894	11 706 721 941
France	21 917 307 737	23 379 234 618
Croatia	-	243 663 459
Italy	16 512 541 084	17 423 919 791
Cyprus	190 155 310	183 182 769
Latvia	222 664 412	260 506 678
Lithuania	355 149 179	392 390 213
Luxembourg	320 298 436	358 346 941

(EUR)

Estado miembro	Presupuesto inicial 2013	Presupuesto final 2013
Hungary	1 043 337 120	1 065 923 026
Malta	68 916 769	78 494 924
Netherlands	6 335 721 003	6 575 616 964
Austria	2 931 927 302	3 221 280 670
Poland	4 114 329 242	4 449 217 277
Portugal	1 659 021 566	1 791 626 445
Romania	1 406 654 949	1 541 861 261
Slovenia	415 588 866	423 930 053
Slovak Republic	796 759 213	826 992 378
Finland	2 088 482 791	2 229 090 757
Sweden	3 720 303 190	4 207 541 222
United Kingdom	16 273 889 478	17 355 643 895
Total	**131 288 020 848**	**140 325 588 409**

PIB regional y distribución de valor añadido bruto

Dejando de lado asuntos de índole político-territoriales y las consiguientes discusiones autonómicas y esos ánimos un tanto exacerbados que deberían calmarse, si se analiza el detalle del PIB regional a lo largo del cuatrienio 2010-2013, vemos lo que cada comunidad autónoma aporta a la economía española.

Producto Interior Bruto regional. Serie 2010-2013
Precios corrientes. Unidad: miles de euros

PIB ACTUALIZADO POR INE SEPTIEMBRE 2014

	Base 2010			
	2010 (P)	**2011 (P)**	**2012 (P)**	**2013 (A)**
Andalucía	146.124.642	145.385.375	141.618.340	141.281.134
Aragón	34.406.424	34.127.947	33.006.043	32.959.671
Asturias, Principado de	22.868.674	22.627.514	21.770.433	21.297.869
Balears, Illes	26.194.558	26.207.597	26.166.087	26.287.392
Canarias	41.248.693	41.301.663	40.572.152	40.717.114
Cantabria	12.826.271	12.691.820	12.365.780	12.158.744
Castilla y León	55.558.135	55.400.136	54.146.907	53.623.352
Castilla-La Mancha	39.230.002	39.068.268	38.154.731	38.086.105
Cataluña	203.324.091	200.935.864	198.272.101	197.319.940
Comunitat Valenciana	102.328.966	101.210.706	98.102.868	97.868.903
Extremadura	18.026.718	17.689.273	17.016.726	17.023.018
Galicia	57.025.172	56.122.633	54.716.531	54.770.161
Madrid, Comunidad de	197.948.300	199.084.836	198.652.445	196.009.867
Murcia, Región de	27.984.477	27.417.994	26.994.938	26.875.168
Navarra, Comunidad Foral de	18.256.818	18.327.553	17.785.497	17.705.963
País Vasco	65.680.491	65.467.793	64.262.023	63.614.786
Rioja, La	8.013.688	7.949.223	7.758.416	7.734.877
Ceuta	1.588.768	1.588.162	1.548.079	1.558.074
Melilla	1.423.096	1.432.164	1.397.441	1.407.417
Total Nacional	**1.080.913.000**	**1.075.147.000**	**1.055.158.000**	**1.049.181.000**

Una primera idea es que no ha habido una caída brusca en ninguna autonomía y que se ha capeado la crisis como se ha podido. Lo que queda claro también es que el componente industrial es determinante. Las comunidades con un mayor peso del sector industrial tienen menos paro, y el PIB aguanta con mayor vigor.

Pero veamos. En los cuatro años analizados, entre 2010 y 2013, todas las comunidades han perdido peso respecto al PIB, si bien con una muy interesante excepción: Baleares. Se trata de una comunidad que ha sabido aguantar el tipo. Y conociendo a los isleños, creo que se debería decir que saben hacer frente a tiempos difíciles gracias a su tan especial, y magnífico, carácter. La fortaleza que caracteriza a las islas está ligada al sector turístico, que apuntala su PIB. La aportación de Mallorca es trascendental y la influencia del sector hotelero, determinante.

Hay un factor, sin embargo, que es clave, y es que los hoteleros mallorquines se abren al mundo. No sólo están en la maravillosa Mallorca: van extendiéndose por muchos lugares y destinos turísticos, aunque también entran en destinos más propiamente urbanos. Saben invertir, se endeudan con raciocinio y diversifican su negocio. Tal vez, la crisis sea generalizada pero es poco probable que se dé por igual en todo el mundo. Así que el Caribe, América Latina, o exóticos paisajes asiáticos, o islas de ensueño... Hay cadenas hoteleras grandes, medianas y pequeñas, con un componente de internacionalización impresionante. Quizá su idiosincrasia isleña les hace tender puentes a lo largo y ancho de la América más lejana y de lugares que se han ido descubriendo turísticamente en décadas recientes.

Como se apuntaba, no hay ninguna comunidad que haya sufrido un descalabro terrible. Lo malo es que se ha encogido algo el PIB, teniendo presente que lo mejor es crecer, aunque sea tímidamente. Pero esa tarea es cosa de todos, y es responsabilidad del Gobierno de Madrid y también de los gobiernos autonómicos.

Lo que ocurre es que el componente de ese PIB es algo crucial en estos momentos. Se trata de analizar la calidad de su valor añadido bruto, de cómo se estructura la economía de cada comunidad. Y lo que se comprueba es que el peso de la agricultura es bajo salvo en Andalucía, Aragón, las dos Castillas, Extremadura, Galicia, Murcia, Navarra y la Rioja. Se nota la relevancia de nuestro sector vitivinícola en algunas comunidades, y del campo y la huerta, lo que juega a favor de las exportaciones.

En cambio, donde falta potencia es en el motor industrial, creador de empleo, inversor recalcitrante y tractor de economías regionales. Y se dan algunas sorpresas al observar que Aragón tiene un buen componente industrial, al igual que Asturias. El liderazgo pertenece a la España del norte, esa zona marcada por País Vasco, Navarra y Rioja, precisamente donde la tasa de paro es más baja. Indicativo, pues, que allí donde mayor peso ofrece la industria, menor paro hay.

Distribución porcentual por actividades del valor añadido bruto regional. Año 2010.

Comunidad Autónoma	Agricultura	Industria	Construcción	Servicios	Total
Andalucía	5,3%	12,4%	10,1%	72,1%	100%
Aragón	5,0%	23,4%	9,4%	62,1%	100%
Asturias, Principado de	1,5%	23,2%	9,9%	65,4%	100%
Balears, Illes	0,4%	8,6%	8,8%	82,3%	100%
Canarias	1,6%	9,2%	7,8%	81,4%	100%
Cantabria	1,7%	21,9%	10,7%	65,7%	100%
Castilla y León	5,1%	21,5%	9,0%	64,4%	100%
Castilla-La Mancha	6,4%	20,1%	11,2%	62,3%	100%
Cataluña	1,2%	20,9%	7,7%	70,2%	100%
Comunitat Valenciana	2,2%	17,4%	10,3%	70,1%	100%
Extremadura	6,6%	12,8%	11,9%	68,7%	100%
Galicia	4,8%	20,0%	10,3%	64,9%	100%
Madrid, Comunidad de	0,1%	10,5%	6,8%	82,6%	100%
Murcia, Región de	4,0%	17,3%	10,5%	68,2%	100%
Navarra, Comunidad Foral de	3,3%	30,4%	8,4%	57,9%	100%
País Vasco	0,7%	27,2%	8,8%	63,2%	100%
Rioja, La	5,4%	28,1%	9,5%	57,0%	100%
Ceuta	0,1%	4,7%	7,8%	87,3%	100%
Melilla	0,1%	4,9%	8,5%	86,5%	100%
Extrarregio	0,0%	0,0%	0,0%	100,0%	100%
Total Nacional	**2,6%**	**17,2%**	**8,8%**	**71,4%**	**100%**

En Cantabria, las dos Castillas y Cataluña, el peso de la industria supera el 20 %. En 2010, año que ofrece el INE para presentar la distribución por actividades del valor añadido bruto regional tras actualizar el PIB en 2014, la construcción todavía mostraba una cierta influencia.

Pero no nos engañemos. El rey es el sector servicios. Es el dueño y señor de la economía española y en cada una de nuestras comunidades autónomas. España se ha convertido en una economía de servicios. Y eso no es, a priori, una cuestión positiva o negativa. Dependerá de la calidad de esos servicios. Tomemos nota del caso de las Islas Baleares. En general, nuestras comunidades se abocan al sector turístico. El litoral mediterráneo y las islas, los dos archipiélagos, son puntos de gran atracción turística. Pero el reto es la calidad del turismo que antes ya se señalaba. O *low cost* o alto nivel. Ésta es la apuesta para encarar una remontada económica por parte de España.

Resultados por comunidades autónomas

5. Ocupados y parados por sexo. Tasas de actividad y paro

EPA 4º TRIM. 2014

(Valores absolutos en miles y tasas en porcentaje)

	Ambos sexos			
	Ocupados	Parados	Tasa actividad	Tasa paro
TOTAL	17.569,1	5.457,7	59,77	23,70
Andalucía	2.681,8	1.395,7	59,35	34,23
Aragón	526,5	120,7	58,68	18,65
Asturias, Principado de	375,2	98,4	51,63	20,78
Balears, Illes	478,5	111,4	63,23	18,88
Canarias	758,7	342,2	61,55	31,08
Cantabria	226,8	51,2	56,16	18,42
Castilla y León	921,0	234,3	54,91	20,28
Castilla-La Mancha	710,3	283,1	58,73	28,50
Cataluña	3.048,1	756,5	62,61	19,88
Comunitat Valenciana	1.855,4	569,4	58,96	23,48
Extremadura	354,8	151,8	55,50	29,96
Galicia	1.000,4	263,8	53,47	20,87
Madrid, Comunidad de	2.789,0	612,3	64,82	18,00
Murcia, Región de	525,3	196,9	61,08	27,26
Navarra, Comunidad Foral	264,3	46,4	59,55	14,92
País Vasco	874,5	174,1	57,76	16,60
Rioja, La	127,5	26,4	59,19	17,17
Ceuta	26,6	12,8	60,82	32,46
Melilla	24,2	10,1	55,65	29,52

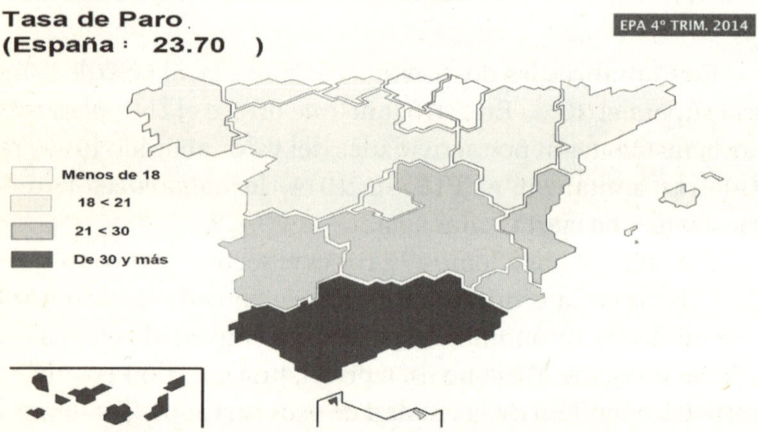

El estancamiento secular de las economías avanzadas

Antes de que se fuera ratificando el cambio sustancial en el panorama del precio del petróleo, gracias al aumento de la oferta, en otoño de 2014 tanto el FMI como la OCDE formulaban diagnósticos sobre la economía mundial, europea y española. Se reconocía que nuestra economía había vuelto a una tendencia de crecimiento, moderado, eso sí, después de la dura etapa de recesión. Un factor fundamental fue el saneamiento del sector bancario; su recapitalización suma para que se vean luces de esperanza. El gran esfuerzo realizado en los últimos años ha comenzado a ofrecer sus frutos. El dilema será si la demanda de crédito es solvente porque la oferta, con las barras de liquidez del BCE y los tipos de interés muy bajo, se anima por primera vez, y sin otras excusas.

Pero el potencial demandante de crédito se lo piensa un par de veces por lo menos antes de dar el paso adelante. Facilitar el acceso al crédito es otra condición primordial para el despegue de nuestra economía.

No se puede volver a la experiencia anterior a la crisis, con un flujo de crédito excesivo, que seguimos pagando, y que tuvo como consecuencia un endeudamiento masivo. Pero tampoco se puede prescindir de ese crédito, que debe animar las inversiones y el inicio de una etapa expansiva. Lo cierto es que en el último trimestre de 2014 se atisbó algo de aceleración al respecto.

Rentabilidad bancaria algo baja en 2014 porque, entre otras cosas, los ingresos de la banca se han recortado a lo largo de estos últimos años y todavía restaban flecos de limpiezas pendientes. Con el inconveniente de la tasa de morosidad, aún elevada. Y el riesgo de un sector privado que todavía muestra un alto endeudamiento. Todo esto teniendo en cuenta, como se decía, que España debe reducir su endeudamiento, tanto el privado como el público.

Lo más importante, lo que debe cambiar de forma sustancial, es la tasa de desempleo, que resulta un hándicap demasiado pesado, como indican los organismos internacionales. Se detectan mejoras en el mercado laboral, pero la gran debilidad es el alto índice de desempleo de larga duración y el agravante de la baja cualificación de muchos de los desempleados.

Se precisan políticas de activación del empleo. El desempleo ha conllevado niveles de pobreza y desigualdad considerables que urge atajar. Y se recomienda que España haga avances a fin de alcanzar un crecimiento más sostenible en el medio ambiente que puede derivar en fuente de crecimiento, si se apuesta, de verdad, por las energías renovables.

Pero, como todo está relacionado, para crear empleo hay que contar también con los efectos de las políticas fiscales. Y el problema en España, respecto a esa fiscalidad, es que depende en exceso de los impuestos de las rentas del trabajo. Eso penaliza la actividad económica.

Algo de caso se hace a esa llamada de atención por parte de nuestro Gobierno con la reforma fiscal, y con la bajada, tímida, del IRPF. El otro factor, muy asociado a ello, porque la fiscalidad debería ir estrechamente ligada a los esfuerzos en innovación que realicen las empresas, es esa inversión en I+D. Nuestras empresas, en relación a nuestros competidores europeos, están rezagadas. Falta especialización en nuestras universidades, nos seguían apuntando esos organismos internacionales, y el I+D de nuestras empresas no da la talla.

Como es usual, se nos llama la atención acerca de nuestro sector empresarial, demasiado fragmentado, muchas pequeñas empresas y un bajo número de medianas y grandes empresas.

Tabla 1. Empresas según estrato de asalariados y porcentaje total, en España y en la UE27, 2012.

	Micro Sin asalariados *	Micro 1-9	Pequeñas 10-49	Medianas 50-249	PYME 0-249	Grandes 250 y más	Total
ESPAÑA	1.680.361	1.326.618	113.148	18.979	3.139.106	3.822	3.142.928
%	53,5	42,2	3,6	0,6	99,9	0,1	100
UE-27[1] %	92,1		6,6	1,1	99,8	0,2	100

Fuente: INE, DIRCE 2013 (datos a 1 de enero de 2013), y Comisión Europea, Ficha informativa de la SBA 2013 Estimaciones para 2012.
*Corresponde en su mayoría a personas físicas, ver tabla 7.

¿Qué significa eso? Que como la actividad económica se concentra en más del 99 % en pequeñas empresas, éstas tienden más a trabajar con mercados locales y exportan poco. Las medianas y grandes son más internacionales en ese sentido, aunque las exportaciones se concentran en Europa.

Hay en España un problema de marco regulatorio también muy fragmentado, tanto a nivel autonómico como local. De ahí que se insista en ese objetivo de conseguir una Ley de Unidad de

Mercado con todos los inconvenientes y críticas que ello acarrea al sentirse mancilladas algunas comunidades autónomas. Un punto negativo de nuestras pymes es su excesiva dependencia del crédito bancario. Es imprescindible avanzar en otras alternativas financieras. Es decir, España es uno de los países del mundo más bancarizados, en el sentido de que las empresas no acuden a otras fuentes de financiación, como los mercados de valores. Tampoco se favorece, de forma conveniente, a los inversores que apuesten por el tejido empresarial. Esa dependencia es mucho menor, por ejemplo, en Estados Unidos, un país más dinámico, que favorece ese clima empresarial.

Partamos de que el FMI en octubre de 2014 pronosticaba unos crecimientos no muy optimistas para 2014 y 2015 y una recuperación desigual. Pero no es simplemente un problema acotado a España, es común respecto a las economías avanzadas. La rémora de las burbujas nacidas antes de la crisis, y que en parte la desencadenaron, sigue siendo notable ahora. Porque de aquellas prácticas se deriva el peso de la deuda pública y privada. Y esos elementos frenan la recuperación.

En paralelo, los mercados emergentes desaceleran su crecimiento. Y, aunque los mercados financieros se estaban mostrando en el tramo final de 2014 muy optimistas, ello no se refleja en términos de inversiones, más atenuadas si nos referimos a las economías avanzadas.

El FMI interpretó esa evolución, al entender que los mercados financieros subvaloran el riesgo y no internalizan del todo las incertidumbres de las perspectivas microeconómicas y el ritmo de repliegue de algunas economías avanzadas. Suben los precios de las acciones, se dan diferenciales comprimidos y la volatilidad es muy baja.

Las tensiones geopolíticas son otro punto a tener muy en cuenta al afectar no sólo a las economías directamente implicadas, sino a otras más o menos próximas. Y otra sombra al divisar el horizonte, si nos referimos, además, al caso concreto de España, es el envejecimiento de la población que constituye la fuerza laboral.

El debate esencial en los próximos años, aunque se pueda

asistir a cierta recuperación económica, es el estancamiento de las economías más avanzadas. El informe del FMI señalaba esa cuestión, y consideraba, en octubre de 2014, que esas economías perderían potencia, en una especie de entancamiento secular, del que sería difícil salir.

Atendiendo a los pronósticos formulados, las economías avanzadas no se caracterizan ni lo harán por un tirón de la demanda. Este extremo es preocupante porque actualmente los tipos de interés son muy bajos, la consolidación fiscal —equilibrios en las finanzas públicas— se está enderezando y se relajan las restricciones financieras y crediticias.

Si la demanda, pese a los estímulos monetarios implementados, no se reanima con parones en las inversiones privadas y mayores niveles de ahorro, se prolongaría la debilidad de la economía mundial. ¿Es una cuestión de confianza, de no querer asumir riesgos reales, de esos sobreendeudamientos poscrisis?

Eso es preocupante. Con las medidas adoptadas en materia de política monetaria y fiscal, vemos que no se crece, o se hace de forma muy modesta. Se entra, por tanto, en un círculo enrevesado para las economías avanzadas si no se vira el rumbo.

El debilitamiento de la demanda interna hace que el crecimiento sea menor y la economía o se mantiene o incluso se reduce. Si la inversión no se anima, la productividad se frena. Los niveles de empleo peligran y la lacra del desempleo es susceptible de extenderse. Y como la gente que no trabaja ni encuentra oportunidades para emplearse se desanima, hay personas que abandonan el mercado laboral. Y eso hay que tenerlo en cuenta cuando las autoridades hablan de un descenso en los índices del paro. Se crean o se agravan las desigualdades y los niveles de pobreza. Es entonces cuando el FMI señala que si ese escenario persistiera durante un período de cinco años, se otea el peligro de un estancamiento secular.

Era 2014 y el FMI hacía sus cálculos. El mapa que se presenta recoge un panorama comprometedor por cuanto el empuje de las economías occidentales parece aletargado. España por aquellas fechas se encuadraba en zonas de bajo o muy bajo crecimiento económico, de esas que sobre el papel tienen todos los números para adentrarse en una desastrosa fase de estancamiento secular.

Gráfico 2.1. Proyecciones de crecimiento del PIB en 2015 y los efectos de un escenario a la baja plausible

1. Proyecciones de crecimiento del PIB en 2015[1] (Porcentaje)

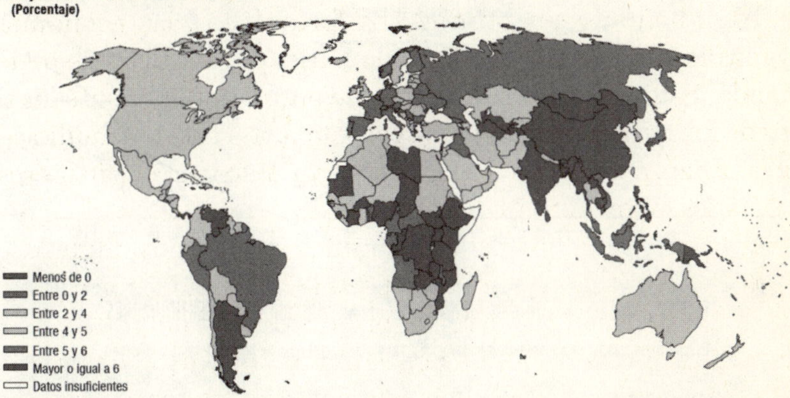

Si las economías avanzadas crecen poco o se estancan, las economías emergentes se contagian por la disminución de la demanda externa y por el efecto negativo en su productividad. Y eso se traslada hacia los mercados financieros. La excepción corre por cuenta de China e India.

2. Efectos del estancamiento secular en las economías avanzadas (diferencia de punto porcentual respecto del crecimiento de referencia a mediano plazo)[2]

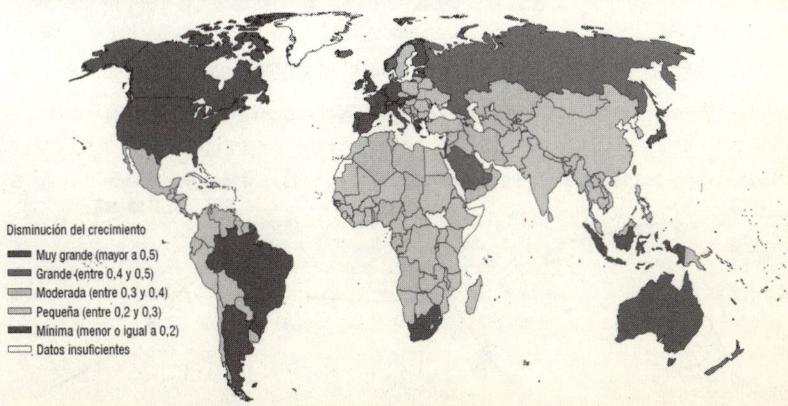

PERSPECTIVAS DE LA ECONOMÍA MUNDIAL: SECUELAS, NUBARRONES, INCERTIDUMBRES

Escenario de riesgo: Estancamiento secular y un producto potencial bajo en las economías avanzadas

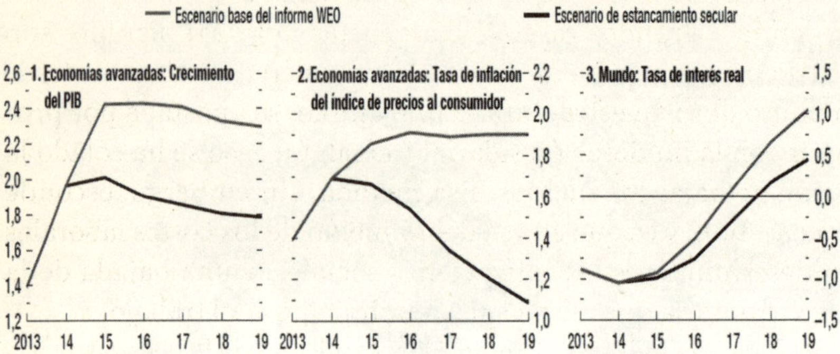

PERSPECTIVAS DE LA ECONOMÍA MUNDIAL: SECUELAS, NUBARRONES, INCERTIDUMBRES

Escenario de riesgo: Estancamiento secular y un producto potencial bajo en las economías avanzadas

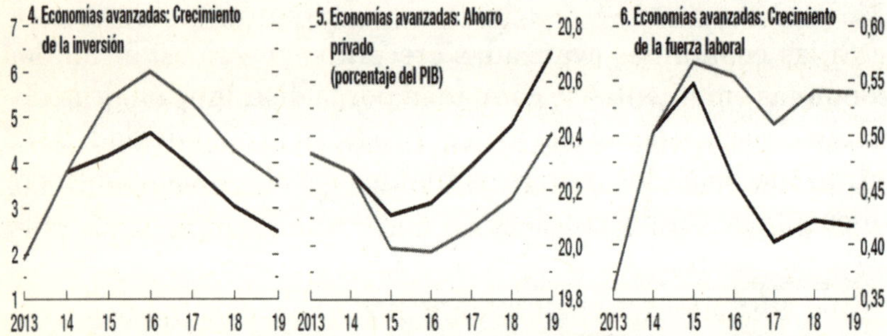

PERSPECTIVAS DE LA ECONOMÍA MUNDIAL: SECUELAS, NUBARRONES, INCERTIDUMBRES

Escenario de riesgo: Estancamiento secular y un producto potencial bajo en las economías avanzadas

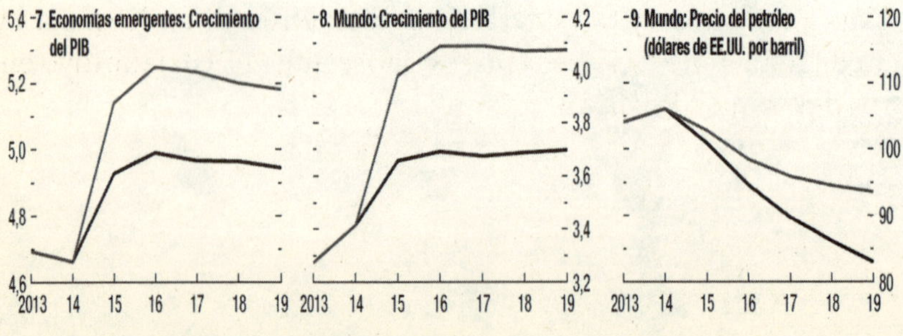

Fuentes: FMI, simulaciones del G20MOD, y estimaciones del personal técnico del FMI.

¿Más moderación de sueldos?

A propósito de los sueldos, ¿qué apuntaba el FMI sobre nuestra economía a grandes rasgos? Las recetas del FMI siempre son algo dolorosas, porque se aborda la situación de cada país desde un punto de vista estructural. Por ejemplo, se apostaba por proseguir con la moderación salarial y en algún caso se ha colado la opción de bajar los sueldos. Esa medida, sin embargo, esconde otra cuestión, y es que en esa disminución de los costes laborales son determinantes las cotizaciones sociales, y una bajada de la carga tributaria que afecta a los rendimientos del trabajo.

El desafío es el de mantener el crecimiento de la economía e ir recuperando empleo porque si no es así, mal vamos. Al margen de ese toque de atención sobre el paro y los salarios, el FMI ofrece una buena nota para el turismo en 2014, que bate récords. Y constata algo de mejora en el consumo interno —precios a la baja— con un duro proceso de devaluación interna —plasmado en salarios descendentes.

La historia, por ahora, de esa lenta recuperación es que el crecimiento de España no asegura un cambio real en nuestra economía. Es decir, el interrogante es saber si con un crecimiento del 2 % se puede crear empleo de calidad y no subempleo, que es lo que tenemos ahora.

Con frecuencia, al hablar de PIB siempre nos fijamos en la evolución de sus porcentajes, pero poco miramos su volumen, por ejemplo, en millones o billones de euros. Como puede resultar ilustrativo, echemos un vistazo a la magnitud, en billones de euros, de estas economías a las que habitualmente aludimos, relativas a los años 2013 y 2014 en el bien entendido de que a la hora de redactar estas líneas no se conoce aún el PIB definitivo en 2014 de China y Rusia.

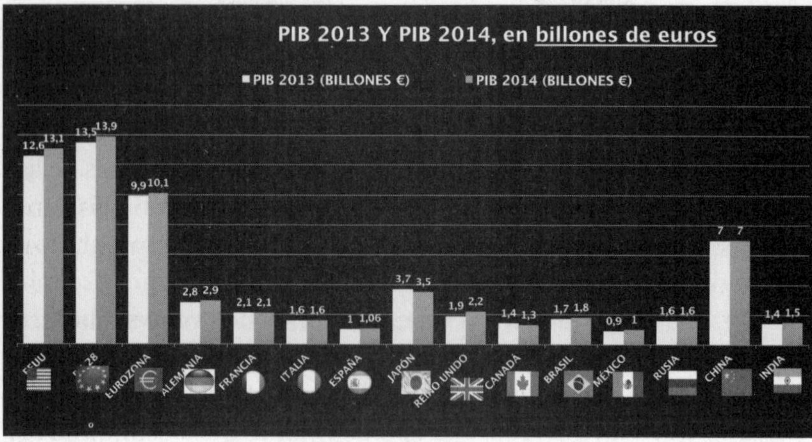

Europa tiene su propio ritmo

Puntual a sus tradicionales citas trimestrales, en otoño la Comisión Europea realiza también sus previsiones sobre la economía europea correspondientes al invierno de 2015. Nos ceñimos a tres puntos clave: PIB, inflación y tasa de paro.

Previsiones de invierno de 2015 de la UE

	PIB real				Inflación				Tasa de paro			
	2013	2014	2015	2016	2013	2014	2015	2016	2013	2014	2015	2016
Belgium	0.3	1.0	1.1	1.4	1.2	0.5	0.1	1.1	8.4	8.5	8.3	8.1
Germany	0.1	1.5	1.5	2.0	1.6	0.8	0.1	1.6	5.2	5.0	4.9	4.8
Estonia	1.6	1.9	2.3	2.9	3.2	0.5	0.4	1.6	8.6	7.7	6.8	5.9
Ireland	0.2	4.8	3.5	3.6	0.5	0.3	0.3	1.3	13.1	11.1	9.6	8.8
Greece	-3.9	1.0	2.5	3.6	-0.9	-1.4	-0.3	0.7	27.5	26.6	25.0	22.0
Spain	-1.2	1.4	2.3	2.5	1.5	-0.2	-1.0	1.1	26.1	24.3	22.5	20.7
France	0.3	0.4	1.0	1.8	1.0	0.6	0.0	1.0	10.3	10.3	10.4	10.2
Italy	-1.9	-0.5	0.6	1.3	1.3	0.2	-0.3	1.5	12.2	12.8	12.8	12.6
Cyprus	-5.4	-2.8	0.4	1.6	0.4	-0.3	0.7	1.2	15.9	16.2	15.8	14.8
Latvia	4.2	2.6	2.9	3.6	0.0	0.7	0.9	1.9	11.9	11.0	10.2	9.2
Lithuania	3.3	3.0	3.0	3.4	1.2	0.2	0.4	1.6	11.8	9.5	8.7	7.9
Luxembourg	2.0	3.0	2.6	2.9	1.7	0.7	0.6	1.8	5.9	6.3	6.4	6.3
Malta	2.5	3.3	3.3	2.9	1.0	0.8	1.0	1.9	6.4	6.0	5.9	5.9
Netherlands	0.7	0.7	1.4	1.7	2.6	0.3	0.4	0.7	6.7	6.9	6.6	6.4
Austria	0.2	0.2	0.8	1.5	2.1	1.5	1.1	2.2	4.9	5.0	5.2	5.0
Portugal	-1.4	1.0	1.6	1.7	0.4	-0.2	0.1	1.1	16.4	14.2	13.4	12.6
Slovenia	-1.0	2.6	1.8	2.3	1.9	0.4	-0.3	0.9	10.1	9.8	9.5	8.9
Slovakia	1.4	2.4	2.5	3.2	1.5	-0.1	0.4	1.3	14.2	13.4	12.8	12.1
Finland	-1.2	0.0	0.8	1.4	2.2	1.2	0.5	1.3	8.2	8.7	9.0	8.8
Euro area	**-0.5**	**0.8**	**1.3**	**1.9**	**1.4**	**0.4**	**-0.1**	**1.3**	**12.0**	**11.6**	**11.2**	**10:6**
Bulgaria	1.1	1.4	0.8	1.0	0.4	-1.6	-0.5	1.0	13.0	11.7	10.9	10.4
Czech Republic	-0.7	2.3	2.5	2.6	1.4	0.4	0.8	1.4	7.0	6.1	6.0	5.9
Denmark	-0.5	0.8	1.7	2.1	0.5	0.3	0.4	1.6	7.0	6.6	6.5	6.4
Croatia	-0.9	-0.5	0.2	1.0	2.3	0.2	-0.3	1.0	17.3	17.0	16.8	16.4
Hungary	1.5	3.3	2.4	1.9	1.7	0.0	0.8	2.8	10.2	7.7	7.4	6.6
Poland	1.7	3.3	3.2	3.4	0.8	0.1	-0.2	1.4	10.3	9.1	8.8	8.3
Romania	3.4	3.0	2.7	2.9	3.2	1.4	1.2	2.5	7.1	7.0	6.9	6.8
Sweden	1.3	1.8	2.3	2.6	0.4	0.2	0.5	1.0	8.0	7.8	7.7	7.5
United Kingdom	1.7	2.6	2.6	2.4	2.6	1.5	1.0	1.6	7.6	6.3	5.6	5.4
EU	**0.0**	**1.3**	**1.7**	**2.1**	**1.5**	**0.6**	**0.2**	**1.4**	**10.8**	**10.2**	**9.8**	**9.3**
USA	2.2	2.4	3.5	3.2	1.5	1.6	-0.1	2.0	7.4	6.2	5.4	4.9
Japan	1.6	0.4	1.3	1.3	0.4	2.7	0.6	0.9	4.0	3.7	3.7	3.6
China	7.6	7.4	7.1	6.9	2.6	2.3	2.5	3.0	:	:	:	:
World	3.3	3.3	3.6	4.0	:	:	:	:	:	:	:	:

Como sobre el PIB ya hemos abordado ampliamente el tema, nos centramos en la baja inflación y en los altos índices de paro. España en 2015 apenas tendrá inflación tras cerrar 2014 con números negativos y en 2016 la perspectiva es de algo de aumento.

Precisemos que estas previsiones de la CE son antes de que el 22 de enero de 2015 el BCE tomara las decisiones sobre estímulos monetarios. Habrá que ver, por tanto, en qué grado influye ese paquete de medidas adoptadas. La zona euro se mueve más o menos dentro de esas coordenadas de muy poca inflación en 2014 y 2015 y algo de reanimación en 2016.

La UE se muestra un poco más animada. El peso de las economías que no tienen el euro como moneda influye. En Estados Unidos será algo distinto, con una ligera inflación en 2014, cayendo en 2015 al -0,1 para remontar al 2 % en 2016. Japón parece que aumentará su tasa de inflación. En China tanto en 2014 como en 2015 la inflación sobrepasará el 2 %.

En el caso de España, los negros presagios para nuestra economía se concentran en la tasa de paro. No hay manera de que descienda de forma significativa. Tímidas mejoras, por utilizar un término muy optimista, en 2015 y 2016 pero, eso sí, con una penumbra alarmante.

En 2016 España, de no variar su tendencia, pasaría a ser el país de Europa con la tasa de paro más alta, situándose en el 20,7 %, a poca distancia de Grecia que sigue como negativo líder en ese ránking, que la tendría en el 22 %. Este pronóstico es terrible para España. Si comparamos España con el paro en la eurozona, vemos que la tasa europea se mueve sobre el 11,2 % en 2015, retrocediendo en 2016 al 10,6 %.

En la UE el desempleo se prevé en 2015 en el 9,8 % y desciende al 9,3 % en 2016. Lejos, muy lejos, se encuentra España de la situación de paro que se daría en Estados Unidos, con el 5,4 % en 2015 y el 4,9 % en 2016. Y a una distancia impresionante de Japón, por ejemplo, donde oscila entre el 3,7 % de 2015 y el 3,6 % de 2016.

Esos son negros nubarrones para nuestra economía que entre todos debemos impedir, porque, como se dice siempre, la estadística y las previsiones están para romperse.

A Europa, como ya hemos dicho, le falta algo de vigor. Por un lado, la Grecia desmoralizada de la que ya hemos hablado. Italia con esas reformas profundas que necesita y que no acaban de cristalizar, con falta de crecimiento y con la necesidad de afrontar cambios estructurales. El caso italiano, es, de hecho, singular, porque se apega a su costumbrismo, con esos fantásticos toques provincianos que acaso le impidan abrirse más, impulsarse más y dinamizar su economía. Quién sabe si el fútbol italiano, la esplendorosa Serie A, es un poco el reflejo de la economía italiana. Ya hay quien propone, el presidente del Nápoles, que los partidos del Calcio se jueguen en Estados Unidos y otros lugares alejados a fin de reimpulsar la carencia de resonancia.

El caso de Francia como icono de Europa

Francia vive momentos complicados a pesar de que sus indicadores económicos no son para nada un desastre. Sigue preocupada por su falta de empuje económico, y su alta tasa de paro —a gran distancia nuestra—. También necesita frenar el aumento de la deuda pública, y debe afrontar el compromiso de equilibrar sus cuentas, con medidas a veces contradictorias como pueden ser bajadas de impuestos a las empresas, con recortes en servicios básicos del orden de 50.000 millones de euros, con la austeridad impuesta desde Berlín, y debatiéndose entre su presente y futuro, con la CE y el BCE marcándole de cerca.

Antes de apuntar la tendencia en Alemania, el gran motor de Europa, es necesario constatar la importancia de determinados países. No todos son iguales. Y Francia ha logrado un mejor trato por parte de las autoridades europeas, porque Bruselas es consciente de que debe ayudar a los gobernantes franceses. ¿En qué dirección, y por qué?

En febrero de 2015 la Comisión Europea decidió ofrecer dos años más a Francia para reducir el déficit del 4,3 % al 3 %. Si se compara con España, con la presión que Bruselas ha inyectado al Gobierno de Mariano Rajoy, se podría considerar que Francia goza de privilegios. Pero el conjunto de la Unión Europea sabe que lo peor que le puede ocurrir al proyecto europeo es que Francia se desestabilice. Y, con el objetivo de reforzar al Gobierno francés, que preside Manuel Valls —nacido, por cierto, en

Barcelona— se le ha querido facilitar el proceso de consolidación fiscal.

Justo antes de esa resolución de la Comisión Europea, a finales de febrero, Valls había optado por una difícil decisión. Se enfrentó a una moción de censura, que superó, por haber aprobado la llamada Ley Macron —por el apellido del ministro de Economía—, utilizando el artículo 49.3 de la Constitución francesa, sin necesidad de un largo debate parlamentario. Valls necesitaba aprobar esa ley, que comporta un paquete de medidas liberalizadoras de la todavía demasiado intervenida economía francesa. Tuvo arrojo, y Bruselas le premió, teniendo en cuenta que el Frente Nacional, de Marine Le Pen, se ha convertido en una alternativa de gobierno, y que es profundamente antieuropeísta. Francia no pudo controlar su déficit en 2014, alcanzando un 4,3 %, dos décimas más que en 2013. El país no logra equilibrar su presupuesto, presentando un superávit, desde 1974. Pero es Francia, y su peso es determinante en Europa.

Nos queda Alemania, el motor de la economía europea, con su liderazgo y sus dictados, con su edificante trayectoria, con sus pros y contras, con cifras de producción industrial algo desaceleradas porque Alemania no sólo depende de ella sino en gran manera del resto de Europa; con algo de caída de su demanda interna y su casi pleno empleo con una tasa de paro del 5 %.

Ahora bien, ese bajo índice de paro esconde más o menos *minijobs*. Es cierto que todo hijo de vecino trabaja, sin apenas paro juvenil porque su sistema formativo mantiene un sólido patrón. El país, sin embargo, se resiente por los impactos en sus exportaciones, por las sanciones a Rusia y el conflicto de Ucrania.

España, al fin y al cabo, depende de cómo le vaya al resto de Europa, nuestros principales socios. Somos sensibles a esas oscilaciones del resto de las economías europeas, a la crisis del petróleo, a la situación en Rusia, a que vengan menos rusos a nuestra tierra, a las derivaciones de los conflictos islamistas, al tipo de cambio del euro con el dólar. Sensibilidad, en consecuencia, que afecta y afectará a la economía española en mayor o menor medida.

España, un problema europeo, pero más grave

Si echamos un vistazo a las grandes cifras macroeconómicas de la UE podemos ver la situación con mayor claridad. En primer lugar, el PIB de 2010 a 2014 ha crecido de casi 12,8 billones de euros a más de 13,9 billones. Se constata una pérdida de aceleración en el crecimiento europeo.

El otro gran asunto es la deuda pública. Si la analizamos, corremos el riesgo de ser tildados de antipatriotas, pero vamos a analizarla en el contexto europeo, desde la premisa de que el problema de España es el de Europa, pero agravado. En el conjunto de la UE la deuda pública sumaba en 2010, 10 billones de euros y representaba el 78,2 % de su PIB. Esa deuda, además, irá hacia arriba desde ese momento. La tendencia de los países europeos es la del endeudamiento, y en 2013 era del 85,5 % del PIB europeo, apuntando a los 11,6 billones de euros. En 2014 la deuda pública de la UE de los 28 roza los 12,1 billones de euros, que equivale a casi el 87 % del PIB conjunto de la Europa de los 28.

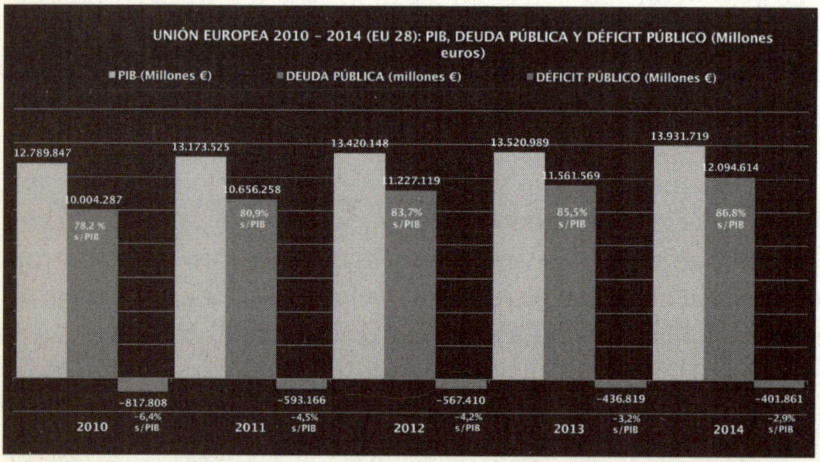

Con esos números se justifica la actuación de Mario Draghi, con estímulos monetarios para que la economía europea, no sólo la eurozona, se reactive. A esos porcentajes sobre la deuda hay que añadir el golpe del déficit público. En 2010, el conjunto de países de la UE acumulaba un saldo negativo de sus cuentas públicas de casi 818.000 millones de euros, esto es, el 6,4 % del PIB europeo. Esas pérdidas se han ido rectificando, y en 2013 la suma total de déficit es de unos 437.000 millones de euros, el 3,2 % del PIB.

Ahora bien, si Europa se encuentra en una situación algo comprometida, la eurozona presenta un cuadro un poco más duro. El PIB de la Europa de los 18 antes y ahora 19, que comparten el euro, crece muy tímidamente, sobre todo en los cuatro últimos años (2011-2014).

Ya no es el empuje que se apreciaba en 2011 en comparación con 2010. El escollo que se atisba es la deuda pública, endemoniada, diríamos, y al galope, podríamos añadir. De 7,9 billones largos en 2010, lo que representaba el 83,7 % del PIB de la Europa de los 18, se dispara en 2014 a cerca de 9,3 billones de euros, lo que roza el 92 % del PIB. Es un aumento de enjundia, implicando amenazas en el horizonte.

La deuda pública es consecuencia de desajustes presupuestarios. Problemas de ingresos y gastos públicos. Éstos superan a los primeros. Las cuentas descuadran y lo hacen en más de 583.000 millones de euros en 2010, el 6,1 % sobre el PIB de la eurozona, recortándose a casi 246.000 millones en 2015, el 2,4 % del PIB. Por el camino queda una senda realmente deficitaria en el conjunto de la Europa del euro.

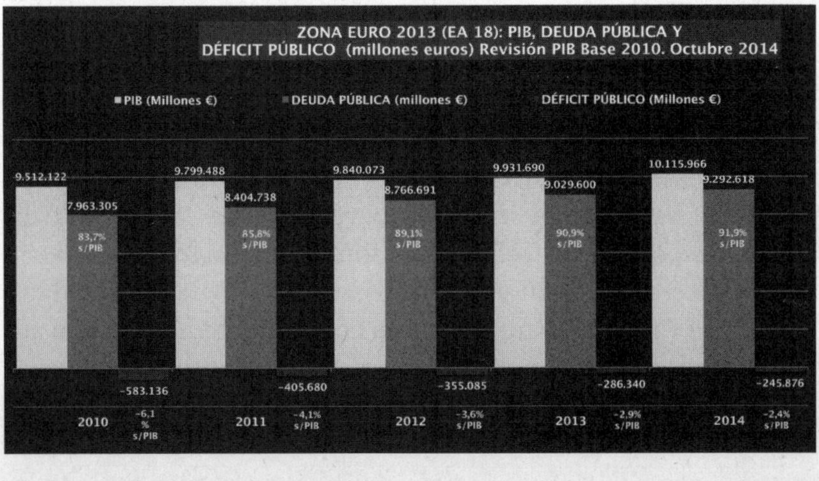

Por ello, no debe extrañar que Mario Draghi, ante el empeoramiento de la situación en 2014, y al margen de otras muchas consideraciones, diera el paso adelante de la expansión cuantitativa y decidiera regar de liquidez a la Europa del euro con la mirada puesta en un rescate, o llámese como se quiera, de la deuda soberana. De lo contrario, las amenazas sobre las finanzas públicas de los países del euro serían latentes y por más que las primas de riesgo respectivas estuvieran más o menos tranquilas, en cualquier momento podía producirse una brusca sacudida y la estructura financiera de algunos países podría temblar, entre ellos España.

Sombras preocupantes en la zona euro

En esa Europa del euro que no crece lo suficiente, y si se tienen en cuenta los números a la hora de los cierres de 2013 y 2014, se comprueba que algunos países presentan síntomas preocupantes. Al margen de España, es importante ver el contexto.

Para España es esencial que la economía de Francia se recupere. Es el principal cliente comercial. Y lo que vemos en Francia es una deuda pública preocupante, y un crecimiento casi inexistente. Alemania mantiene su porte pese a que 2013 fue año electoral y liquidó con superávit el ejercicio. Italia adolece de una deuda pública morrocotuda y su déficit es elevado. Otras economías como la irlandesa, la griega y la portuguesa, justifican por qué fueron rescatadas. Los números de Chipre no son muy tremendos en esa globalidad que contemplamos, pero en el plano local conducen a su intervención. Bélgica, más o menos. Luxemburgo es un mundo aparte. Holanda es la Europa septentrional como Austria y Finlandia; aliados de las políticas germanas porque sus referencias son otras. Gasto ajustado, sin ningún exceso, a los ingresos, si bien con algo de déficit algún año; deuda pública bajo un férreo control; y templanza en sus cuentas públicas.

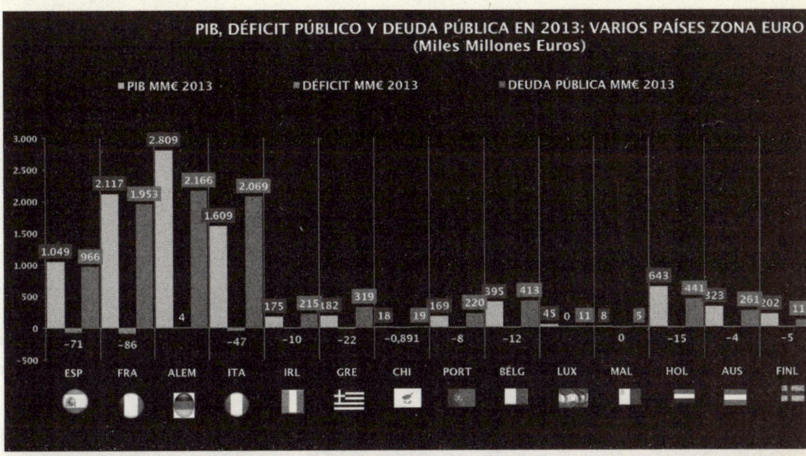

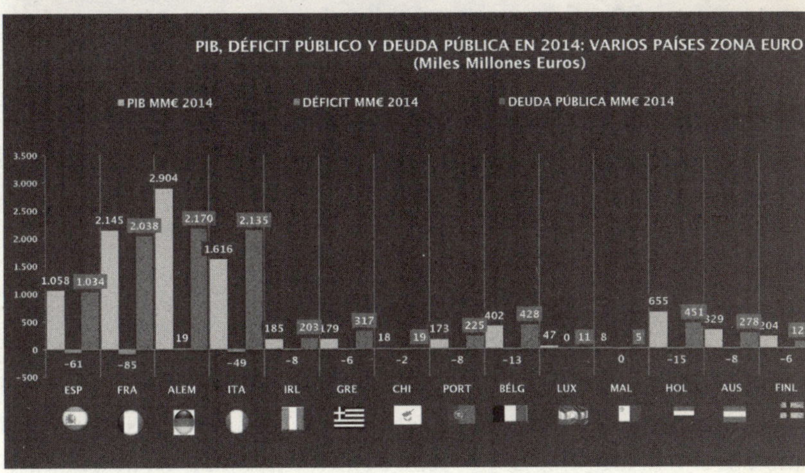

Llega el momento de hacer un flash sobre la estancada Europa del euro, dando una ojeada a la evolución del PIB, revisado, de sus principales economías: Alemania, Francia, Italia y España. Tres de ellas revelan un cierto anquilosamiento. Italia tras empujar en 2011, desciende a continuación. Francia tira pero le falta algo más de brío. España retrocede. Alemania es la única que va manteniendo el paso aunque sin estridencias.

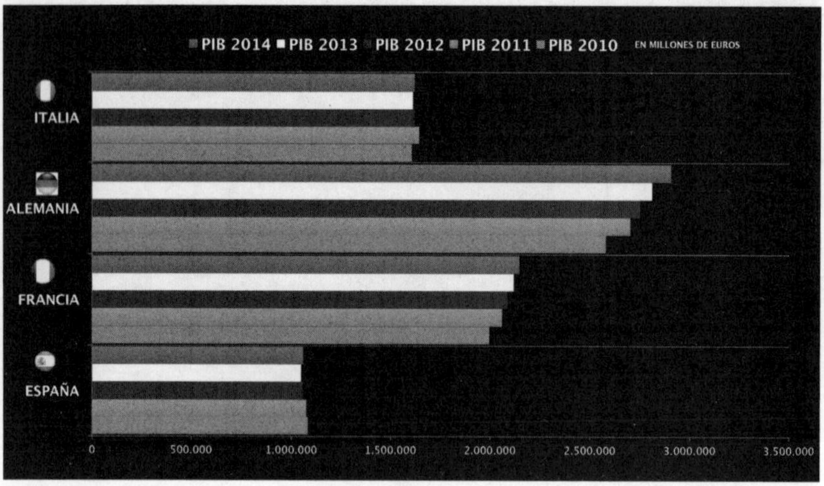

Así está Europa. Así está la eurozona. Así, más o menos, estamos nosotros. Conscientes de que nos hemos de reindustrializar pero no con fábricas rematadas por chimeneas que echan humo formando contaminantes nubes.

Las rectas y los activos de España

Se debe reindustrializar el país, aunque pensando bien en que el mundo funciona de otra forma, y que la industria es ahora un concepto más amplio. El proceso de internacionalización es fundamental para nuestro tejido empresarial. La idea es que nuestras pequeñas empresas, sin perder su independencia, salgan al exterior mediante alianzas y acuerdos, e integrándose en proyectos compartidos con otras pymes.

El objetivo debe ser el de promover que las empresas medianas estén presentes no sólo en el resto de España, sino que salten hacia el mundo. Es vital para ese impulso empresarial hacia el exterior las buenas compañías y no tan sólo mercantiles. La tutela, el mimo, la protección, el acompañamiento de nuestros gobiernos debe ser una prioridad.

Ahí están nuestras embajadas con sus eficientes oficinas comerciales. Y hasta si se quiere, con críticas y sin ellas, las «otras embajadas», las de algunas comunidades autónomas. Sumemos juntos.

Dicen que la necesidad agudiza el ingenio. ¡Grandísima verdad! Porque el desplome del consumo interno, por culpa de la crisis, está incentivando la exportación de las empresas españolas.

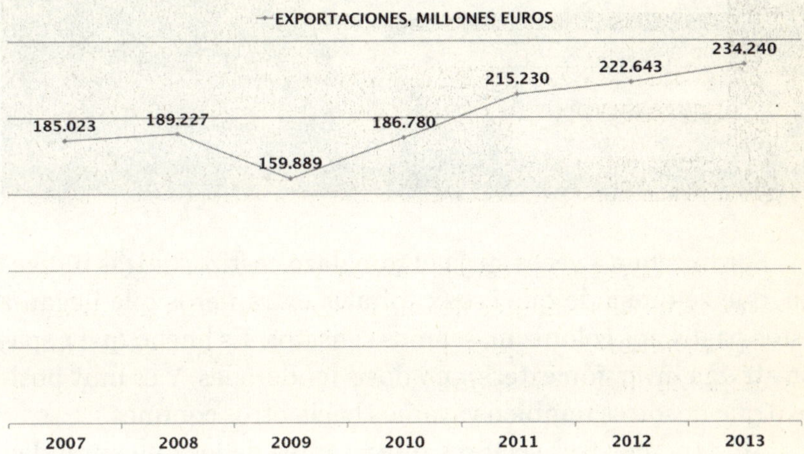

El empuje de nuestras exportaciones está siendo muy significativo en los últimos años. Nuestras empresas de tamaño mediano tal vez no lo hubieran intentado en otro contexto. La contracción del mercado interior ha propiciado consiguientemente un esfuerzo para salir hacia el extranjero. Y España puede vender un buen surtido de productos. Damos la talla en bienes de equipo; nuestra industria alimentaria es consistente; lideramos el sector del automóvil; disponemos de empresas y plantas químicas de primer nivel y, ¡por qué no decirlo!, somos buenos cuando nos ponemos manos a la obra. Por tanto, el camino hacia el exterior es la senda que hemos de seguir. Eso sí, necesitamos buenos profesionales con sólidos conocimientos tanto en lenguas como transversales para que sean nuestra fuerza humana.

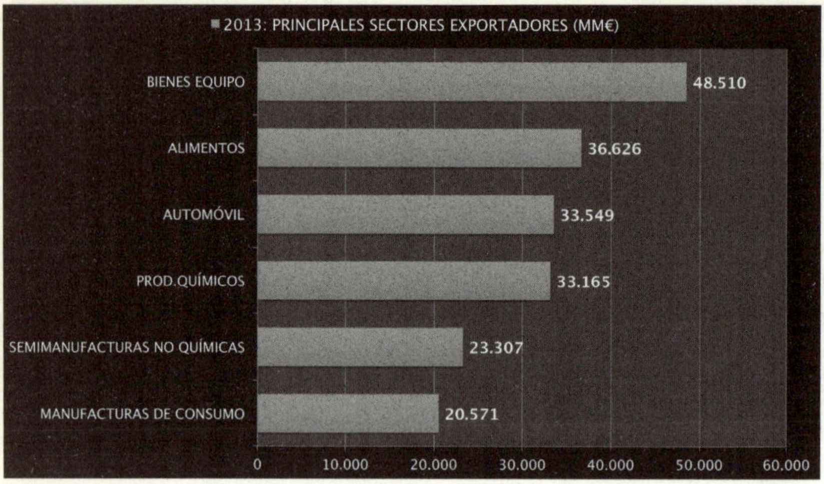

Por más que a veces surja el ramalazo castizo, quizás indígena, que se queja de que esos capitales extranjeros que llegan a estos pagos nos colonizan, seamos sensatos. Es bueno que España atraiga inversión exterior en dosis moderadas. Y es muy positivo que nosotros también vayamos hacia otros confines.

Ahí tenemos tres sectores interesantes de los que aprender. Con tropiezos y sin ellos, nuestras constructoras se han abierto al mundo. Son líderes destacados, con presencia internacional. Una buena excusa para ir detrás, aprovechando su estela. Y nuestro sector energético, del que ya hablamos en otras líneas, con empresas que destacan en energías renovables, extendiéndose por todo el mundo. Y seguimos pisando fuerte en el sector del automóvil, con un auge en las exportaciones, con centros de fabricación en España que se van convirtiendo en puntos de referencia de las grandes multinacionales de la automoción. No se limita la cosa simplemente a la Seat de siempre, con cada vez mejor cartel en el grupo Volkswagen, y vendiendo sus coches en muchos países de Europa y la cuenca mediterránea. Hay otras multinacionales, como Nissan, que está consolidando su factoría en Barcelona, para ser un paradigma mundial, y que crece en número de vehículos y modelos que aquí se fabrican.

También figura la Renault de Castilla-León, que va ganando posiciones en el grupo. Citroën, algo ya consustancial en Galicia, se erige en otra referencia. O Ford asentada en Valencia, y Opel en Zaragoza. Esos gigantes del sector de la automoción arrastran a toda una industria auxiliar en buena parte autóctona que no sólo les provee aquí sino que les acompaña y se instala en otros puntos de fabricación esparcidos por Europa, América y Asia.

Son empresas españolas, de tamaño mediano, que adaptan su crecimiento y dimensión a las características de sus clientes. Son nuestras pequeñas multinacionales que se abren al mundo y facturan cifras de cierto relieve.

Y no se olviden: ¡Nuestro sector textil! Los gallegos tiran del carro. Inditex está absolutamente consolidada. Es una empresa muy respetada y admirada, aunque últimamente creíamos que le faltaba un poco más de empuje en su negocio. Parecía como si las ventas se desaceleraran. Posiblemente es que la firma de Amancio Ortega nos tenía muy bien acostumbrados durante muchos años, creciendo a un ritmo exponencial, capitalizada magníficamente, con unas cuentas de resultados excelentes.

Ahora Inditex, tras identificarse con su omnipresente marca Zara, explora expansiones, siempre internacionalizándose, con sus restantes marcas. Con algunas de ellas da un salto de calidad y se introduce en otro segmento. Sin duda, emplazamientos de primer orden no le faltan. A donde no llegue Inditex, llega Pontegadea, el brazo inversor de Amancio Ortega. Nueva York, Londres... sin problemas. Las mejores ubicaciones para proyectar la empresa. Y, de nuevo, sus resultados de 2014 son loados...

Pero hay muchas más marcas españolas que están en el mundo textil. Adolfo Domínguez, Mango, Desigual... Gallegas unas, catalanas otras, valencianas, andaluzas, madrileñas... la moda española cotiza al alza.

La conclusión que se extrae, con todos estos datos, es la de que hay que articular un cambio de discurso. Desde la autocrítica, se debe incidir en el despilfarro en infraestructuras que hemos construido durante tantos años, con los excesos de inversión pública, con tantos aeropuertos sin apenas uso, con tantos kilómetros y estaciones de AVE, y un largo etcétera. Sin embargo, a lo hecho pecho. Es el momento de pensar en positivo. Es la hora de que busquemos cerebros que sean capaces de sacar el máximo rendimiento a todas esas estructuras de nuestro país. España es el país del mundo que tiene más kilómetros de AVE o el segundo. No importa. Lo que debemos hacer ahora es maximizar todos esos activos. España es el país de Europa que tiene más aeropuertos, sí o no, pero tenemos muchos. Somos los europeos con más kilómetros de autopistas y autovías, o no, igual los segundos. Pues vayamos a extraer el máximo provecho a esa ventaja. Todo ello, bien pergeñado, nos llevaría a disponer de unos sistemas de transporte que propiciaran que las empresas se establezcan aquí.

No contamos con recursos naturales de primer orden, aunque sí con una maravillosa naturaleza, de norte a sur, de este a oeste, y con un par de tesoros que a veces, creemos, no sabemos valorar en su justa medida: Baleares y Canarias.

Eso nos da un capital turístico impresionante. Es cierto que durante muchos años todo el mundo era bienvenido. El sector turístico, con la hostelería al frente, no obstante, maneja ya otras referencias. No se trata de cantidad sino de calidad. Dejémonos de hoteles de dos estrellas con el todo incluido habitual y vayamos a hoteles de cuatro y cinco estrellas, mejor en versión lujo. Que fluya hacia España el turismo de alto poder adquisitivo.

El ajuste del euro frente al dólar y la libra juegan a favor. Los movimientos que se observan en los cielos, ayudan. Nuestras compañías aéreas se consolidan. Han resistido los embates de la crisis, han superado los trances adversos, alguna de ellas se ha reordenado y reestructurado, produciéndose ajustes accionariales, promoviendo alianzas con otras grandes compañías aéreas.

La suma de todos esos factores produce grandes sinergias. La conjunción de todos esos activos de que gozamos, a poco que se esmeren nuestros gobiernos, empujan a la economía española. Si a ello le sumamos nuestra gastronomía y las estrellas Michelin de las que nos jactamos, le ponemos la guinda al pastel económico español.

España cuenta con escuelas de negocios más que reconocidas a nivel internacional y con universidades de pedigrí pese a que los ránkings, anglosajones y chinos la mayoría de ellos, no nos acaben de colocar en el merecido lugar que correspondería. Fallos nuestros acaso porque no hemos sabido tener el *feeling* adecuado para el posicionamiento de nuestras universidades, que no el de las escuelas de negocios que lo han hecho muy bien. Habrá que enmendarnos con rapidez. Saquemos el jugo a nuestro sistema universitario. Logremos que nuestras carreras sintonicen con el mundo real. Solventemos las debilidades de nuestro sistema educativo de base. Lancémonos al I+D juntos, empresas y universidades. Consigamos que nuestros universitarios retomen espíritus emprendedores, sepan arriesgar y demostrémosles comprensión y apoyo si en los primeros intentos fracasan. Que esta lección sirva para crecer, mejorar, ir a más. En línea con la tan elogiada filosofía norteamericana.

En paralelo, no podemos olvidarnos del deporte español, que desempeña un papel descollante como embajador de nuestro país. Es otro punto fuerte de la economía española, como solvente activo intangible.

Claro que esas reflexiones a vuelapluma no pueden ocultar las tantas y tantas cosas que debemos mejorar para fortalecer la reactivación económica. Por ejemplo, la reforma fiscal que tendría que tender a objetivos más eficientes de verdad, no sólo en el texto del BOE, con un sistema tributario que ayudara a España a hacerla competitiva.

Aquí las interpretaciones que cabe formular darían para un voluminoso tratado enciclopédico. Verbigracia, una reforma laboral que necesariamente ha de culminar promoviendo la creación de empleo y combatiendo con ahínco esa plaga del paro que no se erradica.

En el terreno del empleo, ya hemos visto que sería necesario el impulso de políticas activas. El objetivo sería reducir las cargas sociales, abaratando y bonificando hasta el límite las cotizaciones de los trabajadores menos cualificados y la contratación de éstos y de quienes lamentablemente sufren la condición de parado de larga duración.

Otro de los grandes retos es el diseño, tras un debate políticamente consensuado y sin veleidades partidistas, del futuro mercado de pensiones, conscientes de que el actual modelo será insostenible dentro de unos años.

Cabe fomentar los planes de pensiones privados, los ahorros

de los jóvenes de cara al futuro, y, en la medida de lo posible, que hoy se antoja tarea muy complicada, introducir el sistema de capitalización reemplazando al sistema de reparto.

El problema hoy reside en la caída del número de cotizantes y en el gradual e imparable aumento del número de pensionistas. Las tendencias demográficas nos indican que dentro de unos años no habrá gente suficiente trabajando capaz de sostener a las multitudes de mayores que estaremos jubilados. Es ahora cuando con serenidad se ha de afrontar ese reto, olvidándose de los votos en las próximas elecciones.

Aligerar el déficit público y la estructura de un Estado clonado es otra exigencia, dura y costosa, que requiere objetividad e imparcialidad, acción y dinamismo, urgencia y contundencia. La cura de adelgazamiento siempre reiterada por nuestra parte, en definitiva.

España no puede seguir acumulando los déficits que año tras año cosecha, ni su deuda pública puede seguir disparada penetrando en zonas de turbulencias. Y ello conlleva, además, un asunto más que caliente que desde Cataluña se percibe de otra manera.

De una vez por todas hay que zanjar el perenne problema de la financiación autonómica reformando lo que se tenga que reformar y siempre ateniéndose a las posibilidades reales. En esta España que hogaño rema contra la mala corriente económica, intentando que la nave no se escore, todos nos encontraremos bien con nosotros mismos si sumamos y no restamos. La suma provoca sinergias. El producto final es multiplicación. Vayamos todos a una. Si restamos nos dividimos y minamos nuestras potencialidades.

Dejando de lado la situación del crédito bancario, que se analizará más tarde en profundidad, seamos conscientes del cambio en el modelo financiero. El crédito en lo sucesivo seguirá siendo restrictivo. Las alegrías crediticias de antaño son irrepetibles y forman parte ya del baúl de los recuerdos que evocaba Karina, la cantante que marcó una época con sus «Flechas del amor» y «Fiesta».

Nada —nos tememos— volverá a ser como antes. Muchas pymes se han quedado por el camino tras el azote de ese tsunami económico-financiero que tanto daño ha hecho. Nuestra admirada María Belón, heroína real de la película *Lo imposible* dirigida por ese fenómeno que es J. A. Bayona, explicaría con su fe y entusiasmo ese coraje y espíritu de lucha que a ella le hizo gigantesca.

Tal vez, esa fuerza de María Belón sea la que haya contagiado a muchos otros empresarios de pymes a sobrevivir, a nadar contracorriente y al final a alcanzar la orilla pisando, con mayor o menor seguridad, tierra firme. Unas pymes estaban fatalmente endeudadas. Otras, en cambio, estaban magníficamente capitalizadas. Como apuntábamos en un pasaje precedente, el escenario económico poscrisis se decora de forma radicalmente distinta a la del teatro que le antecede.

Nuestras empresas tenderán a buscar recursos en fuentes alternativas a las de la banca tradicional. Los inversores, tipo ahorradores, depositantes de dinero en las entidades financieras, verán las mínimas rentabilidades de su dinero. Para mejorarlas tendrán que colocar su dinero en otros tipos de inversión. Fondos de inversión, sí; acciones, obligaciones y bonos bajo el modelo tradicional, también, pero buscarán algo más.

Al final, empresas demandantes de crédito con ahorradores en pos de mejores rentabilidades se cruzarán en el camino. Habrá que instrumentar ese incipiente mercado de capitales y aligerarlo de excesivas trabas y corsés, aunque, eso sí, dándole las garantías mínimas de seguridad en su funcionamiento. Y por añadidura, será preciso arbitrar un régimen de salida a Bolsa para compañías de dimensión mucho más reducida.

Todas esas consideraciones forman parte y marcan el camino para consolidar el incipiente despegue de España.

4

El triángulo del estancamiento

El consumo privado como elemento clave

Aunque el optimismo prima en los primeros meses de 2015, con un Gobierno que insiste en los porcentajes de crecimiento, aunque parezca más un acto de voluntarismo, hay algunas sombras que pueden enmudecer el discurso. No queremos ser aguafiestas, pero España adolece actualmente de tres ejes fundamentales que lastran su recuperación económica, lo que damos en llamar el triángulo del estancamiento: paro enquistado y alarmante, incapacidad de nuestro sistema productivo para crear empleo estructural y robusto, y consumo privado sin excesiva potencia. ¡Ojalá cuando estas líneas vean la luz esos tres vértices estén en trance de recuperación!

Si tomamos las previsiones de la CE, formuladas a principios de febrero de 2015, los pronósticos para nuestra economía hablan de un crecimiento del PIB del 2,3 % en 2015 y del 2,5 % para 2016; de un aumento del empleo del 1,8 % en 2015 y del 2 % en 2016, y de una estimación de la tasa de paro del 22,5 % en 2015 y del 20,7 % en 2016. ¿Es suficiente?

CE: PREVISIONES PARA ESPAÑA (5 FEBRERO 2015)

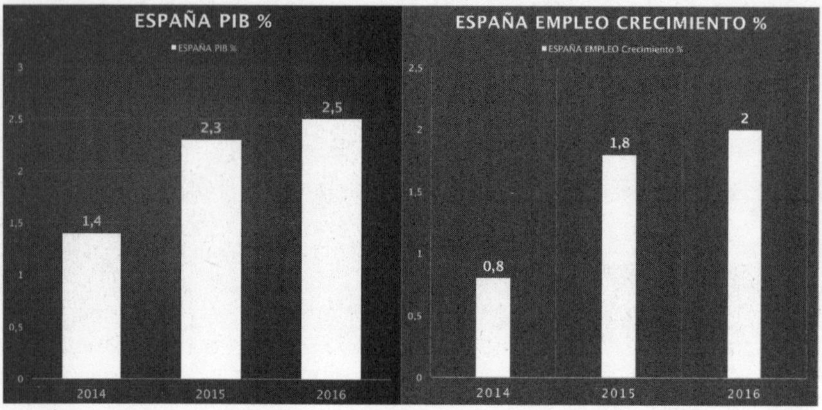

CE: PREVISIONES PARA ESPAÑA (5 FEBRERO 2015)

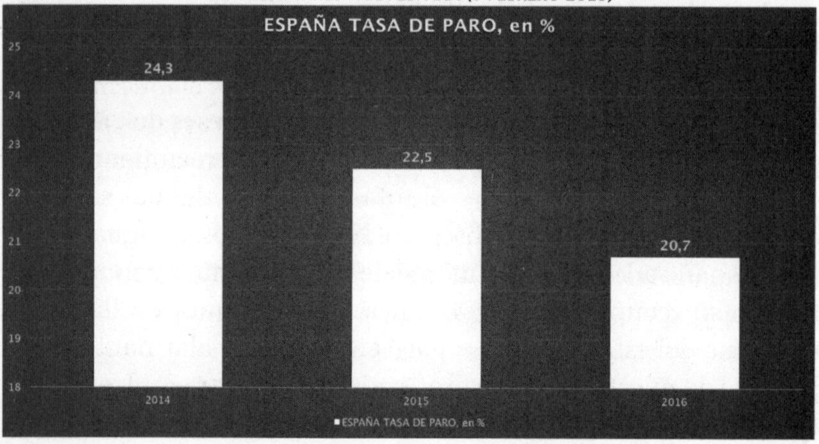

¿En qué medida se reactivaría el consumo privado en España durante 2015 y 2016? Si 2014 significaba un ligero impulso para ese motor trascendental de nuestra economía, en principio los vaticinios europeos para 2015 y 2016 son positivos: repunte del 2,7 % y del 2,6 %, respectivamente.

ESPAÑA CONSUMO, % Variación

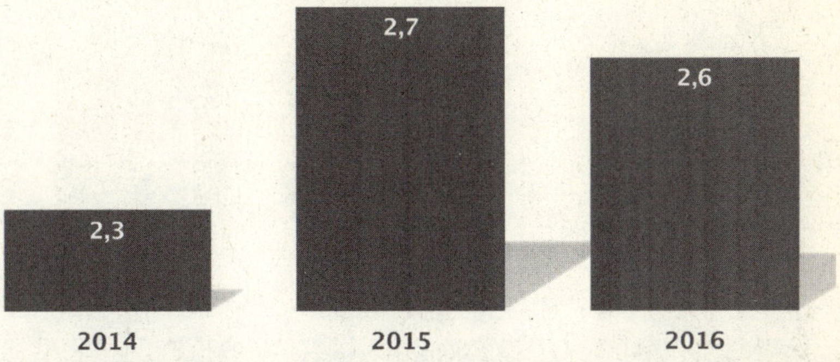

Es importante ver la configuración del PIB en el cierre del ejercicio de 2014, pero hay que analizar antes los riesgos que pueden poner en cuestión ese optimismo sobre el crecimiento. Hay pasivos que nos pueden menoscabar, como los rescates de autopistas en quiebra, o las líneas ferroviarias de explotación privada cuyo deficitario saldo se exige que sea a cargo del Estado, según la voluntad de las compañías concesionarias, como ocurrió con el almacén gasístico Castor. Todo ello puede amenazar las cuentas públicas y con ello el cumplimiento del déficit comprometido por España ante la Comisión Europea.

Entretanto, las previsiones sobre la tasa de inflación en España que formulaba en abril de 2015 el FMI son moderadas. En 2015 seguiremos con precios abajo, en 2016 repuntarán —¿en qué grado eso será achacable a la política monetaria del BCE y los remedios de Mario Draghi con sus inyecciones de dinero?—, y a partir de 2017 de forma gradual nos encontraríamos bajo suaves aumentos de los precios.

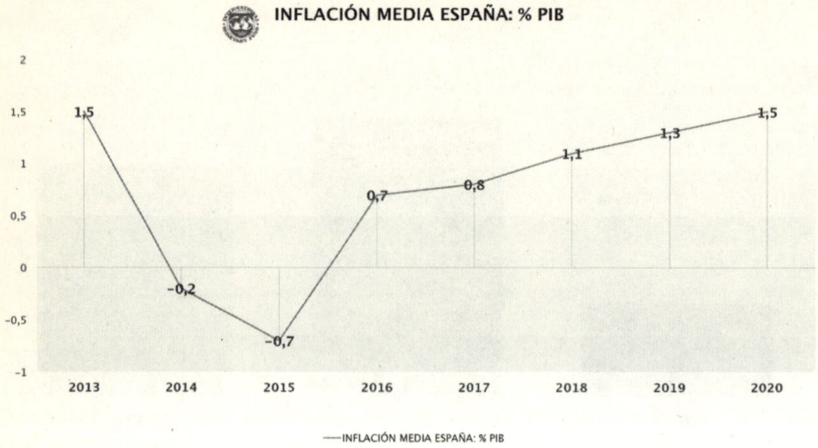

Ya hemos remarcado, además, que 2015 es un año electoral, con elecciones municipales, autonómicas y generales. Y conocemos que es el mejor momento para que nuestra clase política presente promesas que se deslizan sin miramiento, aunque luego la cruda realidad deshaga y lleve a incumplir tantos compromisos adquiridos con los electores. Pero puede resultar un problema para el cumplimiento del déficit.

Otra de las cuestiones es la reforma fiscal, de la que hasta ahora sólo se han cantado alabanzas y que por más lisonjera que parezca habrá que estar a la prueba del *puding*, es decir, se tendrá que comprobar si el Impuesto sobre la Renta de las Personas Físicas, al margen de las loas lanzadas, comportará una mayor o menor tributación, y hasta qué punto se notará la rebaja fiscal publicitada. Porque pudiera ser que nuestra carga tributaria en algunos casos se incremente. Claro que todo eso lo sabremos a ciencia cierta entrado ya 2016, por aquello de la fecha de presentación de las declaraciones de impuestos.

Sin embargo, la realidad es más prosaica. Las pensiones siguen aumentando y el panorama es que vayan a más en los próximos tiempos. El déficit presupuestario estará presente, pese al control que se exige desde Bruselas. Y otra cuestión, una de las centrales, es el bajo crecimiento de nuestro PIB en términos nominales. Sin ir más lejos, por más que a bombo y platillo se airee que el PIB español creció el 1,4% en 2014, en valor absoluto apenas lo hizo en 9.000 millones de euros.

El interrogante que surge a continuación es saber a partir de qué sectores podremos crecer, y cuáles ejercerán de locomotoras para el conjunto de la economía española.

RAMAS DE ACTIVIDAD/MILLONES €	PIB 2010 MM€	PIB 2011 MM€	PIB 2012 MM€	PIB 2013 MM€	PIB 2014 MM€
AGRICULTURA, GANADERÍA, SILVICULTURA Y PESCA	25.253	24.317	23.634	26.578	24.050
INDUSTRIA	169.978	172.183	167.200	168.603	169.077
CONSTRUCCIÓN	87.526	74.177	60.779	55.070	53.672
COMERCIO, TRANSPORTE Y HOSTELERÍA	222.593	228.067	230.882	228.198	232.124
SERVICIOS (RESTO)	484.563	489.545	486.841	480.022	486.187
IMPUESTOS NETOS PRODUCTOS	91.000	86.858	85.822	90.710	93.359
PRODUCTO INTERIOR BRUTO	**1.080.913**	**1.075.147**	**1.055.158**	**1.049.151**	**1.058.469**

Otro elemento que sigue perjudicando a España, pese a los esfuerzos realizados, es la deuda privada, que sigue en unos niveles muy altos, exigiendo una reducción seria por parte de familias y empresas. Respecto a la deuda pública, el reto sigue siendo mayúsculo y con una tendencia a seguir creciendo. A todo ello, hay que cuestionarse si nuestro sector exterior se comporta como sería ideal o, en cambio, nuestras exportaciones se ralentizan y las importaciones, a consecuencia del tirón del consumo, se aceleran. Los desfases por cuenta corriente asoman y la deuda externa neta se sitúa en un billón de euros. Y si ése fue el gran pecado de la economía española en los años previos a la crisis, ahora no deberíamos caer en el mismo error, cuando se considera que se puede iniciar un camino de crecimiento.

Pero hay elementos positivos en la economía española. La caída de la inflación por el momento se percibe como una inyección casi de caballo para dar alas a nuestro poder adquisitivo. La bajada del precio del petróleo, si bien algo ensombrecida por el resurgir del dólar, también suma. La relajación de las condiciones financieras, con más dinero en teoría al servicio de particulares y empresas, inmejorable. Si se refuerza la confianza de todos nosotros, al otear signos favorecedores —iba a decir brotes verdes, pero mejor no lo digo—, el componente psicológico se reafirma. En esa tesitura, la contracción de los tipos de interés es una bocanada de aire fresco.

La confianza se refuerza y nos confiere un toque de brío económico. Si los precios de la energía cayeran y se abarataran los costes de los suministros de hogares y empresas, el panorama aún se despejaría más.

Y es que, pese al discurso —necesario, pero insuficiente—de que el sector exterior debe ser una de las palancas del crecimiento, lo más importante para que una economía crezca con vigor es que la demanda interna sea robusta. La clave es el consumo privado.

Las perspectivas que en 2013 deparaba el sector exterior, con empuje de la demanda, parecen haberse diluido en 2014. Así que, como siempre, el tirón económico está en función de que afecte a todo el consumo.

En el gráfico publicado por el Banco de España en su Boletín Económico del mes de marzo de 2015, referido a los principales agregados de la demanda y las aportaciones al crecimiento del PIB, se constata cómo es el consumo privado el que marca la tendencia favorable de la tasa interanual del PIB, al contemplar los principales agregados de la demanda, junto con la formación bruta de capital, esto es, la inversión.

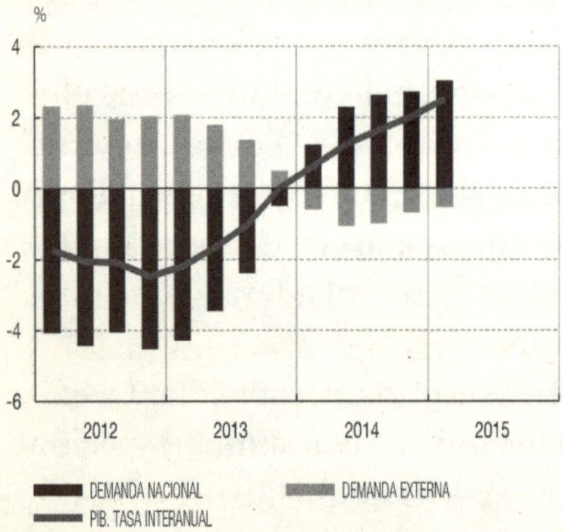

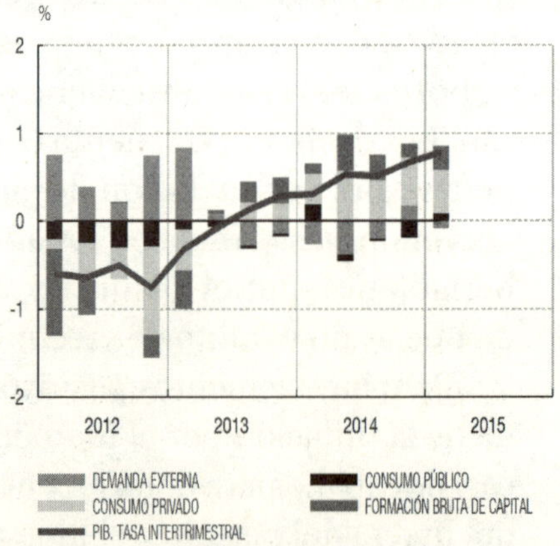

FUENTES: Instituto Nacional de Estadística y Banco de España.

La caída de precios, que prosigue en el primer trimestre de 2015, es otro de los elementos determinantes para que, en teoría, el consumo se anime, contrariamente a aquellas interpretaciones que siempre se hacen sobre la deflación en el sentido de que el comprador pospone decisiones de compra.

Los datos publicados por el INE sobre indicadores adelantados de precios de consumo y de consumo armonizado, sitúan, en marzo de 2015, la variación anual en el -0,7 %. Son nueve los meses, en marzo de 2015, que llevamos con precios a la baja.

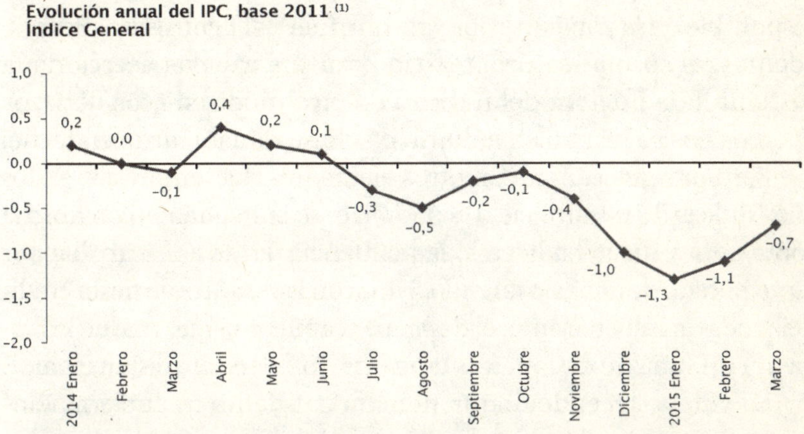

El debate, por consiguiente, queda abierto. ¿Es bueno o no para nuestra economía esa tendencia de precios bajos y sin el menor atisbo de inflación, por lo menos a lo largo de los dos próximos años? Es de esperar que las medidas del BCE y el mangueraзо de dinero decidido por su cúpula —sinónimo de darle a la máquina de fabricar billetes— aliente la inflación con la vista puesta en aquel objetivo del 2 % que si tiempo atrás era maldito, ahora se torna en benefactor. De hecho, el objetivo del BCE, como marcan sus estatutos, es que la inflación no pase nunca del 2 %. Y lo que ocurre ahora es que se está muy lejos de alcanzar ese límite.

Las favorables condiciones de financiación pueden animar la inversión en bienes de equipo. No cabe la menor duda de que en un contexto de facilidades crediticias, las empresas se mostrarán más proclives a invertir. No obstante, hay algunos factores que conviene tener en cuenta. ¿Está en zona de máximos la capacidad productiva de nuestras empresas? ¿Existe, en realidad, un problema de oferta, más que de demanda?

Pensemos en el bar de la esquina, con su terraza, sus mesas de interior y sus mesas de exterior, su barra... Con independencia de cuáles sean las condiciones financieras existentes, el propietario del bar, para dar el paso adelante que significaría adquirir el local de al lado —que, cómo no, está cerrado desde hace bastantes meses, por no decir años—, tendrá que estar seguro de que su actual bar se halla a tope, la barra repleta, de que no queda una sola mesa disponible en la zona interior y de que fuera el lleno es absoluto. Y además, el simpático propietario hará sus cábalas acerca de la sostenibilidad del modelo; dicho de otro modo, si esos llenazos apoteósicos se producen a diario o sólo se dan de tarde en tarde.

Pero hay que contar con otros elementos. Las empresas, en los años dulces de nuestro ciclo económico, se endeudaron con alegría contagiosa y luego ha llegado la penitencia, larga e inacabable por tanto pecado de deuda cometido. Hoy, con la resaca de la fiesta crediticia todavía muy reciente, el desapalancamiento, o sea, reducir deuda a la mínima expresión, tras tanto sofoco financiero, es un clamor.

La vuelta del endeudamiento con entidades financieras tendrá que estar muy justificado y bien argumentado a caballo de las inversiones que se proyecten, y éstas tendrán que ser una apuesta ganadora. De lo contrario, al propietario del bar no le saldrá a cuenta quedarse el local vecino, ni invertir en maquinaria de hostelería, más barra, más mesas, más sillas y, obviamente, aumentar la plantilla laboral.

No se trata, en definitiva, de que seamos pesimistas sino que procuramos pisar muy bien el suelo sobre el que andamos. Porque todavía hay más cosas en las que pensar cuando proponemos el ejemplo de la ampliación del bar. ¿Qué tal los precios? La fuerte competencia actual para hacerse con un nicho de mercado, sea en el barrio, en la ciudad, en la comarca, en la provincia, en la región, en el país, en Europa, en el mundo entero, unida al renqueante poder adquisitivo de los ciudadanos y esa extendida cultura del *low cost* que es sinónimo de precios bajos, agita interrogantes a la hora de invertir.

Salvando las lógicas distancias entre el propietario del bar y las grandes compañías petroleras, éstas, atendiendo al escenario de precios del crudo que se está dando y a las implicaciones del *fracking* —las perforaciones bajo tierra para encontrar gas— se piensan y repiensan varias veces dar el paso adelante en proyectos de inversión ante el temor de que los precios que luego se obtengan por la explotación del crudo no sean lo suficientemente gratificantes como para poder recuperar las sumas desembolsadas.

En los años de la crisis se ha asegurado una y otra vez que las exportaciones nos podían ayudar. Que, de hecho, era la salida ideal. Y se decía por una razón fundamental: si necesitamos reducir la deuda, y el déficit en la balanza por cuenta corriente, lo mejor es exportar más nuestros productos y servicios e importar menos. Pero esta cuestión ha fallado en 2014, tras el ímpetu de los años anteriores.

Si de la necesidad se hace virtud, España con unas exportaciones de casi 192.000 millones de euros en 2010, a la vista de la contracción del mercado interno, miró hacia fuera. Bueno, en realidad, eso es lo que hicieron las empresas españolas, no sólo las grandes, sino también las medianas y algo menos que medianas. Vieron que la facturación se deshinchaba, que el mercado español estaba estancado y sólo había un camino para sobrevivir: el extranjero. Así que se inició una positiva andadura por mercados foráneos. En 2011, las exportaciones españolas superaban los 220.000 millones de euros, en 2012 apuntaban hacia los 230.000 millones y en 2013 excedían los 237.000 millones. En 2014 se ha producido un freno en el ritmo exportador, al cifrarse en algo más de 244.000 millones de euros.

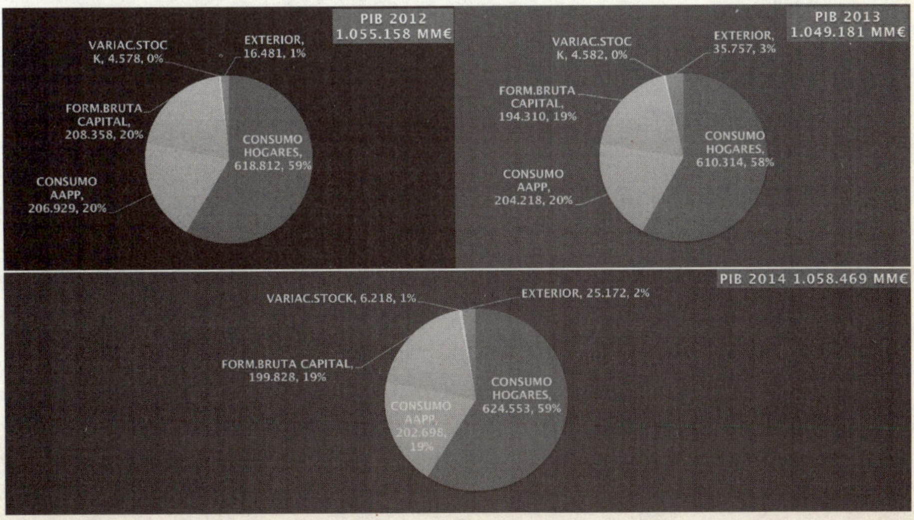

Ahora veamos ese consumo de la demanda interna. Contemplando la composición del PIB de los tres últimos años, atendiendo al gasto o demanda, se desprende la importancia del consumo privado que, como siempre, va tirando del carro de la economía. En 2012 lo hacía en un 59 % del PIB. Un año más tarde comprobamos una contracción, al 58 %, siendo su caída en valor absoluto —a precios de mercado— de más de 8.000 millones de euros. En 2014 el consumo privado, el de las familias y el de todos nosotros, se ha reanimado hasta los 624.553 millones de euros, y tal incremento ha marcado la recuperación del PIB. ¿Y qué ha sucedido con el sector exterior? No ha estado a la altura que se esperaba después del favorable saldo de 2013, casi 36.000 millones de euros aportados al PIB frente a los casi 16.500 millones del año precedente. El descenso del sector exterior en 2014 a 25.172 millones de euros ha trastocado los prometedores verdes prados.

En paralelo, la inversión no ha jugado un mal papel, y se ha reanimado en 2014 para sumar al conjunto. En cuanto al gasto público, justo ahora es cuando lo echamos de menos. En tiempos difíciles sería reconfortante que, de pronto, apareciera la maquinaria gastadora del Estado y dinamizara la economía. Desgraciadamente, los efluvios gastadores de años atrás impiden que ahora papá Estado se muestre dadivoso y, tal y como vemos en los gráficos de los años 2012 a 2014, el consumo de las Administraciones Públicas se va recortando.

La España de las desigualdades y el paro juvenil

Ser optimista no puede ser un dogma de fe. Hay elementos que invitan a ello, pero también existe una realidad muy compleja. Podríamos pensar que el consumo interno se dinamizará, y que pronto todo será igual que antes. Pero no corramos tanto. La crisis ha dejado heridas, y profundas. Entre ellas, las desigualdades. Dejando de lado que los ricos puedan ser ahora más ricos —afirmación que no siempre se cumple, aunque sí es indiscutible que los ricos de linaje siguen siendo hoy tan ricos como siempre, o puede que más—, las consecuencias perniciosas se dejan sentir en la clase media y en la media baja y, por supuesto, en las clases más bajas que son aquellas en las que el trabajo es menos cualificado y se ven afectados por los recortes de la clase media o por la desaparición de empresas pequeñas y medianas, aunque también por recortes en el sector de la construcción.

Pongamos un poco de orden en estas reflexiones.

El problema del paro juvenil en nuestro país es alarmante. Los datos de Eurostat, la oficina de estadística de la Unión Europea, correspondientes a 2014 y 2015, indican que más de 800.000 jóvenes no tienen ni oficio ni beneficio. Se trata del 51 %. Datos demoledores, máxime si se comparan con el resto de Europa. Nuestro paro juvenil representa el 25 % del total de la zona euro y más del 16 % de toda Europa. O espabilamos o el futuro será muy complicado, porque el peligro es perder a una generación. ¿Qué será de ellos el día de mañana? Y, egoístamente, ¿quién pagará nuestras pensiones cuando nos jubilemos?

El 67 % de esos jóvenes sólo han acabado los estudios de primaria. Hay un problema muy serio de formación y cualificación. Como los más de 800.000 jóvenes que se hallan en esas condiciones no puedan encauzar sus vidas, sufrirán ellos y sufriremos nosotros.

eurostat

Paro juvenil (por debajo de los 25 años) ajustado estacionalmente

	Porcentajes (%)					Número de personas (en miles)				
	Feb.14	Nov.14	Dic.14	Ene.15	Feb.15	Feb.14	Nov.14	Dic.14	Ene.15	Feb.15
Zona euro 19	24.0	23.3	23.0	22.9	**22.9**	3 475	3 345	3 283	3 256	**3 245**
UE 28	22.9	21.5	21.2	21.1	**21.1**	5 344	4 976	4 883	4 862	**4 850**
Bélgica	23.6	22.6	22.6	22.6	**22.6**	95	91	91	91	**91**
Bulgaria	25.9	23.2	23.0	23.4	**23.6**	54	44	43	44	**44**
República Checa	16.4	14.9	14.4	14.6	**14.8**	59	53	52	53	**54**
Dinamarca[8]	12.5	11.5	10.2	10.6	**10.2**	58	52	46	48	**46**
Alemania[7]	7.9	7.4	7.3	7.3	**7.2**	336	311	308	305	**302**
Estonia[8]	15.4	13.9	15.7	13.9	:	9	8	8	8	:
Irlanda	26.2	21.8	21.6	21.8	**21.6**	53	42	42	42	**42**
Grecia	56.1	50.8	51.2	:	:	168	155	157	:	:
España	54.0	51.6	51.3	50.9	**50.7**	878	820	818	805	**795**
Francia	23.7	24.6	24.7	24.8	**24.7**	659	671	673	674	**671**
Croacia[6]	44.7	46.4	46.4	:	:	73	78	78	:	:
Italia	42.5	42.9	41.3	41.2	**42.6**	670	700	641	633	**644**
Chipre[6]	37.6	34.2	34.2	:	:	16	15	15	:	:
Letonia[6]	20.1	19.4	19.4	:	:	18	16	16	:	:
Lituania	20.7	18.5	18.4	18.2	**18.5**	27	24	24	24	**25**
Luxemburgo	18.1	22.5	22.4	21.7	**21.7**	3	3	3	3	**3**
Hungría[8]	20.8	18.6	18.9	18.8	:	69	62	64	64	:
Malta	13.5	11.7	11.3	11.8	**11.8**	4	3	3	3	**3**
Holanda[7]	13.8	11.9	11.8	11.7	**11.0**	192	165	164	164	**154**
Austria[7]	10.9	10.4	9.6	8.8	**9.0**	63	59	55	49	**50**
Polonia	25.7	21.8	21.3	21.0	**20.8**	387	308	301	300	**298**
Portugal[8]	36.1	33.5	34.0	34.5	**35.0**	138	123	126	129	**133**
Rumanía[6]	24.7	23.6	23.6		:	164	159	159	:	:
Eslovenia[6]	21.3	19.1	19.1	:	:	15	14	14	:	:
Eslovaquia	31.8	26.9	26.4	25.5	**24.9**	67	57	56	55	**54**
Finlandia[7]	20.1	20.9	21.1	21.2	**21.4**	67	69	70	70	**70**
Suecia[7]	23.0	22.3	22.2	22.2	**22.2**	154	148	147	147	**147**
Reino Unido[8]	18.8	16.0	15.9	:	:	847	720	716	:	:
Islandia[7]	9.9	9.6	9.4	9.2	**9.1**	3	3	3	3	**3**
Noruega[8]	7.6	7.5	7.9	8.5	:	28	28	30	32	:

: Dato no obtenido

De ahí que prácticamente la mitad de los jóvenes de entre dieciocho y veinticuatro años estén dispuestos a aceptar cualquier trabajo, en cualquier lugar y con cualquier sueldo. Se trata de un porcentaje superior al 80 %, que ve probable acabar trabajando en lo que sea y un buen número de ellos —más del 60 % en 2013— creen que su futuro está en el extranjero.

En cambio, muchos chavales son conscientes de que tendrán que estudiar más para encontrar trabajo.

Hay detalles que lo explican todo. En mayo de 2014, Ikea demandaba 400 puestos de trabajo para una nueva planta y terminó recibiendo 100.000 solicitudes. A partir de ese dato es fácil suponer que la situación económica de los hogares es difícil, tal y como el INE indica. Un 17 % de los hogares tiene dificultades para llegar a final de mes y el 41 % no puede afrontar gastos imprevistos, prácticamente la mitad no puede tomarse o irse de vacaciones más de una semana al año, cerca de un 10 % se ve obligado a retrasar pagos del presupuesto familiar y la tasa de riesgo de pobreza en España se aproxima al 22 %.

Evolución de las dificultades económicas de los hogares
Porcentajes

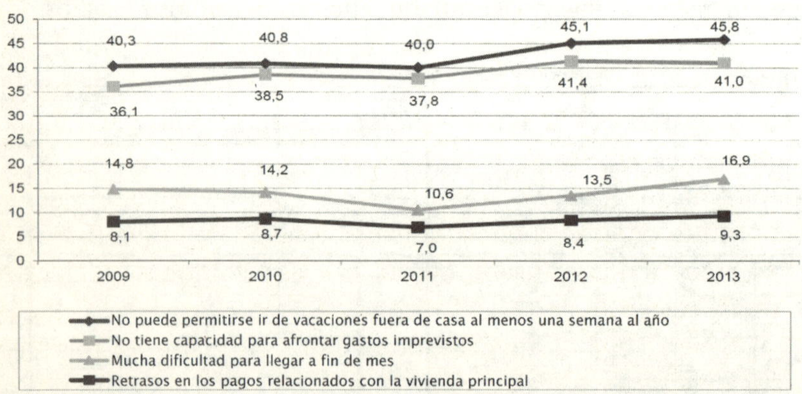

Lo que ocurre es que esas situaciones no son homogéneas. Hay zonas de España mucho más castigadas por las dificultades económicas que otras. Normalmente, donde se da una mayor tasa de paro es donde las familias más sufren. No hace falta que citemos nombres propios, a la vista del detalle que proporciona el INE.

Dificultades económicas de los hogares por CCAA. Año 2013
Porcentajes

	No puede permitirse ir de vacaciones fuera de casa al menos una semana al año	No tiene capacidad para afrontar gastos imprevistos	Retrasos en los pagos relacionados con la vivienda principal	Mucha dificultad para llegar a fin de mes
Total	45,8	41,0	9,3	16,9
Andalucía	57,4	55,0	11,7	23,4
Aragón	34,5	29,8	9,3	12,9
Asturias, Principado de	34,9	26,6	4,6	7,1
Balears, Illes	44,4	42,5	17,2	18,0
Canarias	54,8	64,1	15,1	16,6
Cantabria	51,4	30,9	5,3	16,5
Castilla y León	40,4	24,7	3,2	8,6
Castilla - La Mancha	50,0	37,8	11,2	19,3
Cataluña	41,9	37,7	8,0	13,9
Comunitat Valenciana	50,8	41,6	11,6	19,9
Extremadura	53,4	47,3	7,7	20,8
Galicia	57,1	38,5	5,5	16,6
Madrid, Comunidad de	33,7	37,7	7,9	16,2
Murcia, Región de	63,6	53,3	19,8	24,9
Navarra, Comunidad Foral de	29,6	24,3	2,8	4,7
País Vasco	26,0	24,2	5,0	12,3
Rioja, La	40,1	33,4	8,2	13,4
Ceuta	50,0	63,6	19,5	30,0
Melilla	35,0	47,3	13,2	15,3

Pero es necesario relacionar España con el contexto europeo en relación al paro juvenil. Alemania y Austria nos sirven de ejemplo.

Una circunstancia central es que los dos países miman la formación profesional. Hemos de saber darle más estatus a la FP. Los alumnos formados por esa vía pueden acceder perfectamente a los estudios universitarios. La ventaja de una FP como Dios manda es la formación dual. Si se quiere, con ello volvemos la vista atrás y surge la legendaria figura del aprendiz. ¡Grandes empresarios, excelentes artesanos, fenomenales profesionales!, los surgidos de aquellos aprendices o botones de oficina. Personas profundamente conocedoras de su oficio, sin secretos para ellos. Madera de incansables trabajadores y con unas escalas de valores edificantes.

Y es cierto que también se habrá de replantear nuestro sistema universitario. Tal vez, nuestras carreras, no digo todas pero sí algunas, adolecen de falta de empatía con el mundo que nos rodea. La relación universidad-empresa o empresa-universidad, a veces, es más una evocación ilusa que una realidad práctica. Sería bueno que los planes de estudios de algunas carreras se rediseñaran entre cátedros y empresarios. Quede constancia de que en absoluto estamos abogando por la mercantilización de la universidad. ¡Nada más lejos de la realidad, por Dios! Hemos de saber encajar los conocimientos y habilidades de nuestros universitarios con las necesidades del mundo empresarial. Se ha de ser consciente de las necesidades formativas transversales de nuestros jóvenes así como de las necesidades sectoriales. Lancemos breves reflexiones sobre ese particular.

Una de las ideas es que es inconcebible que un universitario —o un estudiante de ciclo superior de FP— no sepa idiomas. Los más demandados son inglés, alemán y francés. No perdamos de vista los vinculados a las economías emergentes: chino, desde luego; ruso; portugués y japonés. Japón, pese a todos sus males, por ejemplo, sólo tiene poco más del 3 % de paro.

Es impensable asimismo que un joven no tenga formación en informática, que no sepa más o menos sobre las tecnologías de la información y no domine, también más o menos, el mundo de las comunicaciones y de internet.

El problema central, por tanto, es cómo se atiende el necesario reciclaje para combatir el paro juvenil y el paro de los adultos: el 67 % de los llamados «ni-ni» apenas tienen estudios de primaria. Entre adultos y jóvenes hay que reciclar a trabajadores desempleados, y promover que cuenten con el título de ESO y que tengan cuando menos una polivalencia.

Respecto a la propia formación universitaria, hay que insistir en que las carreras atiendan más las necesidades del mercado. El objetivo debe ser el de proporcionar más instrumentos para nuestros jóvenes. España ofrece perspectivas actualmente en una serie de sectores con potencial desarrollo. El agroalimentario es uno de ellos, con la agricultura —muchas posibilidades de futuro— y todo aquello que suene a innovación en industria alimentaria y producción integrada.

Una faceta determinante es la comercial. Hemos analizado los datos del sector exterior, y su importancia cada vez mayor en el conjunto de la economía española. España necesita expertos en comercio exterior e internacionalización de las empresas, con dominio de idiomas, de fiscalidad y legislación internacional. Además, las empresas necesitan asesoramiento para afrontar la internacionalización y para incrementar las ventas en el exterior. De una cosa a otra sin solución de continuidad porque, en concreto, está en alza la demanda de analista financiero que conozca el mercado fuera de España desde el punto de vista fiscal, legal y económico.

Y, sin embargo, hay un sector que parece ya desaparecido en el duro combate de la crisis y que sigue siendo de futuro: el de la construcción. ¿Cómo es eso? Porque se entra actualmente en las posibilidades ligadas a los programas de rehabilitación y mantenimiento y a las nuevas exigencias legales de certificación energética. Si se piensa en que algunas grandes empresas, ante la falta de demanda interna, han optado por la internacionalización, se abren las puertas del mundo.

Me sorprendo con lo que me explican en las escuelas y facultades de Arquitectura e Ingeniería. El sector de la construcción, aseguran, no tiene buenas perspectivas, pero hay algunas ocupaciones destacables gracias a las nuevas formas, a innovadores materiales y a las modernas tecnologías. Verbigracia, el futuro es también para los instaladores especializados en domótica y energías renovables, para los profesionales del diseño de arquitectura urbana sostenible —hoy que está tan en boga la idea de Smart City— y para los expertos en gestión de calidad medioambiental.

En otros sectores, la adaptación de la formación al mercado ha sido mayor. Es el caso de todo lo relacionado con la salud, con la mejora de la calidad de vida y la atención a personas mayores y dependientes. Y otro sector donde los planes de estudios se han hecho a imagen y semejanza de sus auténticas necesidades es el del turismo y la hostelería, donde se reclama formación en calidad y atención al público. En un país con un componente turístico tan importante, como es el caso de España, los estudios de turismo se adecuan al mundo real. ¿España como la Florida de Europa? Si ésta sería una baza ganadora, ¿qué hay de malo? Que sea aquí donde vivan e ingresen sus rentas aquellos europeos seniors que decidan establecerse en nuestro suelo y que aquí sea donde consuman. Eso sí, que no salga el responsable de Hacienda de turno y empiece a acorralar a los jubilados que den el paso de residir aquí o a acosar a los españoles que retornen a la patria.

Más necesidades que, si no colman hoy las carreras, sí lo hacen los cursos de máster y posgrado. Es el caso de la logística comercial, la gestión del transporte y del almacenaje.

Con la reflexión sobre ese elevado paro juvenil, y el paro, en general, en España, aparece el debate sobre el contrato único. Al margen de la polémica que suscita, es impepinable que si no se crea más empleo indefinido, visto el problema que tenemos con la precariedad y la temporalidad, parece claro que alguna medida se debería tomar.

¿Qué es ese algo que impide esos contratos indefinidos? Unas indemnizaciones muy costosas el día que se rompe una relación laboral, que atemorizan al empresario normal y corriente, es decir, al de la pyme, es decir al 99 % de nuestro empresariado, consciente de que no podrán hacer frente, a diferencia de las grandes empresas, a las indemnizaciones. ¿Dónde está el problema, en la indemnización o en la contratación? ¿El impedimento es el sueldo o todos los aditivos que engordan el coste laboral con una seguridad social muy alta, unos gravámenes fiscales excesivos sobre el factor trabajo?

Aunque tampoco hay que descartar que se opta más por la contratación temporal que por la indefinida por una causa fundamental: incertidumbres ante un futuro enigmático. Esa falta de fe económica, por más que se nos hable de un mañana esplendoroso, retrae mucho a la hora de contratar personal con carácter indefinido.

Porque, ¿son un pecado los *minijobs*, esos puestos de trabajo a tiempo parcial que muchos defienden y otros demonizan? El caso de Alemania, con todos los pros y contras que aparecen en el debate público, es aleccionador.

Cuando llegó al gobierno la canciller Angela Merkel, en 2005, se encontró con una Alemania que sufría un paro bastante elevado. En la tabla en la que aparece la evolución de la tasa de desempleo de 2002 a 2013 de los países europeos y otros, se ve como Alemania cargaba con un paro del 11,3 % en 2005 y, por ejemplo, España del 9,2 %.

Se pusieron en marcha entonces los *minijobs* germanos. Sin duda, como habitualmente solemos decir, el influjo de los Mundiales de fútbol de 2006 significó un empuje de primer orden para la economía teutona. E indudable es que las políticas de la señora Merkel han contraído el paro a unos niveles muy bajos. No digamos el caso de Austria. Y todo un referente, hablando de paro, es Japón.

Tasas de paro desde 2002 hasta 2013 en la UE

	2002	2003	2004	2005	2006	2007	2008	2009	2010	2011	2012	2013
UE28	9.0	9.1	9.3	9.0	8.2	7.2	7.0	9.0	9.6	9.6	10.4	10.8
Zona euro	8.5	9.0	9.2	9.1	8.4	7.5	7.6	9.5	10.1	10.1	11.3	12.0
Bélgica	7.5	8.2	8.4	8.5	8.3	7.5	7.0	7.9	8.3	7.2	7.6	8.4
Bulgaria	18.2	13.7	12.1	10.1	9.0	6.9	5.6	6.8	10.3	11.3	12.3	13.0
República Checa	7.3	7.8	8.3	7.9	7.1	5.3	4.4	6.7	7.3	6.7	7.0	7.0
Dinamarca	4.6	5.4	5.5	4.8	3.9	3.8	3.5	6.0	7.5	7.6	7.5	7.0
Alemania	8.7	9.8	10.5	11.3	10.3	8.7	7.5	7.8	7.1	5.9	5.5	5.3
Estonia	11.2	10.3	10.1	8.0	5.9	4.6	5.5	13.5	16.7	12.3	10.0	8.6
Irlanda	4.5	4.6	4.5	4.4	4.5	4.7	6.4	12.0	13.9	14.7	14.7	13.1
Grecia	10.3	9.7	10.5	9.9	8.9	8.3	7.7	9.5	12.6	17.7	24.3	27.3
España	11.5	11.5	11.0	9.2	8.5	8.2	11.3	17.9	19.9	21.4	24.8	26.1
Francia	8.3	8.6	8.9	8.9	8.9	8.0	7.5	9.1	9.3	9.2	9.8	10.3
Croacia	15.1	14.1	13.8	12.8	11.4	9.6	8.4	9.1	11.8	13.5	15.9	17.2
Italia	8.5	8.4	8.0	7.7	6.8	6.1	6.7	7.8	8.4	8.4	10.7	12.2
Chipre	3.5	4.1	4.6	5.3	4.6	3.9	3.7	5.4	6.3	7.9	11.9	15.9
Letonia	12.5	11.6	11.7	10.0	7.0	6.1	7.7	17.5	19.5	16.2	15.0	11.9
Lituania	13.9	12.6	11.6	8.5	5.8	4.3	5.8	13.8	17.8	15.4	13.4	11.8
Luxemburgo	2.6	3.8	5.0	4.6	4.6	4.2	4.9	5.1	4.6	4.8	5.1	5.8
Hungría	5.6	5.8	6.1	7.2	7.5	7.4	7.8	10.0	11.2	10.9	10.9	10.2
Malta	7.4	7.7	7.2	6.9	6.9	6.5	6.0	6.9	6.9	6.5	6.4	6.5
Holanda	3.1	4.2	5.1	5.3	4.4	3.6	3.1	3.7	4.5	4.4	5.3	6.7
Austria	4.2	4.3	4.9	5.2	4.8	4.4	3.8	4.8	4.4	4.2	4.3	4.9
Polonia	20.0	19.8	19.1	17.9	13.9	9.6	7.1	8.1	9.7	9.7	10.1	10.3
Portugal	5.7	7.1	7.5	8.6	8.6	8.9	8.5	10.6	12.0	12.9	15.9	16.5
Rumania	7.5	6.8	8.0	7.2	7.3	6.4	5.8	6.9	7.3	7.4	7.0	7.3
Eslovenia	6.3	6.7	6.3	6.5	6.0	4.9	4.4	5.9	7.3	8.2	8.9	10.1
Eslovaquia	18.8	17.7	18.4	16.4	13.5	11.2	9.6	12.1	14.5	13.7	14.0	14.2
Finlandia	9.1	9.0	8.8	8.4	7.7	6.9	6.4	8.2	8.4	7.8	7.7	8.2
Suecia	6.0	6.6	7.4	7.7	7.1	6.1	6.2	8.3	8.6	7.8	8.0	8.0
Reino Unido	5.1	5.0	4.7	4.8	5.4	5.3	5.6	7.6	7.8	8.0	7.9	7.5
Turquía	:	:	:	9.2	8.7	8.8	9.7	12.5	10.7	8.8	8.1	8.7
Noruega	3.7	4.2	4.3	4.5	3.4	2.5	2.5	3.2	3.6	3.3	3.2	3.5
Japón	5.4	5.3	4.7	4.4	4.1	3.9	4.0	5.1	5.1	4.6	4.3	4.0
Estados Unidos	5.8	6.0	5.5	5.1	4.6	4.6	5.8	9.3	9.6	8.9	8.1	7.4

: Dato no obtenido

¿Puede establecerse un salario mínimo para nuestros jóvenes? De inmediato brota la defensa a ultranza del salario mínimo interprofesional; claro. No obstante, hemos de pensar en que los jóvenes se deben formar y nuestras empresas deben también esforzarse en ello. Si no se opta por esa vía, se podría pensar en unas bajas cotizaciones sociales a cargo de la empresa durante los primeros años, pero de verdad, no la mera retórica del BOE. También se debería pensar en una mejora de la fiscalidad, vinculada a la puesta en marcha de empleo juvenil.

¿Y qué sucede con el llamado históricamente como diálogo social? ¿Es ése el problema? ¿Responden los acuerdos o desacuerdos entre los agentes sociales a las necesidades del mundo real encarnado por nuestras pymes?

Porque existen alternativas. La mejora de los períodos de prueba, por ejemplo, evitando el efecto escalón: cuando un joven apunta bien, se cumple el contrato y los riesgos de hacerlo indefinido por culpa de la indemnización recomiendan hacerlo fijo en plantilla.

Con todo, lo que sí es palmario es que haya mucha más estabilidad y seguridad por encima de tanta medida coyuntural. España se enfrenta semanalmente a lo que aprobará el Consejo de Ministros. Semana nueva, leyes nuevas. Y donde se decía una cosa, se enmienda la plana. Y así, con tanta inestabilidad que dinamita la seguridad jurídica, difícilmente se podrá avanzar.

La deuda de las familias, ingresos y salarios

Las familias arrastran una pesada losa, que es la deuda, la que han acumulado a lo largo de los últimos años. ¿Es posible una pujante reanimación del consumo y de la demanda en 2015 considerando la deuda de familias y hogares —también la de las empresas— y la pérdida de poder adquisitivo de los salarios? La crisis penetra así en su vertiente más social.

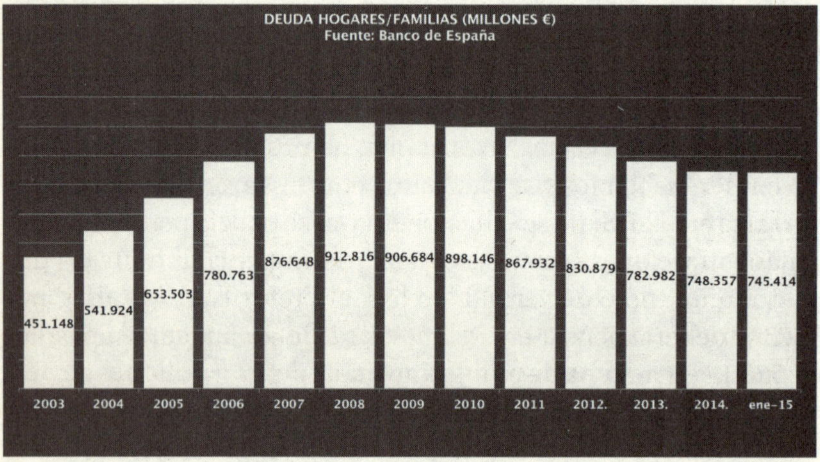

Una de las interpretaciones de la crisis financiera cabe identificarla con un desproporcionado aumento de la deuda, que ha socavado la solvencia empresarial y también la de las familias. Eso es lo que sucedió a partir de 2003 y 2004. En 2008 la deuda de hogares y familias doblaba con creces a la existente en 2003, y en 2009 persistía ese endeudamiento gracias al empuje inmobiliario y al tirón del crédito.

Crecía el PIB español, pero en buena manera lo hacía sustentado sobre las bases de un endeudamiento creciente que alcanzaba cotas arriesgadas. El proceso de desendeudamiento se inicia de forma progresiva y pausadamente, por culpa de las adversas circunstancias, a partir de 2011.

Hoy, el recorte de la deuda, a la vista del espinoso escenario económico, es complicado para las familias, porque sufren la embestida de la crisis en forma de paro, devaluaciones salariales y falta de oportunidades laborales.

No caben discusiones, en el caso de las familias, acerca de que la tradicional vocación inversora en la adquisición de la primera residencia empujó a elevar los niveles de deuda por encima de los existentes en otros países europeos, donde no está tan arraigada una cultura de la vivienda en propiedad y se opta por un domicilio en régimen de alquiler.

La pregunta es si las familias podrán descargarse de tanta y tanta deuda en un periodo corto o a medio plazo. Los más optimistas consideran que el endeudamiento familiar ya vuelve a estar en niveles similares a los de antes de la crisis. Pero eso depende de cómo se observe ese fenómeno.

Con mucho esfuerzo y sacrificio se ha conseguido que la deuda familiar está ahora por debajo de la de 2006 y por encima de la de 2005. Eso sería, en efecto, tiempos de precrisis si bien con alguna que otra diferencia sustancial. En aquellos años el paro estaba en torno al 8 %, el número de afiliados a la Seguridad Social aumentaba y en 2007 sobrepasaba holgadamente la barrera de los 19 millones de cotizantes, con más de 20,4 millones de personas trabajando y 1,9 millones de desempleados.

Era una época en la que todo crecía: PIB, empleo, salarios, gasto y ¡deuda! Hoy, por el contrario, los crecimientos son datos macroeconómicos y todo hijo de vecino padece los efectos, las secuelas y las incertidumbres de estos tiempos nuevos. Antes, divisábamos el futuro y ahora, oteamos unas neblinas más o menos despejadas, aunque nadie se atreve —salvo embaucadores a sueldo y aquellos que viven de servirse de los demás que no de servir a los demás— a firmar, sancionar y rubricar que el mañana será un camino de rosas y que de repente florecerán aquellos árboles de antaño. Y es que la realidad es otra. Contamos con una población activa ocupada al cierre de 2014 de 17,5 millones de personas; los parados suman 5,5 millones; en marzo de 2015 el número de afiliados a la Seguridad Social era de 16,7 millones... Nuestras vidas se han encarecido, los salarios se han recortado, los presupuestos familiares se han ajustado y el dinero que entra en nuestros hogares, cuando lo hace, es menos que el de antes.

Así que el *cash flow* económico de nuestros endeudados hogares, en un gran número de casos, se ha deteriorado. Amigo, rumiará usted en este instante, ¿y qué demonios pinta aquí el *cash flow* económico? Se trata de tener una referencia. Ya sabe usted que el *cash flow* económico es el dinero que hipotéticamente sobra en una empresa tras cobrar todos los ingresos y pagar todos los gastos pagables, porque hay algunos como las amortizaciones y las provisiones que no se pagan y por tanto suman *cash flow* económico. Si trasladamos esa magnitud de las finanzas a nuestras familias, no hace falta ser un magnífico sabueso para percatarse de que su *cash flow* económico ha disminuido. Es un cúmulo de detalles que lo delatan.

Fíjese cuando le inviten a una casa. Fisgonee por sus rincones. Visite los baños. Observe la potencia de las bombillas. Interésese por el tapizado de los muebles. Ponga atención en los electrodomésticos, de marca, que igual llevan ya varios meses sin funcionar y aunque sigan en la casa están más como pieza de museo que no como artilugio funcional y de utilidad.

Menores sueldos o simplemente sueldos que no entran en casa porque no hay trabajo o porque alguno de los miembros de la familia ha emigrado. Gastos que se han ido ajustando a base de sacrificios y podar eso y lo otro, el gimnasio, la cena semanal con los amigos, el regalo de la tía, la escapadita de fin de semana, el viaje del verano, el cambio de coche, y seguimos con el mismo mobiliario en casa que cuando nos casamos —hace 35 años— porque el tresillo que los papás nos regalaron, o acaso era de los abuelos, es único e irrepetible, ¡y ya no se hacen sofás así!

Por suerte, muchos de nosotros estamos en activo, ocupados, trabajando e ingresando a fin de mes. Desgraciadamente, en España de los 18.362.000 hogares existentes al despedir el año

2014, los que tenían a todos sus miembros activos en paro ascendían a 1.766.300. También hay que destacar que los hogares en los que todos sus miembros activos estaban ocupados sumaban 9.110.100. Al terminar el primer trimestre de 2015, son 1.793.600 los hogares con todos sus miembros en paro sobre un número total de hogares en España de 18.363.520.

Nuestros salarios, por regla general, son bajos, y hay que incidir en ello. Con los datos que ofrece el INE, correspondientes a 2012, el ingreso medio anual por persona en euros en España es modesto. Lo que ofrece apenas da para consumir lo justo y casi, en determinados casos, bienes y servicios de primera necesidad. El margen para el ahorro, es, por tanto, muy pequeño, y eso nos crea la gran duda de si será posible que la deuda acumulada se puede devolver.

Ingreso medio anual neto por persona. (ECV-2013).

Euros	
País Vasco	14.312
Navarra, Comunidad Foral de	13.608
Madrid, Comunidad de	12.823
Cataluña	12.111
Aragón	12.022
Asturias, Principado de	11.211
Castilla y León	10.760
Rioja, La	10.686
TOTAL	10.531
Balears, Illes	10.386
Galicia	10.106
Cantabria	9.843
Comunitat Valenciana	9.375
Canarias	8.513
Castilla - La Mancha	8.425
Andalucía	8.408
Murcia, Región de	8.253
Extremadura	8.224
Ceuta	9.336
Melilla	11.313

Los ingresos están referidos a 2012

A falta de que durante 2015 el INE nos indique cómo quedan configurados los ingresos medios por hogar, entre 2008 y 2012 se asiste a una caída importante, bajando de 30.045 euros anuales en 2008 a 26.775 euros al año en 2012. La pérdida es del 11 % en ese quinquenio.

Evolución de los ingresos medio por hogar
Euros

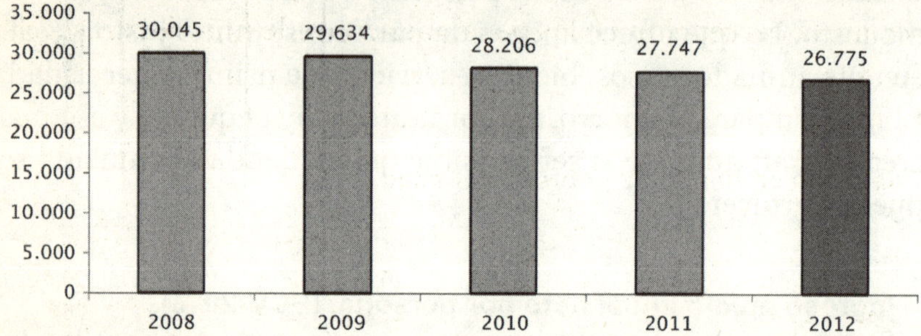

Si de lo que se trata es de comparar la renta anual neta media, publicada por el INE, entre 2009 y 2013, se ratifica esa marcha atrás que los ingresos medios por hogar ya dejan entrever.

RENTA ANUAL NETA MEDIA (EUROS) POR HOGAR, SEGÚN SEXO DE LA PERSONA DE REFERENCIA. NUEVA SERIE (2009-2013)[1]
(% RENTA PERSONA REFERENCIA MUJER/ HOMBRE)

	2013	2012	2011	2010	2009
MUJERES	24.361	25.781	25.311	26.783	27.026
HOMBRES	28.434	29.119	30.189	31.593	32.066
% RENTA PERSONA REFERENCIA MUJER/HOMBRE	**85,7**	**88,5**	**83,8**	**84,8**	**84,3**

NOTA: LOS DATOS DE LA RENTA ANUAL NETA MEDIA SE REFIEREN AL AÑO ANTERIOR AL DE LA ENCUESTA

(1) SERIE CON LA NUEVA METODOLOGÍA ADOPTADA EN EL AÑO 2013

FUENTE: ENCUESTA DE CONDICIONES DE VIDA. INE

Lo alarmante de los datos conocidos gracias al INE reside en las cifras del umbral de pobreza, que van cayendo. En 2013, se establece en 8.114 euros para el hogar unipersonal y en 17.040 para un hogar formado por dos adultos y dos niños.

Umbral de riesgo de pobreza
Euros

	2009	2010	2011	2012	2013
Hogares de una persona	8.877	8.763	8.358	8.321	8.114
Hogares de 2 adultos y 2 niños	18.641	18.402	17.551	17.473	17.040

El problema consecuente es que la población española que se halla en riesgo de pobreza alcanza a una quinta parte. Como se ve, el panorama parece más despejado entre nuestros mayores, porque la percepción de las pensiones concede una cierta estabilidad.

Población en riesgo de pobreza por edad
Porcentajes

	2009	2010	2011	2012	2013
TOTAL	20,4	20,7	20,6	20,8	20,4
Menos de 16 años	28,9	28,8	27,2	26,9	26,7
16 y más años	18,8	19,2	19,4	19,7	19,2
De 16 a 64 años	17,5	18,6	19,3	20,9	20,8
65 y más años	23,8	21,8	19,8	14,8	12,7

Es necesario adentrarse en el interior de las familias. Lo que vemos es que su principal fuente de ingresos es la concerniente a la remuneración de los asalariados. Si nos fijamos en el cálculo de la renta nacional que ofrece el INE se infiere la evolución seguida en el capítulo de salarios. Entre 1999 y 2008 la remuneración de los asalariados va creciendo al calor de la favorable evolución económica.

De año en año, todos vamos a más, y lo que se logra es ese añorado mayor gasto por consumo y más inversiones, aunque con el punto negativo de la deuda. En 2009 se produce un parón en esa tendencia alcista o, mejor dicho, un frenazo al descender la remuneración de los asalariados a 549.867 millones de euros, cuando en 2008 alcanzó su cenit con 560.517 millones.

En 2010, la tónica contractiva persiste y en los años siguientes la caída es bastante pronunciada. Por ende, los ingresos de las familias han sufrido un recorte importante.

No es ésa la única rúbrica de nuestra renta nacional que se

contrae porque el excedente de explotación bruto, en el que se encuentra la remuneración de la actividad empresarial, empeora a partir de 2009, si bien parece ir remontando posiciones en los años más recientes. En cuanto a las rentas netas de la propiedad, donde se acomodan las rentas del capital, sufrieron un deterioro que luego se compensa.

Entre una cosa y otra, la renta nacional bruta en España, que iba creciendo hasta 2008, inicia su caída a partir de 2009. En la última fila del cuadro del INE se observa cómo la renta nacional disponible neta por habitante se ha reducido de los 19.492 euros de 2009 a los actuales 18.171 euros.

Las familias, en consecuencia, se ven golpeadas por lo que es una menor renta que dificulta atender en condiciones normales sus compromisos de gasto y los pagos periódicos de sus obligaciones.

Tomando como referencia la remuneración de los asalariados en términos globales, ascendieron en España durante 2014 a 498.942 millones de euros, algo más que los 492.270 millones del año 2013, pero menos que los 503.260 millones de 2012, por debajo de los 532.770 millones de 2011 y a una distancia considerable de 2010, cuando la remuneración de los asalariados fue de 542.334 millones y no digamos de años previos como en 2008, cuya cuantía se elevó a 560.517 millones de euros.

Escudriñando la evolución de la remuneración de los asalariados entre 2005 y 2013, es decir, desde los tiempos precrisis a los de crisis, se advierte la subida y bajada en el sector agrícola, ganadero y pesquero, el fuelle de la industria hasta 2008 y cómo a partir de 2009 se produce un descenso cada vez más acusado y la erosión salarial en la construcción.

Dentro de los servicios es en comercio, transporte y hostelería donde más se reducen las remuneraciones y, en cambio, en los otros subsectores, con énfasis en información y comunicaciones, la caída es más suave.

REMUNERACIÓN DE LOS ASALARIADOS EN MILLONES DE EUROS										
RAMAS DE ACTIVIDAD	2004	2005	2006	2007	2008	2009	2010	2011	2012	2013
AGRICULTURA, GANADERÍA, SILVICULTURA Y PESCA	3.950	4.118	4.297	4.551	4.524	4.509	4.887	4.949	4.344	4.307
INDUSTRIA	81.558	85.702	89.969	94.952	98.692	90.111	89.608	88.296	84.751	82.304
CONSTRUCCIÓN	46.640	52.601	58.799	63.744	63.694	54.305	46.896	39.424	31.578	27.617
SERVICIOS	279.172	301.623	328.087	359.309	392.867	400.248	400.084	399.210	381.236	376.025
- Comercio transporte y hosteleria	93.033	100.020	107.393	117.692	130.000	129.054	128.055	129.606	123.822	119.645
- Información y comunicaciones	16.564	17.708	19.129	20.422	19.776	20.403	21.086	21.624	20.641	20.370
- Actividades financieras y de seguros	17.784	18.921	20.448	22.313	23.286	23.113	22.862	22.380	21.228	21.447
- Actividades inmobiliarias	2.703	3.206	3.852	4.354	5.021	4.187	4.359	4.384	4.389	4.064
- Actividades profesionales	29.825	33.318	38.350	43.288	49.520	49.051	48.837	48.581	47.380	45.918
- Administración pública, sanidad y educación	98.850	106.667	115.410	126.223	137.689	146.207	146.555	144.617	136.382	136.648
- Actividades artísticas, recreativas y otros servicios	20.413	21.783	23.505	25.017	27.575	28.233	28.330	28.018	27.394	27.933
TOTAL	411.320	444.044	481.152	522.556	559.777	549.173	541.475	531.879	501.909	490.253

El empleo total, con nuestra economía en plena efervescencia, superaba perfectamente la cota de los 22 millones de personas en 2007 y 2008. Vista esa actividad laboral desde la perspectiva de 2015, ¡cuán lejos nos hallamos de volver a aquellos años de esplendor!

Es indudable que tal y como están las cosas, ni a corto ni a medio plazo seremos capaces de hacerlo. Por ello pueden sorprender los mensajes que alientan que todo se recuperará de una forma más o menos acelerada.

En agricultura, ganadería, silvicultura y pesca se han perdido empleos, pero las alarmas saltan en la industria y la construcción. Ahí están más o menos esos 3 millones de puestos de trabajo perdidos y que no se confía en recuperar bajo condiciones normales. Ahí hay un buen número de personas de baja cualificación, mayores de cuarenta y cinco años, expulsados del mercado laboral y para quienes no sabemos ver la luz al final del túnel. Es nuestro paro estructural. La rémora con la que hay que apechugar. Y otra fuga de trabajo corresponde a comercio, transporte y hostelería, que hasta 2013 va perdiendo empleo en forma de goteo incesante.

EMPLEO TOTAL: RAMAS DE ACTIVIDAD. Miles personas	2004	2005	2006	2007	2008	2009	2010	2011	2012	2013
AGRICULTURA, GANADERÍA, SILVICULTURA Y PESCA	977,4	950,5	899,9	873,7	837,8	797,5	803,4	774,9	754,5	744,8
INDUSTRIA	3.082,7	3.093,0	3.066,4	3.022,0	2.993,6	2.647,8	2.548,7	2.474,7	2.346,4	2.242,8
CONSTRUCCIÓN	2.259,6	2.426,0	2.585,1	2.724,3	2.403,4	1.859,3	1.616,6	1.378,0	1.125,0	991,0
SERVICIOS	13.449,9	14.131,4	14.935,3	15.550,8	15.926,8	15.506,8	15.370,1	15.200,5	14.813,6	14.624,1
– Comercio transporte y hostelería	5.359,6	5.580,4	5.824,6	6.154,9	6.237,2	5.926,2	5.810,2	5.773,8	5.564,9	5.490,0
– Información y comunicaciones	414,7	439,4	471,5	473,5	488,1	485,6	473,6	481,8	470,5	460,0
– Actividades financieras y de seguros	376,1	383,0	397,3	412,3	419,6	414,4	405,2	392,3	380,5	369,5
– Actividades inmobiliarias	165,1	182,8	212,1	221,6	235,1	206,0	199,1	191,5	189,5	186,5
– Actividades profesionales	1.679,8	1.840,6	2.053,9	2.185,9	2.344,1	2.244,9	2.210,9	2.173,6	2.124,0	2.096,7
– Administración pública, sanidad y educación	3.420,0	3.566,8	3.739,0	3.828,1	3.938,9	4.000,3	4.074,7	4.076,7	4.025,4	3.930,1
– Actividades artísticas, recreativas y otros servicios	2.034,6	2.138,4	2.236,9	2.274,5	2.263,8	2.229,4	2.196,4	2.110,8	2.058,8	2.091,3
TOTAL	**19.769,6**	**20.600,9**	**21.486,7**	**22.170,8**	**22.161,6**	**20.811,4**	**20.338,8**	**19.828,1**	**19.039,5**	**18.602,7**

Se resiente especialmente el empleo asalariado de la pérdida de puestos de trabajo, en concreto agricultura y ganadería, así como industria y construcción.

EMPLEO ASALARIADO: RAMAS DE ACTIVIDAD. Miles personas	2004	2005	2006	2007	2008	2009	2010	2011	2012	2013
AGRICULTURA, GANADERÍA, SILVICULTURA Y PESCA	447,9	447,1	440,7	448,1	427,7	421,3	444,7	434,1	415,5	410,7
INDUSTRIA	2.944,5	2.962,0	2.931,9	2.885,0	2.848,1	2.526,1	2.441,8	2.371,2	2.237,6	2.140,0
CONSTRUCCIÓN	1.946,9	2.119,4	2.272,6	2.412,9	2.143,8	1.640,5	1.409,6	1.203,1	957,6	833,7
SERVICIOS	11.419,5	12.050,8	12.803,2	13.404,8	13.793,7	13.478,2	13.386,4	13.226,1	12.832,0	12.608,3
– Comercio transporte y hosteleria	4.030	4.234	4.468	4.811	4.914	4.691	4.606	4.579	4.365	4.279
– Información y comunicaciones	375,9	401,3	433,3	440,0	458,6	457,8	450,4	455,3	447,0	437,1
– Actividades financieras y de seguros	351,2	357,9	371,1	384,9	392,0	387,2	377,7	364,3	352,1	340,6
– Actividades inmobiliarias	111,6	128,5	152,5	161,0	172,8	146,3	143,6	144,5	147,1	140,3
– Actividades profesionales	1.392,7	1.535,4	1.726,4	1.834,2	1.989,3	1.907,5	1.883,1	1.844,1	1.808,5	1.777,7
– Administración pública, sanidad y educación	3.323,3	3.463,5	3.629,7	3.726,9	3.840,9	3.903,1	3.972,5	3.975,5	3.923,3	3.823,8
– Actividades artísticas, recreativas y otros servicios	1.834,4	1.930,2	2.022,3	2.047,0	2.025,8	1.985,0	1.952,7	1.863,7	1.788,7	1.809,7
TOTAL	**16.758,8**	**17.579,3**	**18.448,4**	**19.150,8**	**19.213,3**	**18.066,1**	**17.682,5**	**17.234,5**	**16.442,7**	**15.992,7**

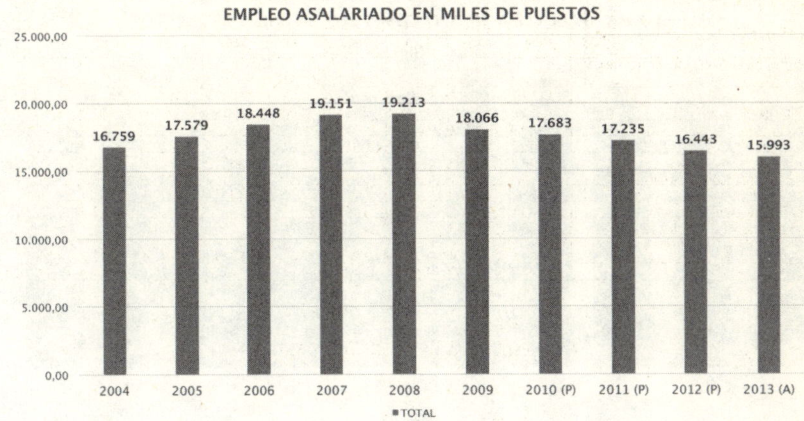

Tal y como señalan magníficos economistas, tal vez la peor lección en materia de empleo sea la pérdida de puestos de trabajo a tiempo completo, costosa de digerir. Tanto en 2007 como en 2008 estábamos con más de 19,8 millones de puestos a tiempo completo y en 2013 hemos caído a 16,3 millones. Éste es el durísimo envite en que nos hallamos. Aquí es donde la construcción muestra toda la crudeza de su pérdida de trabajo. Y, en cierto modo, la industria, aunque de forma menos dolorosa. Y el comercio, el transporte y la hostelería. Puestos de trabajo que han desaparecido y no sabemos si para siempre...

EMPLEO EQUIVALENTE A TIEMPO COMPLETO: RAMAS DE ACTIVIDAD. Miles de puestos	2004	2005	2006	2007	2008	2009	2010	2011	2012	2013
AGRICULTURA, GANADERÍA, SILVICULTURA Y PESCA	896,8	871,8	823,8	805,0	775,2	742,0	747,1	720,0	698,4	692,2
INDUSTRIA	3.021,1	3.014,2	2.968,4	2.922,7	2.894,3	2.562,0	2.485,7	2.408,6	2.273,4	2.169,3
CONSTRUCCIÓN	2.223,9	2.379,9	2.519,6	2.648,5	2.336,4	1.830,0	1.574,1	1.334,8	1.083,6	950,7
SERVICIOS	11.727,6	12.247,5	12.880,8	13.436,2	13.843,9	13.508,1	13.341,2	13.221,9	12.846,5	12.538,6
- Comercio transporte y hosteleria	4.962,5	5.128,3	5.311,1	5.616,9	5.719,6	5.429,0	5.336,2	5.280,7	5.067,5	4.961,6
- Información y comunicaciones	395,4	415,6	443,3	444,3	459,1	458,4	451,9	457,9	447,2	434,4
- Actividades financieras y de seguros	363,3	369,7	383,0	396,1	404,3	397,5	391,0	378,0	367,9	356,7
- Actividades inmobiliarias	146,2	161,3	186,3	195,0	208,4	187,7	184,4	175,1	172,0	163,8
- Actividades profesionales	1.488,3	1.616,3	1.791,0	1.905,1	2.049,0	1.984,1	1.947,9	1.908,0	1.853,7	1.795,3
- Administración pública, sanidad y educación	3.231,8	3.356,4	3.503,8	3.586,9	3.687,8	3.746,0	3.753,3	3.765,5	3.691,1	3.588,0
- Actividades artísticas, recreativas y otros servicios	1.140,1	1.199,9	1.262,3	1.291,9	1.315,7	1.305,4	1.276,5	1.256,7	1.247,1	1.238,8
TOTAL	17.869,4	18.513,4	19.192,6	19.812,4	19.849,8	18.642,1	18.148,1	17.685,3	16.901,9	16.350,8

Lo que no se puede recuperar es el número de horas no trabajadas. La pérdida de puestos de trabajo conlleva un brutal descenso del número de horas trabajadas, de 36.518.637 en 2008 a 30.497.487 en 2013.

HORAS TOTALES POR RAMAS DE ACTIVIDAD. MILES DE HORAS	2004	2005	2006	2007	2008	2009	2010	2011	2012	2013
AGRICULTURA, GANADERÍA, SILVICULTURA Y PESCA	1.877.530	1.818.675	1.721.510	1.674.442	1.607.890	1.538.008	1.530.281	1.495.309	1.463.745	1.436.837
INDUSTRIA	5.544.476	5.514.205	5.436.359	5.346.578	5.334.608	4.726.643	4.635.489	4.515.144	4.257.598	4.073.180
CONSTRUCCIÓN	4.378.552	4.695.269	4.970.558	5.212.207	4.627.164	3.622.068	3.128.324	2.669.958	2.133.285	1.877.292
SERVICIOS	21.236.003	22.111.132	23.229.863	24.025.341	24.948.977	24.484.062	24.297.222	24.179.854	23.548.774	23.110.179
- Comercio transporte y hosteleria	9.495.287	9.774.939	10.131.979	10.625.482	10.925.316	10.401.961	10.288.193	10.183.030	9.802.073	9.647.934
- Información y comunicaciones	710.604	741.069	785.387	780.994	808.626	817.820	809.273	831.249	811.929	795.177
- Actividades financieras y de seguros	629.489	641.263	665.424	687.148	703.847	687.746	679.952	662.055	649.658	623.258
- Actividades inmobiliarias	264.009	293.746	337.115	351.400	377.794	339.849	336.983	340.426	327.547	313.048
- Actividades profesionales	2.751.998	2.975.579	3.277.332	3.462.599	3.745.290	3.627.163	3.581.989	3.526.528	3.411.998	3.314.424
- Administración pública, sanidad y educación	5.270.529	5.469.888	5.717.729	5.764.575	5.965.995	6.173.953	6.214.094	6.260.200	6.192.060	6.061.346
- Actividades artísticas, recreativas y otros servicios	2.114.088	2.214.648	2.314.898	2.353.143	2.422.107	2.435.571	2.386.739	2.376.367	2.353.510	2.354.993
TOTAL	33.036.560	34.139.282	35.358.290	36.258.568	36.518.637	34.370.781	33.591.317	32.860.264	31.403.402	30.497.487

Salarios a la baja y descenso del consumo

Las diferencias con otros países se notan de una forma muy clara si se comparan los salarios. Y eso es lo más doloroso. Porque están más cercanos a los salarios de los países del sur de Europa, y no a los del norte, con los que nos llegamos a comparar en los años previos a la crisis. Es muy fácil de ilustrar gráficamente si observamos los salarios mínimos interprofesionales (SMI) en Europa para 2015, con datos proporcionados por Eurostat.

En España, con 757 euros de SMI estamos por debajo de Eslovenia, ligeramente por encima de Malta, no muy alejados de Grecia, sin grandes distancias respecto a Portugal. Por debajo de nosotros vendría, por así decirlo, la Europa dura, la peleona que ha abrazado más o menos recientemente la plenitud europea tras haber superado décadas muy conflictivas, con sus economías muy intervenidas o más bien públicas y bajo control soviético.

Salen de aquel infierno —permítaseme la expresión— y lo hacen con el entusiasmo de saber que entran en una Europa teóricamente libre e hipotéticamente abierta a toda suerte de libertades. Trabajo duro y niveles de vida distintos a los nuestros, con poderes adquisitivos diferentes, aunque el euro prácticamente se convierte en la moneda de referencia para todos. Esfuerzo y tesón para escalar posiciones, con el sector de la industria tirando y con una mano de obra a precios asequibles. Salario mínimo, pues, en niveles bajos.

La otra Europa, a la que nos sentimos más próximos, está en París, en Bruselas, en Londres, en Berlín, en Amsterdam, en Luxemburgo. Ésa es la Europa —otra vez, disculpas por el vocablo— de pedigrí. Es la que marca el estilo típicamente europeo. La de los Campos Elíseos, la de la City... Pues sí, estamos emocionalmente cercanos a esa, nuestra Europa y, sin embargo, lejos de ella en asuntos salariales. Si de salarios mínimos hablamos, el nuestro, el español, representa, en números redondos, la mitad del francés, del irlandés, del alemán, del holandés, y del belga y casi del inglés, sin llegar al 40 % del luxemburgués. Ésa es la realidad que debemos aceptar para comenzar a remontar.

SALARIOS MÍNIMOS EN LOS ESTADOS MIMEBROS DE LA UNIÓN EUROPEA, A 1 DE ENERO DE 2015 (en euros por mes)

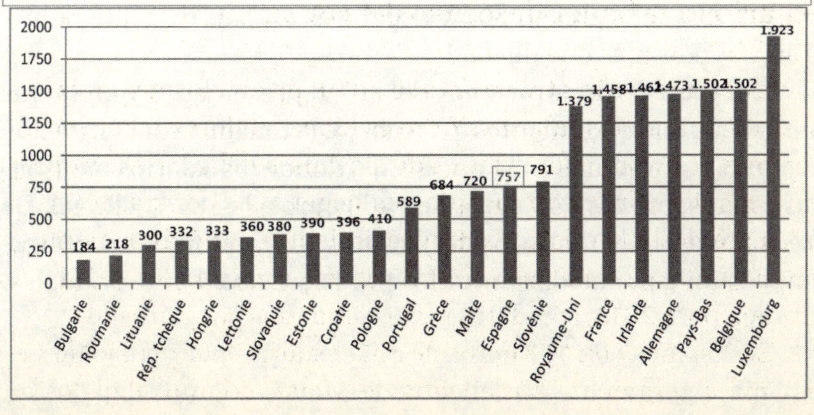

En 2013, la realidad salarial de Europa señalaba que España está más hacia la mitad de la tabla que no donde quisiéramos estar. Nuestro salario medio es de 1.634 euros, mientras que en Europa es de 1.972 euros. Dinamarca está en cabeza y después ese elenco de países que sí constituyen el núcleo duro de Europa, desde Luxemburgo hasta Reino Unido, pasando por Finlandia, Irlanda, Alemania, Francia... Luego, vienen los otros países europeos cuyos salarios ya están por debajo de los 1.000 euros mensuales.

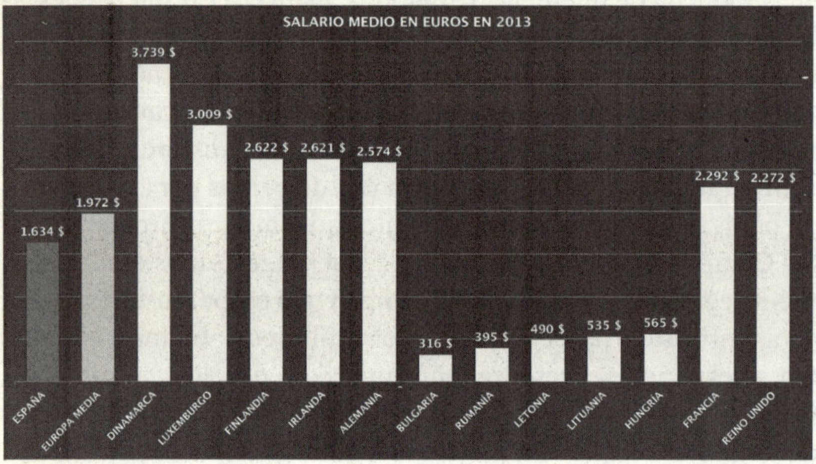

Si hacemos caso a los datos que publica la Agencia Tributaria (AEAT) relativos al Impuesto sobre la Renta de las Personas Físicas (IRPF) del ejercicio 2013, España es un país de gente pobre. Tal cual. Por más que duela. Lo siento.

Del total de declaraciones del IRPF presentadas y en lo que respecta a los rendimientos del trabajo, la máxima concentración de rentas se produce en la parte baja, donde los salarios mensuales están sobre los 645 euros, los 968 euros, los 1.291 euros... De hecho, más del 80 % de los declarantes por rendimientos del trabajo están con sueldos entre los 9.034 y 31.620 euros anuales.

SALARIO ANUAL €	SALARIO MENSUAL €	NÚMERO ASALARIADOS
9.034,20	645,30	5.752.040
13.551,20	967,94	2.109.804
18.068,40	1.290,60	1.981.641
22.585,50	1.613,25	2.224.493
27.102,60	1.935,90	1.762.320
31.619,70	2.258,55	1.250.515
36.136,80	2.581,20	984.453
40.653,90	2.903,85	760.957
45.171,00	3.226,50	566.891
67.757,00	4.839,79	356.983
90.342 Y >	6.453,00	721.985

Las dificultades económicas han hecho bajar el número de asalariados en España según la AEAT, de 19,3 millones en 2007 a 16,7 millones en 2013. Desde luego, es mucho lo que queda por delante para recuperar posiciones de antaño.

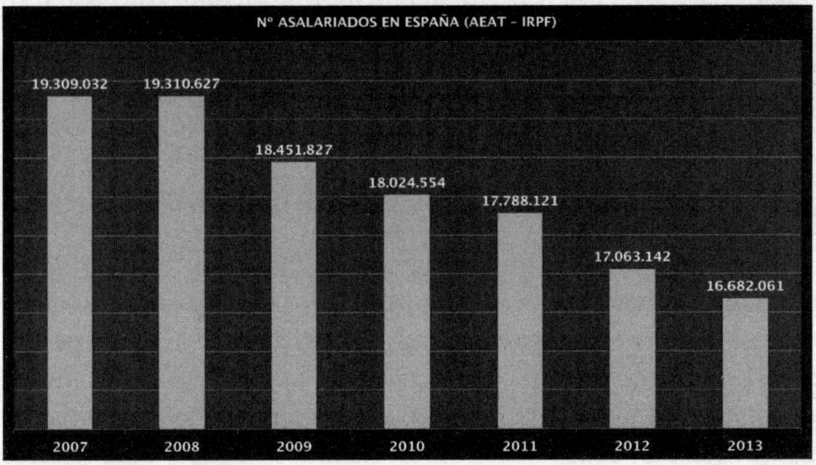

Todo ello redunda en que si el sueldo medio bruto anual, según datos de nuestra Hacienda, de 2007 a 2010 iba en aumento, pasando de 18.087 euros a 19.113 euros, a partir de 2011 se inicia una fase de descenso que lleva a que en 2013 el sueldo medio caiga a 18.505 euros, por debajo del de 2008.

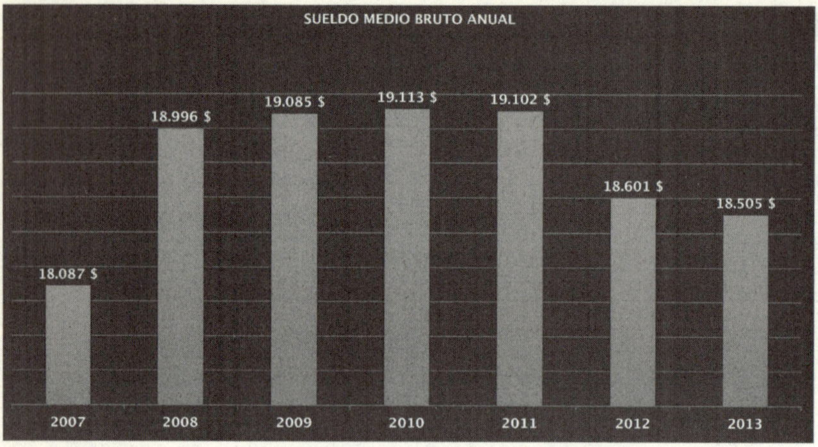

Proseguiríamos con esa danza maldita de caídas remunerativas que afectan a quien más y a quien menos, en mayor o menor medida. Esos menores ingresos con los que en definitiva cuentan las familias pasan factura al gasto medio de los hogares. Si entra menos dinero en casa, entonces nos hemos de apretar el cinturón. Los primeros contratiempos a la hora de gastar los empezamos a notar en 2009. Hasta entonces, partiendo de 2006, nuestro gasto medio por hogar se aupaba de los 30.562 euros anuales a los 32.000 en 2007.

En 2008 podríamos decir que se daba una especie de ajuste técnico, al contraerse el gasto a 31.711 euros. Pero en 2009 el retroceso del gasto es significativo: 30.187 euros. A partir de ese año se va dando un goteo continuo a la baja en lo tocante a nuestro gasto. Los 29.435 euros de 2010 se reducen a 29.130 euros de 2011, caen en prácticamente 1.000 euros en 2012 y en 2013 nos encontramos con un gasto medio por hogar de 27.098 euros. Por tanto, si comparamos entre 2007 y 2013 la contracción del consumo familiar estamos hablando de 4.902 euros de ajuste, lo que supone más de un 15 % en comparación con aquel año. Es muy sustancial.

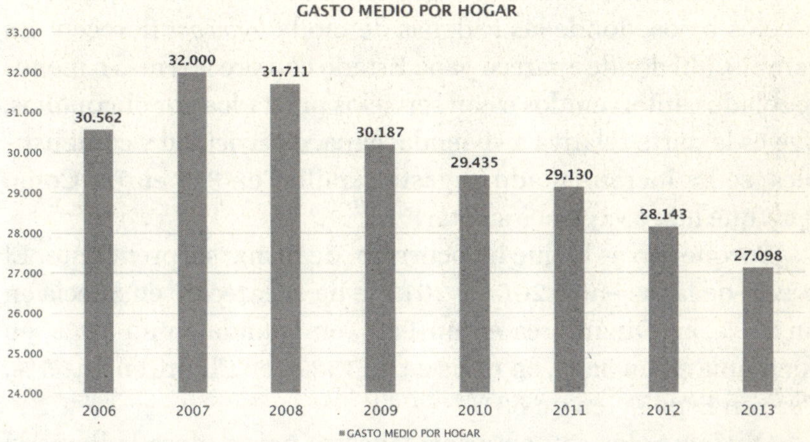

¿Qué ha ocurrido entre 2008 y 2013 en el gasto medio por hogar? ¿Cómo ha variado? ¿En qué rúbricas nos hemos apretado el cinturón? Las respuestas a estos interrogantes nos las proporcionan los datos del INE.

Gasto medio por hogar, variación anual y diferencia absoluta. Años 2008 y 2013

Grupos de gasto	Gasto medio por hogar (euros)			
	Año 2008	Año 2013	Diferencia absoluta (euros)	Tasa de variación
TOTAL	31.711	27.098	-4.613	-14,5
1. Alimentos y bebidas no alcohólicas	4.577	4.098	-479	-10,5
2. Bebidas alcohólicas y tabaco	613	534	-79	-12,9
3. Vestido y calzado	1.943	1.348	-595	-30,6
4. Vivienda, agua, electricidad y combustibles	8.645	8.964	319	3,7
5. Mobiliario y otros gastos de la vivienda	1.644	1.147	-497	-30,2
6. Salud	1.009	870	-139	-13,8
7. Transportes	4.343	3.121	-1.222	-28,1
8. Comunicaciones	968	823	-145	-15,0
9. Ocio, espectáculos y cultura	2.181	1.537	-644	-29,5
10. Enseñanza	295	361	66	22,3
11. Hoteles, cafés y restaurantes	3.076	2.251	-825	-26,8
12. Otros bienes y servicios	2.417	2.044	-373	-15,4

Hemos recortado 479 euros en alimentación y bebidas no alcohólicas y 79 euros en bebidas alcohólicas y tabaco. El consumo se resiente negativamente. En vestido y calzado también hemos llegado a ahorrar del orden de 595 euros. Fijémonos en la calle.

La competencia en ambos sectores se estrecha por la banda de los precios bajos, donde las cadenas de moda *low cost* florecen. En cambio, ahí donde aparece papá Estado con precios más o menos regulados, intervenidos o con servicios prestados por oligopolios, que es la parte relativa a vivienda, agua, electricidad y combustibles, se ha incrementado el gasto familiar en 319 euros. Como para que luego vayamos a votar.

Porque eso es lo que ha ocurrido, de forma sorprendente. El precio de la luz entre 2008 y 2013 se ha encarecido en Suecia en un 24 %, en Dinamarca en un 14 %, en Irlanda en un 30 %, en Alemania en un 36 %, en Italia en un 13 % y en Chipre en un 55 %. Pero en España ¡en un 63 %!

Obviamos los comentarios. Nuestro país padece la llamada pobreza energética que castiga a más de 4 millones de personas. En 2012 se cortó la luz a 1,4 millones de hogares. La miseria energética causa estragos sin que por el momento se resuelva una necesidad tan perentoria. Los crudos inviernos animan la compra de aquellos viejos esquijamas que proporcionan más calor, y evitan que se consuma más energía. Ésta es la España de 2014 y de 2015. Entre usted en una mercería de esas de toda la vida y pregunte por ese detalle que apunto.

Sigamos en ese relato sobre el ahorro. El mobiliario, como ya dijimos, sigue siendo el de siempre en casa. Ahorramos 497 euros. En salud también hemos ajustado 139 euros. Y evidentemente en transportes hacemos malabarismos con tal de ahorrarnos 1.222 euros. El apartado de comunicaciones se ha recortado en los presupuestos familiares en 145 euros y en lo referente al ocio, espectáculos y cultura, 644 euros.

No sucede lo mismo con la enseñanza —de nuevo, la larga sombra de precios donde el Estado sigue teniendo un papel—, en que destinamos 66 euros más ahora que en 2008. Donde el recorte del gasto hay que calificarlo de sublime, dando fe de que en épocas de crisis los viajes y las vacaciones se ajustan muchísimo, es en hoteles, cafés y restaurantes con 825 euros. Por último, en las otras cosas, en todo lo demás, hemos dejado de gastar 373 euros.

Lo que dejamos de gastar entre todos los hogares españoles es, a la postre, menos consumo. Con lo cual el círculo vicioso de la crisis se va retroalimentando. Gasto yo menos, facturas tú menos, ajustas tú gastos, me quedo yo sin empleo. Aunque, eso sí, papá Estado lo que no recauda por aquí lo cobra por allá. ¿Menos recaudación tributaria porque la actividad económica está anémica? Sin problemas. Retorcemos el pescuezo de los contribuyentes a base de inspecciones en las que interpretamos las normas legales a nuestra manera, y aquí paz y después gloria. Ni más ni menos.

Eso es lo que hay en estos momentos, aunque pueda ser duro describirlo, y, todavía más, asumirlo.

5

El estigma del paro y las dudas en las pensiones

La brecha del desempleo

A estas alturas de lo que llevamos de libro, decir que el gravísimo problema, y meollo nuclear, de España es el paro, desde luego, no es descubrir la sopa de ajo ni mucho menos. Con la falta de empleo se completa el triángulo maldito del que se hablaba anteriormente, junto con la falta de empuje del PIB, y el aún débil consumo interno. Si en 2014 hablábamos de la encrucijada de nuestra economía, en 2015, pese a que ya se adivine y se viva la primavera española, seguimos vislumbrando sombras. Y sombras más bien intrigantes.

La tasa de paro es brutal. En febrero de 2015, según datos de Eurostat, seguíamos encaramados en lo más alto del paro en Europa con una tasa del 23,2 %, sólo superados por Grecia. Hay una brecha tremenda respecto a los demás países europeos por más o menos tocados que estén algunos de ellos. Si en Italia las críticas a su economía son enormes, la tasa de desempleo es del 12,7 %. Si en Portugal reina la angustia, su paro es del 14,1 %. Si en Francia se subleva el pueblo, el desempleo es del 10,6 %. Para no repasar los datos de los demás países europeos, fijémonos en la Unión Europea con un paro en enero de 2015 del 9,8 % y en la azarosa zona euro con el 11,3 %

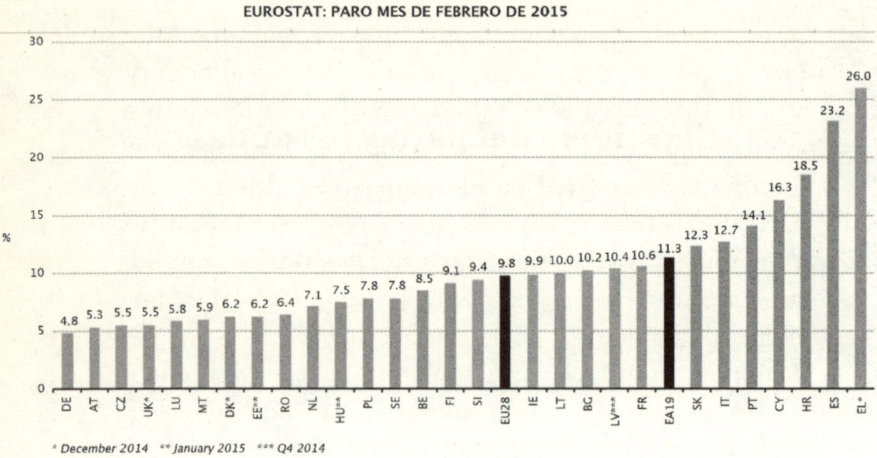

Los datos de la EPA correspondientes al primer trimestre de 2015, por más que se disfracen alegando aquello de que estamos menos mal en comparación con años anteriores, cayeron, en abril de 2015, como un jarro de agua fría y confirman el desastre de la gestión económico-política de España y de sus comunidades autónomas. Aquí, como diría aquél, no se salva ni el apuntador. Baja el número de ocupados, situándose en 17.454.800 personas y apenas se reduce el número de parados, que se cifra en 5.444.600 desempleados. Quien ose decir que la recuperación ya está aquí con ese panorama tan sombrío, una de dos: o es un perfecto ignorante o miente como un bellaco. Fijemos la atención otra vez en el número de ocupados y de parados en estos últimos años, y en su fatal evolución.

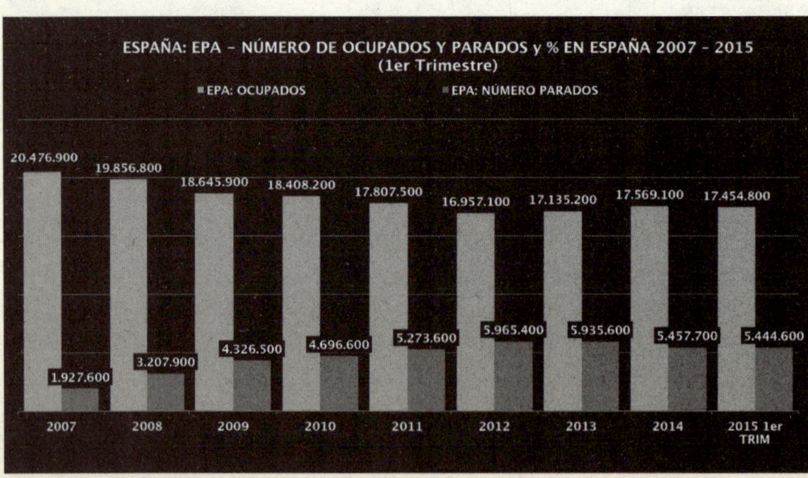

O se ataja esta hemorragia del paro o España no saldrá adelante. Y lo que se plantea, en primer lugar, es saber si nuestros gobernantes, los de Madrid, y los ejecutivos de las comunidades autónomas, han actuado realmente sobre ello. No, señor. Preocupados por sus asuntos de índole interna, los dineros que van de acá para allá, el recurrente y «tú más», los desesperantes estados de la nación y las altas finanzas internacionales, con los datos macroeconómicos como bandera —que siguen siendo en cuanto al déficit y a la deuda pública, sendas calamidades—, la Audiencia Nacional y los juzgados..., aquí nadie ha encarado con diligencia la lacra del paro. Y, como siempre, hay que partir de la realidad que ofrecen los datos, en este caso de Eurostat, sobre el paro en Europa.

Si al concluir el mes de febrero de 2015, la zona euro acumulaba 18,2 millones de parados, España, con sus 5,3 millones, suponía un peso del 29 %, con lo cual los 18 Estados restantes de la eurozona asumían el restante 71 % del paro. Una barbaridad. Si el paro total de los 28 Estados miembros de la UE alcanzaba, el 28 de febrero de 2015, los 23,9 millones de personas, España, con los 5,3 millones indicados, absorbía el 22,3 % del total. Demencial. Son datos insólitos y que reflejan bien a las claras la cara amarga de nuestra economía.

Pero, para no compararnos con ninguna otra potencia europea, hagámoslo con Estados Unidos, a pesar de las críticas que pueda levantar. En un país tan enorme, de costa a costa, de sur a norte, de las playas de Florida a las Rocosas, de California a Chicago, hay 8.680.000 parados con 319 millones de habitantes.

Si en los Estados Unidos de América, con sus 319 millones de habitantes, tiene 8.680.000 parados, España, con nuestros 46.507.760 habitantes tiene 5.326.000 parados.

eurostat

Paro Estacionalmene ajustado

	Tasa (%)					Número de personas (millones)				
	Feb 14	Nov 14	Dec 14	Jan 15	Feb 15	Feb 14	Nov 14	Dec 14	Jan 15	Feb 15
EA19	11.8	11.5	11.4	11.4	**11.3**	18 847	18 532	18 345	18 253	**18 204**
EU28	10.5	10.0	9.9	9.9	**9.8**	25 434	24 343	24 075	23 978	**23 887**
Belgium	8.4	8.6	8.5	8.5	**8.5**	416	428	425	425	**426**
Bulgaria	12.3	10.5	10.2	10.2	**10.2**	414	353	342	342	**342**
Czech Republic	6.5	5.8	5.7	5.6	**5.5**	345	310	304	300	**293**
Denmark[8]	7.0	6.4	6.2	6.2	**6.2**	201	188	181	183	**182**
Germany[7]	5.1	4.9	4.9	4.8	**4.8**	2 115	2 061	2 037	2 017	**2 002**
Estonia[8]	8.4**	6.5	6.3	6.2	:	57**	44	42	42	:
Ireland	12.1	10.4	10.1	10.0	**9.9**	260	222	217	214	**211**
Greece	27.3*	25.9	26.0	:	:	1 310*	1 234	1 233	:	:
Spain	25.2	23.7	23.6	23.4	**23.2**	5 772	5 451	5 431	5 380	**5 326**
France	10.1	10.5	10.5	10.6	**10.6**	2 975	3 094	3 109	3 114	**3 116**
Croatia	17.3	18.1	18.3	18.5	**18.5**	322	342	346	352	**353**
Italy	12.5	13.2	12.7	12.6	**12.7**	3 174	3 396	3 239	3 217	**3 240**
Cyprus	15.6	16.6	16.4	16.2	**16.3**	67	73	72	71	**71**
Latvia[5]	11.5***	10.4	10.4	:	:	117***	102	102	:	:
Lithuania	11.3	10.1	10.0	9.8	**10.0**	167	149	147	144	**146**
Luxembourg	6.0	5.8	5.9	5.8	**5.8**	15	15	15	15	**15**
Hungary[8]	8.1**	7.3	7.3	7.5	:	359**	325	328	336	:
Malta	6.0	6.1	6.1	6.1	**5.9**	11	12	12	12	**11**
Netherlands[7]	7.9	7.1	7.2	7.2	**7.1**	699	635	643	645	**633**
Austria[7]	5.6	5.6	5.6	5.4	**5.3**	244	246	245	237	**232**
Poland	9.8	8.3	8.2	8.0	**7.8**	1 716	1 449	1 422	1 394	**1 367**
Portugal[8]	14.9	13.5	13.6	13.8	**14.1**	767	694	698	708	**720**
Romania	7.0	6.7	6.6	6.5	**6.4**	644	620	609	607	**598**
Slovenia	10.1	9.5	9.4	9.4	**9.4**	102	95	95	95	**95**
Slovakia	13.8	12.5	12.4	12.4	**12.3**	374	342	340	339	**337**
Finland[7]	8.4	9.0	9.0	9.0	**9.1**	224	242	242	242	**244**
Sweden[7]	8.0	7.8	7.8	7.8	**7.8**	414	408	409	409	**410**
United Kingdom[8]	7.1*	5.6	5.5	:	:	2 295*	1 816	1 800	:	:
Iceland[7]	5.2	4.6	4.5	4.5	**4.4**	10	9	9	9	**8**
Norway[8]	3.4**	3.7	3.8	3.9	:	99**	102	105	109	:
United States	6.7	5.8	5.6	5.7	**5.5**	10 342	9 109	8 703	8 887	**8 680**

: Data not available   * December 2014   ** January 2014   *** Q4 2013

Nuestro paro tiene un claro componente estructural a la vista de la evolución de estos últimos años. Por más que la EPA —la Encuesta de Población Activa— nos vaya indicando algún que otro atisbo reconfortante, la situación es embarazosa. Piénsese que la EPA rezuma en ocasiones un sutil optimismo ya que se consideran ocupados a las personas de dieciséis o más años que durante la semana de referencia, en la que se lleva a cabo la encuesta, hayan estado trabajando durante al menos una hora a cambio de una retribución dineraria o en especie.

A finales de abril de 2015, Eurostat publica el detalle de las regiones europeas con menos y más paro en 2014. Panorama descorazonador, patada donde duele para España. De las 10 regiones con paro más elevado en toda Europa, las cinco primeras son españolas: Andalucía (34,8 %), Canarias (32,4 %), Ceuta (31,9 %), Extremadura (29,8 %) y Castilla-La Mancha (29 %). Tétrica estadística. Datos desalentadores. La octava región es Melilla con un paro del 28,4 % en 2014. Las cuatro regiones restantes son griegas.

Por el contrario, las regiones con menos paro de Europa son Praga, en Chequia —precisamente en mayo de 2014 dábamos una conferencia en la bella Praga, con lo cual siempre me acompañará la duda de si a raíz de mi intervención Praga se aúpa a la excelente plaza de menor paro en Europa o realmente mi charla no fue necesaria porque los amigos checos ya lo estaban haciendo muy bien—, Oberbayern, Tübingen, Oberpfalz, Niederbayern, Unterfranken, Freiburg, Schwaben, Trier, Stuttgart y Mittelfranken. Ni que decir que esas nueves regiones son alemanas.

Regiones europeas con las tasas de paro más altas y más bajas en 2014

Total					
Más bajas			Más altas		
1=	Praha (CZ)	2.5	1	Andalucía (ES)	34.8
	Oberbayern (DE)	2.5	2	Canarias (ES)	32.4
3	Tübingen (DE)	2.6	3	Ciudad Autónoma de Ceuta (ES)	31.9
4	Oberpfalz (DE)	2.7	4	Extremadura (ES)	29.8
5	Niederbayern (DE)	2.8	5	Castilla-la Mancha (ES)	29.0
6	Unterfranken (DE)	2.9	6=	Dytiki Ellada (EL)	28.7
7=	Freiburg (DE)	3.0		Kentriki Makedonia (EL)	28.7
	Schwaben (DE)	3.0	8	Ciudad Autónoma de Melilla (ES)	28.4
	Trier (DE)	3.0	9	Dytiki Makedonia (EL)	27.6
10=	Stuttgart (DE)	3.1	10	Attiki (EL)	27.3
	Mittelfranken (DE)	3.1			

Y si miramos la tasa de paro juvenil, la perspectiva es asimismo trepidante y conmovedora por lo que se refiere a nuestro país al tener un peso sobre el paro juvenil de la Europa del euro del 24,5 % y del 16,4 % en el conjunto de la UE.

eurostat

Paro juvenil (por debajo de los 25 años) ajustado estacionalmente

	Tasa (%)					Número de personas (millones)				
	Feb 14	Nov 14	Dec 14	Jan 15	Feb 15	Feb 14	Nov 14	Dec 14	Jan 15	Feb 15
EA19	24.0	23.3	23.0	22.9	**22.9**	3 475	3 345	3 283	3 256	**3 245**
EU28	22.9	21.5	21.2	21.1	**21.1**	5 344	4 976	4 883	4 862	**4 850**
Belgium	23.6	22.6	22.6	22.6	**22.6**	95	91	91	91	**91**
Bulgaria	25.9	23.2	23.0	23.4	**23.6**	54	44	43	44	**44**
Czech Republic	16.4	14.9	14.4	14.6	**14.8**	59	53	52	53	**54**
Denmark[8]	13.5	11.5	10.3	10.6	**10.2**	58	52	46	48	**46**
Germany[7]	7.9	7.4	7.3	7.3	**7.2**	336	311	308	305	**302**
Estonia[6]	15.4	13.9	15.7	13.9	:	9	8	8	8	:
Ireland	26.2	21.8	21.6	21.8	**21.6**	53	42	42	42	**42**
Greece	56.1	50.8	51.2	:	:	168	155	157	:	:
Spain	54.0	51.6	51.3	50.9	**50.7**	878	820	818	805	**795**
France	23.7	24.6	24.7	24.8	**24.7**	659	671	673	674	**671**
Croatia[6]	44.7	46.4	46.4	:	:	73	78	78	:	:
Italy	42.5	42.9	41.3	41.2	**42.6**	670	700	641	633	**644**
Cyprus[6]	37.6	34.2	34.2	:	:	16	15	15	:	:
Latvia[6]	20.1	19.4	19.4	:	:	18	16	16	:	:
Lithuania	20.7	18.5	18.4	18.2	**18.5**	27	24	24	24	**25**
Luxembourg	18.1	22.5	22.4	21.7	**21.7**	3	3	3	3	**3**
Hungary[8]	20.8	18.6	18.9	18.8	:	69	62	64	64	:
Malta	13.5	11.7	11.3	11.8	**11.8**	4	3	3	3	**3**
Netherlands[7]	13.8	11.9	11.8	11.7	**11.0**	192	165	164	164	**154**
Austria[7]	10.9	10.4	9.6	8.8	**9.0**	63	59	55	49	**50**
Poland	25.7	21.8	21.3	21.0	**20.8**	387	308	301	300	**298**
Portugal[8]	36.1	33.5	34.0	34.5	**35.0**	138	123	126	129	**133**
Romania[6]	24.7	23.6	23.6	:	:	164	159	159	:	:
Slovenia[6]	21.3	19.1	19.1	:	:	15	14	14	:	:
Slovakia	31.8	26.9	26.4	25.5	**24.9**	67	57	56	55	**54**
Finland[7]	20.1	20.9	21.1	21.2	**21.4**	67	69	70	70	**70**
Sweden[7]	23.0	22.3	22.2	22.2	**22.2**	154	148	147	147	**147**
United Kingdom[6]	18.8	16.0	15.9	:	:	847	720	716	:	:
Iceland[7]	9.9	9.6	9.4	9.2	**9.1**	3	3	3	3	**3**
Norway[8]	7.6	7.5	7.9	8.5	:	28	28	30	32	:

: Data not available

Si hemos examinado diversos aspectos sobre cómo van las cosas en España, estaremos de acuerdo en que gran parte del problema se debe al modelo económico-productivo. Dijimos no a la industria, nos deslocalizamos y nos desindustrializamos. No hubo visión de futuro. No supimos leer el día después. La caída en el peso de nuestra economía de la industria, que en los felices ochenta del siglo pasado estaba por encima del 30 % y hoy no llega al 16 %, se ha saldado con la pérdida de miles y miles puestos de trabajo. La construcción actuó de receptora. Hundida ésta, el paro es crónico, con un paro, como se apuntaba, estructural, que afecta especialmente a un porcentaje de la población de difícil reciclaje.

Porque si se especifica cuál es el problema, dentro del problema, se verá que lo verdaderamente preocupante es el elevado porcentaje de desempleados de larga duración. En el segundo trimestre de 2014 el 62,1 % de los desempleados llevaban un año ininterrumpido o más en paro y casi un 42,4 % llevaba 2 años o más. El desafío es enorme. ¿Qué hacer con todas esas personas? Por más datos estadísticos que manejemos, detrás de cada uno de esos desempleados se escribe una tragedia personal con todos sus riesgos. Para ellos y para sus familias. Hay que pelear por mejorar la inserción de los parados de larga duración, ya que su volumen se ha incrementado notablemente y las perspectivas económicas existentes en el corto plazo no permiten augurar un reingreso fácil al mercado laboral.

Una de las principales contrariedades estriba en el alto porcentaje de los desempleados con un nivel de cualificación bajo derivado del abandono escolar temprano. Antes se explicó con bastante detalle. Si tomamos como referencia la EPA del segundo trimestre de 2014, el 54,9 % de los desempleados no había superado más allá de la primera etapa de educación secundaria y el 11,7 % no tenía estudios secundarios. En 2015 estos datos perduran. Entre los desempleados menores de treinta años, el 52,9 % no había superado la primera etapa de educación secundaria y el 11,7 % no tenía estudios secundarios.

Así, los bajos niveles de cualificación están asociados con menores tasas de empleo, con mayores porcentajes de paro y de paro de larga duración, y con mayores dificultades de reincorporación al mercado de trabajo. Y eso se aprecia más cuando las circunstancias imponen un cambio en el sector de actividad o la ocupación. Es incontestable el reducido ritmo al que se produce la entrada en el empleo desde el paro o la inactividad. La cualificación y la preparación son imprescindibles.

Una de las consecuencias de ese panorama del desempleo es la fuga de nuestros jóvenes. Poco a poco se van yendo en busca de otros destinos que les deparen más oportunidades. No sabemos retenerlos y dentro de un tiempo purgaremos por ello. Pero el asunto, apreciado lector, no depende ni de usted ni de mí, sino de nuestros gobernantes y políticos. ¿Ponen empeño en arreglar el desaguisado?

	Jóvenes de 16 a 24 años			Tasa variación anual		
	Total	Española	Extranjera	Total – Porcentaje	Española – Porcentaje	Extranjera – Porcentaje
2014TII	4.046,1	3.430,1	502,1	-1,9	-0,1	-13,2
2014TI	4.054,0	3.519,7	534,3	-2,3	-0,6	-12,1
2013TIV	4.075,4	3.527,5	547,9	-2,4	-0,8	-11,6
2013TIII	4.096,2	3.532,1	564,2	-2,4	-1,5	-7,8
2013TII	4.126,2	3.547,8	578,4	-2,3	-1,7	-5,8
2013TI	4.150,0	3.542,3	607,7	-2,3	-2,7	0,2
2012TIV	4.175,9	3.556,0	619,9	-2,3	-2,9	1,6
2012TIII	4.196,7	3.584,5	612,1	-2,2	-1,9	-4,2
2012TII	4.223,7	3.609,8	613,9	-2,2	-1,8	-4,4
2012TI	4.248,1	3.641,9	606,2	-2,2	-1,6	-5,8
2011TIV	4.273,6	3.663,6	610,0	-2,2	-1,7	-5,1
2011TIII	4.293,2	3.654,2	639,0	-2,3	-2,3	-2,8
2011TII	4.317,7	3.675,4	642,3	-2,5	-2,1	-4,8
2011TI	4.342,7	3.699,4	643,2	-2,6	-1,8	-6,7

Nota: La población española incluye también las personas con doble nacionalidad.
Fuente: INE, EPA.

Insistamos otra vez más, paciente lector: una de las razones, o de los impedimentos para que se pudieran producir más contrataciones, son los altos costes laborales que deben soportar las empresas y que, de hecho, serían de los más elevados del mundo y de Europa. Son insostenibles. Por más reforma laboral que se haya emprendido en España, una verdadera reforma es aquella que crea empleo. En nuestro país, las cifras cantan y por el momento, con tímidas oscilaciones más bien coyunturales, la lacra del paro sigue anclada en cotas insoportables.

Si se afrontara una reforma de las cotizaciones sociales que rebajara esa carga de entre el 30 y el 35 % de coste de la cuota empresarial de la Seguridad Social por persona empleada, por ejemplo, a través de una bonificación durante un período de dos años de la cuota empresarial contratando a personas desempleadas que reunieran determinadas condiciones, el paro empezaría a experimentar un descenso, porque la realidad es que los empresarios no emplean a más trabajadores, además de la incertidumbre que se cierne sobre el futuro, por lo costoso de las cargas sociales.

En este sentido, conviene subrayar que los últimos gobiernos muestran una inacción deplorable. Por más reformas laborales que se pongan en marcha, hasta que no se aborde con conocimiento de causa por parte de nuestras autoridades económicas y atendiendo a la demanda del mundo empresarial, uno de los grandes frenos para la creación de empleo, que es el excesivo coste de la Seguridad Social, costará rescatar a millones de personas condenadas a la cola del desempleo.

Nuestro sistema productivo no es capaz de crear empleo en términos estructurales sino más bien de forma pasajera y temporal a pesar de las reformas laborales llevadas a cabo, con lo que se observa un problema de calidad de nuestro PIB. Mala es por definición una reforma laboral que no cree empleo y aún peor es la reforma que va echando cada vez más gente hacia las filas del paro, si bien parece ya detenida la hemorragia en estos momentos.

La productividad laboral hoy se está logrando, al establecer la relación entre ingresos y ventas/costes laborales, más por la reducción de estos últimos que no por una potenciación de mayores ingresos. Bajando sueldos, a corto plazo, se consigue, atendiendo a las leyes de la oferta y de la demanda, contar con mano de obra más barata. Y con eso se ha querido proyectar la idea de un aumento de la productividad. A medio plazo, sin embargo, se está incubando un movimiento social y obrero de descontento que no se constriñe a la simple mano de obra no cualificada —he aquí uno de los grandes hándicaps de nuestro sistema económico— y que irá tomando aires de revueltas, susceptibles de agitar protestas sociales incómodas. Es una realidad que parece no interesar a los gobiernos de turno.

Y es que hay una cuestión clara. Todo lo que ha sucedido no

resultará gratis. No es inocuo. Las previsiones del FMI constatan que el altísimo paro que sufre España no revertirá en los próximos años. De hecho, la firma PriceWaterhouseCoopers, en su informe *La economía española en 2033*, publicado a finales del año 2013, prevé que en 2033 nuestra tasa de paro sea del 16 %. Basándose en las proyecciones del INE de población y el escenario continuista de relación PIB/empleo, se estima que la población española en 2033 será de 43,7 millones de habitantes, con 37,9 millones de habitantes de dieciséis años y más, con una población activa inferior a la actual, que oscila en torno a 22 millones de personas. De ellas, 18,5 millones estarán ocupadas y el número de parados será de 3,5 millones, lo que representará un porcentaje del 16 %. La creación de empleo que entre 1976-2013 ha aumentado a un ritmo del 0,80 %, se retraerá al 0,51 % entre 2013-2033.

De ello, surge la idea de que el elemento crucial de la economía española será la composición del PIB, en el que el sector industrial tiene un peso liviano y, sin duda, se catapulta como un tractor determinante en la economía de un país tanto por su efecto locomotora como por los contingentes de mano de obra que moviliza, directa e indirecta así como inducida, la estabilidad del empleo, y cada vez con más y mejor cualificación. Es decir, en algún momento habrá que incentivar, promover, «localizar» industria en España, y no dejar nuestro futuro sólo en manos del sector servicios.

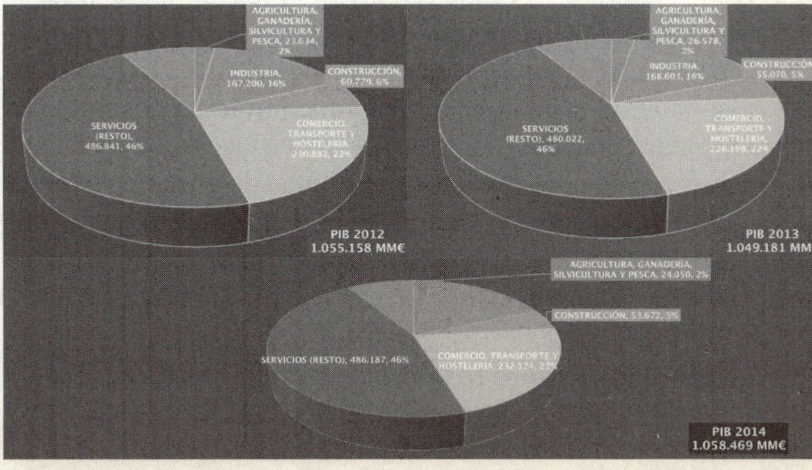

Una de aquellas noticias que no gusta nada oír es la que conocíamos durante 2014: ya hay más beneficiarios de ayuda asistencial que de paro. Si en 2008 la ayuda asistencial cubría a 646.186 personas, en 2014 llegaba a 1.562.872 frente a 1.187.202 de prestaciones contributivas —haber cotizado previamente—. Eso es síntoma de que la crisis permanece entre nosotros, que no se encuentra empleo, que se va dejando de percibir la prestación por desempleo, de que la llamada tasa de cobertura desciende.

Desindexación, pensiones y sostenibilidad

Todos los países europeos ya están sujetos a las directrices de la Comisión Europea. Es esa mal llamada cesión de soberanía, que también se puede entender como la construcción de un espacio político y fiscal que nos haga más fuertes como europeos en el concierto internacional. La cuestión es que la Comisión Europea ha marcado diversas pautas para que España estudie medidas adicionales que limiten la aplicación de la las cláusulas de indexación. Se entiende que éstas conllevan periódicos aumentos de los costes y consiguientemente del gasto público.

Sin ambages, se trata, pues, de implementar regulaciones que impongan un proceso de desindexación tal que favorezca la reducción del precio en el gasto, cuyos aumentos responden a una inercia. En concreto, se exigía que en 2013 se culminara la regulación del factor de sostenibilidad de las pensiones a fin de garantizar la estabilidad financiera a largo plazo del sistema de pensiones, posponiendo la edad de jubilación en función del aumento de la esperanza de vida. Entre 2007 y 2015 el gasto en pensiones ha crecido con fuerza, de 88.407 millones de euros en 2007 a 131.659 millones presupuestados para 2015, en tanto que el número de cotizantes a la Seguridad Social disminuye y el de pensionistas se incrementa.

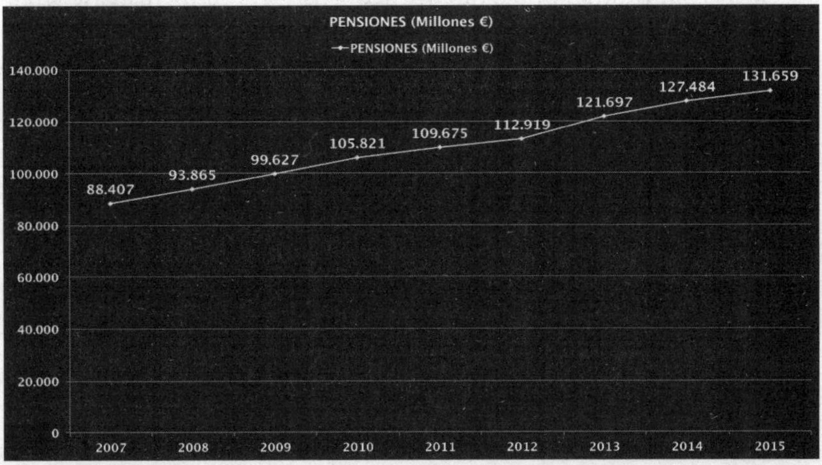

La esperanza de vida, hoy en día estimada en cerca de ochenta y seis años, lo que se traduce en que considerando una jubilación a los sesenta y siete años una persona vive 18,8 años más, cambia el panorama de un sistema de pensiones forjado cuando años atrás la esperanza de vida era muy inferior.

Las mejoras en nuestra calidad de vida hacen que de cara al futuro vivamos todavía más años, por lo que se dará un peso mayor de la población con más edad susceptible de romper la armonía del sistema de pensiones. Quienes hoy se jubilan y lo hagan en los próximos años, percibirán unas pensiones más altas que quienes les precedieron, por lo que el «efecto sustitución» acabaría resultando perjudicial para la sostenibilidad del sistema. Harina de otro costal será indefectiblemente el mayor coste de nuestro sistema sanitario para atender a una población envejecida. Por tanto, lo que se reclama es que esas pensiones dejen de indexarse con la subida del IPC, por ejemplo, y que se estudie alguna fórmula que permita que todos nosotros también podamos contar con pensiones en el futuro.

La ecuación a la que se debe hacer frente es complicada. Más paro, menos gente trabajando, menos cotizantes a la Seguridad Social, más quebraderos de cabeza para atender las pensiones con cada vez más pensionistas —que, en teoría, cobrarán más, porque los que acceden ahora, en general, han tenido mejores trabajos que los de generaciones anteriores, y han cotizado más, para cobrar ahora más—, bajo las coordenadas de un sistema de reparto en el que quienes cotizan sostienen a quienes están jubilados.

Es verdad que no es un aprieto que sólo afecte a España, sino a un gran número de países occidentales. Si dispusiéramos de un sistema de capitalización, entre público y privado, en el que cada cual fuera construyendo el ahorro para su mañana, las cosas serían radicalmente distintas. Hacia ese sistema habrá que ir pero, desde luego, hoy no toca, no es el momento con las penurias que atravesamos de implantar cambios e inventos en el planteamiento de las pensiones, porque todos nos mostramos ahora muy susceptibles y la coyuntura económica no ayuda para nada. A poco que las cosas se enderecen será cuando habrá que poner en marcha cambios. Pero de verdad, en serio, y buscando amplios consensos. El problema es de tanta envergadura que lo exige.

En 2007 y 2008 el número de afiliados a la Seguridad Social superaba los 19 millones, con lo cual la óptica sobre los cotizantes ofrecía otra lectura. Hoy, cuando en marzo de 2015 la media de cotizantes de este año está en 16,7 millones, afloran los desequilibrios.

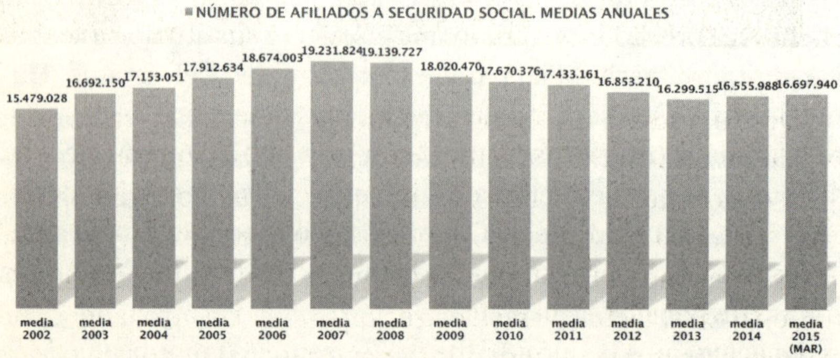

La más seria preocupación, a nuestro modo de ver, radica en la relación existente entre el número de afiliados al régimen de la Seguridad Social y el número de pensionistas, que en diciembre de 2007 era de 2,55 cotizantes por cada pensionista y en marzo de 2015 desciende a 1,99. No se presta la suficiente atención a eso, y es muy preocupante. A su vez, otro inconveniente lo representan las bases de cotización de quienes se hallan en activo y las pensiones devengadas por quienes se jubilan, como se apuntaba anteriormente. En el año 2008, el promedio de la pensión por jubilación era de 821,5 euros al mes. Paulatinamente, con la incorporación como pensionistas de cotizantes con bases elevadas se alcanzaban en julio de 2014 los 1.000,5 euros mensuales y en febrero de 2015 el promedio ya está en 1.158,09 euros. Se disparan, pues, con toda la lógica del mundo pensando en quienes han cotizado, las pensiones medias de jubilación.

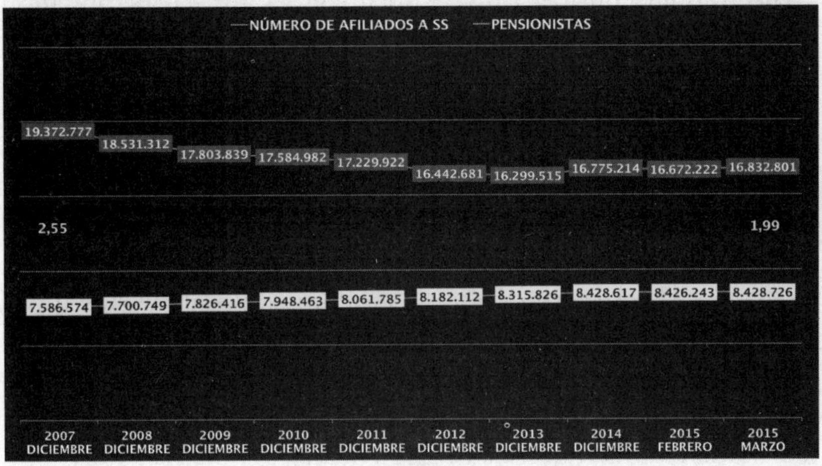

De ahí que sea necesario afrontar la reforma del sistema de pensiones aplicando un factor de sostenibilidad, tal y como propuso el comité de expertos en su informe elaborado durante 2013. De un lado, es preciso condicionar la revalorización anual de las pensiones a la marcha de las finanzas de la Seguridad Social, esto es, el factor de revalorización anual. De otro lado, se introduce el factor de equidad intergeneracional de forma que se calcule la pensión teniendo en cuenta la esperanza de vida. Así, a partir de 2014 prevalece en el sistema de pensiones un doble factor de sostenibilidad que responde a razones económicas y demográficas.

DOBLE FACTOR DE SOSTENIBILIDAD DE LAS PENSIONES

ECONÓMICO	DEMOGRÁFICO
• FACTOR DE REVALORIZACIÓN ANUAL (FRA) • SUBIDA O BAJADA DE PENSIONES SEGÚN LAS FINANZAS DE LA SEGURIDAD SOCIAL	• FACTOR DE EQUIDAD INTERGENERACIONAL (FEI) • CÁLCULO DE LA PENSIÓN INICIAL TENIENDO EN CUENTA LA ESPERANZA DE VIDA

El factor de actualización anual de las pensiones implica una serie de condiciones de proyección negativa. Así, la no aplicación del IPC reemplazándolo por una fórmula en la que la clave son los ingresos y los gastos del sistema para que la prestación sea al alza o a la baja. Otro elemento primordial es el número de pensionistas, junto con los efectos de nuevas pensiones más altas e igualmente la tasa media de inflación y, como se ha indicado, los ingresos y gastos de la seguridad social que afectarán a pensionistas actuales y futuros. No obstante, a modo de salvaguarda se establece una cláusula de protección para las actuales pensiones a fin de evitar en lo posible, se nos dice, la pérdida de capacidad adquisitiva pero no el recorte de la pensión.

La desindexación de las pensiones para 2014 y 2015 se ha plasmado en una raquítica revisión al alza del 0,25 %, que pese a su ridiculez gracias a la baja inflación, o inflación negativa o deflación, de momento atempera las complicaciones de nuestros jubilados. De momento...

El factor de equidad intergeneracional equivaldrá a un recorte de las nuevas pensiones atendiendo al aumento de la esperanza de vida, equivalente al 5 % cada 10 años, y se calcula de esta manera

$$\frac{\text{ESPERANZA DE VIDA A LOS 65 AÑOS (2014)}}{\text{ESPERANZA DE VIDA A LOS 65 AÑOS (AÑO JUBILACIÓN)}}$$

ESPERANZA DE VIDA A LOS 65 AÑOS (2014) **20,27 AÑOS**
--
---------------- = ------------------ = 0,94
ESPERANZA DE VIDA A LOS 65 AÑOS (JUBILACIÓN 2023) 21,56 AÑOS

Según, pues, el factor de equidad intergeneracional, las rebajas en las pensiones que se darán, tomando para ello tres variantes de jubilación —600 euros mensuales, 800 euros y 1.000 euros— serían las siguientes:

Año de jubilación	Jubilación de 600€	Rebaja de la pensión	Jubilación de 800€	Rebaja de la pensión	Jubilación de 1.000€	Rebaja de la pensión
2014	600,00	0,00	800,00	0,00	1.000,00	0,00
2015	595,80	-4,20	794,40	-5,60	993,00	-7,00
2016	591,60	-8,40	788,80	-11,20	986,00	-14,00
2017	587,40	-12,60	783,20	-16,80	979,00	-21,00
2018	583,20	-16,80	777,60	-22,40	972,00	-28,00
2019	579,00	-21,00	772,00	-28,00	965,00	-35,00
2020	**575,40**	**-24,60**	**767,20**	**-32,80**	**959,00**	**-41,00**
2021	571,20	-28,80	761,60	-38,40	952,00	-48,00
2022	567,60	-32,40	756,80	-43,20	946,00	-54,00
2023	564,00	-36,00	752,00	-48,00	940,00	-60,00
2024	560,40	-39,60	747,20	-52,80	934,00	-66,00
2025	556,80	-43,20	742,40	-57,60	928,00	-72,00
2026	553,20	-46,80	737,60	-62,40	922,00	-78,00
2027	549,60	-50,40	732,80	-67,20	916,00	-84,00
2028	546,60	-53,40	728,80	-71,20	911,00	-89,00
2029	543,00	-57,00	724,00	-76,00	905,00	-95,00
2030	**540,00**	**-60,00**	**720,00**	**-80,00**	**900,00**	**-100,00**

Año de jubilación	Jubilación de 600€	Rebaja de la pensión	Jubilación de 800€	Rebaja de la pensión	Jubilación de 1.000€	Rebaja de la pensión
2031	537,00	-63,00	716,00	-84,00	895,00	-105,00
2032	534,00	-66,00	712,00	-88,00	890,00	-110,00
2033	531,00	-69,00	708,00	-92,00	885,00	-115,00
2034	528,00	-72,00	704,00	-96,00	880,00	-120,00
2035	525,00	-75,00	700,00	-100,00	875,00	-125,00
2036	522,00	-78,00	696,00	-104,00	870,00	-130,00
2037	519,00	-81,00	692,00	-108,00	865,00	-135,00
2038	516,60	-83,40	688,80	-111,20	861,00	-139,00
2039	513,60	-86,40	684,80	-115,20	856,00	-144,00
2040	**511,20**	**-88,80**	**681,60**	**-118,40**	**852,00**	**-148,00**
2041	508,20	-91,80	677,60	-122,40	847,00	-153,00
2042	505,80	-94,20	674,40	-125,60	843,00	-157,00
2043	503,40	-96,60	671,20	-128,80	839,00	-161,00
2044	501,00	-99,00	668,00	-132,00	835,00	-165,00
2045	498,60	-101,40	664,80	-135,20	831,00	-169,00
2046	496,20	-103,80	661,60	-138,40	827,00	-173,00
2047	493,80	-106,20	658,40	-141,60	823,00	-177,00
2048	491,40	-108,60	655,20	-144,80	819,00	-181,00
2049	489,00	-111,00	652,00	-148,00	815,00	-185,00
2050	**487,20**	**-112,80**	**649,60**	**-150,40**	**812,00**	**-188,00**
2051	484,80	-115,20	646,40	-153,60	808,00	-192,00

Conviene no perder de vista otras consideraciones acerca de las pensiones, como la situación del fondo de reserva para las pensiones, que si al acabar 2011 ascendía a 66.815 millones de euros, concentrado en demasía en la inversión en deuda pública española con el 95,72 % de la inversión global, suponiendo un riesgo excesivo, al concluir 2014 se reduce a 41.634 millones de euros, y el 100 % está invertido ahora en deuda pública.

¡Ah de aquel que insinúe algo sobre la quita de nuestra deuda pública! Los planes de pensiones privados van ganando terreno mientras que las más que razonables dudas acerca de la sostenibilidad de nuestro sistema público de pensiones nos asaltan. Una cosa que sí se evidencia es que desde finales de 2011 hasta finales de 2014 se han vaciado 25.181 millones de euros de la hucha de nuestras pensiones.

FONDO DE RESERVA DE LAS PENSIONES	
AÑO	MILLONES €
2000	604
2001	2.433
2002	6.169
2003	12.025
2004	19.330
2005	27.185
2006	35.879
2007	45.716
2008	57.223
2009	60.022
2010	64.375
2011	66.815
2012	63.008
2013	53.744
2014	41.634

Otro contratiempo para nuestro sistema de la Seguridad Social viene dado por el saldo deficitario con el que está cerrando durante estos últimos ejercicios. Desde 2012 —¿será casualidad o no que sea justo desde esa fecha?— sus cuentas arrojan pérdidas que si en 2012 se elevaron a 10.171 millones de euros, en 2013 fueron de 11.643 millones y en 2014 han sido de 11.202 millones. Es un total de 33.016 millones de euros de números rojos acumulados en el trienio del gobierno presidido por Mariano Rajoy y con Cristóbal Montoro de ministro de Hacienda y Administraciones Públicas.

Si parte del problema es achacable al gasto y al impacto de las pensiones, que van creciendo y seguirán «in crescendo» de cara al futuro, la otra cara es la referida a las cotizaciones. Si las cotizaciones en 2012 ascendieron a 150.272 millones de euros y tanto en 2013 como en 2014 permanecen estacionadas sobre los 149.000 millones de euros, cuando en 2009 supusieron 158.000 millones largos de euros, es que algo está fallando por la vía de los ingresos.

El gobierno ha tirado por la calle de en medio: aumentos de bases de cotización y de conceptos cotizables, inspecciones a mansalva a innumerables empresas que cumplen con la exigente, y enrevesada, normativa laboral vigente para darles en la yugular y con alevosía, premeditación y nocturnidad aprobar y publicar en el BOE, un sábado previo a la Navidad de 2013, en pleno puente, una disposición que significó, a efectos de cotización, un torpedo en la línea de flotación de muchísimas pymes.

Empero, nadie ha salido haciendo una cerrada defensa de los empresarios golpeados por esas medidas que perjudican la creación de empleo, gravándolo con la única finalidad de dar satisfacción a la voracidad recaudatoria de nuestro Estado.

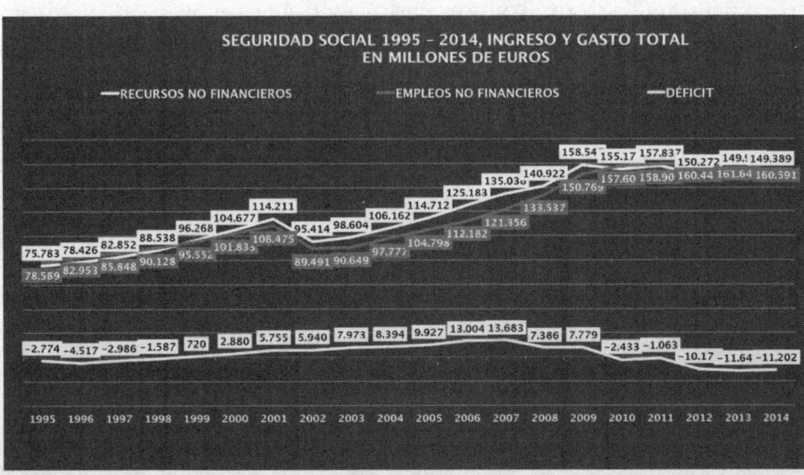

Es lógico, por tanto, y absolutamente legítimo que se dude sobre el futuro de las pensiones. Los números no cuadran. Si el sistema arroja ese déficit de alrededor de 11.000 millones de euros anuales, quiere decir que se va echando mano de la hucha, de los ahorros de nuestras pensiones, que nació como consecuencia del pacto de Toledo e inició su vigencia en el año 2000. Hoy por hoy, los próximos cuatro años están cubiertos. ¿Y después?

Y como siempre, aunque a veces se olvida, todos los países deben pensar en su demografía. Es algo vital. Por ello, veamos la proyección de la población residente en España por grupos de edad que abarca desde 2014 a 2029 y a 2064, con lo cual se dispone de una primera visión sobre las expectativas demográficas.

Merece la pena dedicarle unos minutos de sosegada lectura y rumiar un instante. Porque España irá perdiendo población. Por la parte baja de la pirámide nos quedamos con muy poca base —así que empieza a ser recomendable cavilar sobre toda la pasión que el amor engendra y pensar en clave erótica, más que nada para recomponer los primeros cimientos de la base de la población española—, y quienes se encuentran en edad fértil tanto reproductiva como económica tenderán a irse de España y, luego, ya mayorcitos retornarán a la madre patria y aquí recalarán. Dicho eso así, evitamos admitir que España se irá convirtiendo en un país de gente mayor, cada vez más mayor, y que si ahora conviven con nosotros 13.551 honorables ancianos de 100 y más mayores aún, en poco tiempo, en 2029, serán 46.480 y un poquito más allá, en 2064 —mañana por la tarde, como dice aquel amigo mío—, seremos 372.775 quienes contemos con la venerable edad centenaria y sigamos tan panchos por aquí. Y eso hay que planificarlo, cuanto menos.

Proyección de la población residente en España por grupos de edad en 2029 y 2064

Grupos de edad	2014	2029	Crecimiento 2014-2019	2064	Crecimiento 2014-2064
TOTAL	46.507.760	45.484.908	-1.022.852	40.883.832	-5.623.929
0 a 4 años	2.320.408	1.538.899	-781.508	1.183.906	-1.136.502
5 a 9 años	2.478.051	1.683.643	-794.408	1.268.878	-1.209.173
10 a 14 años	2.267.636	1.939.731	-327.905	1.403.355	-864.281
15 a 19 años	2.140.719	2.346.235	205.516	1.584.732	-555.988
20 a 24 años	2.374.582	2.603.060	228.479	1.762.097	-612.484
25 a 29 años	2.747.345	2.478.517	-268.828	1.862.348	-884.997
30 a 34 años	3.453.158	2.344.638	-1.108.520	1.900.872	-1.552.286
35 a 39 años	4.030.930	2.477.885	-1.553.046	1.955.583	-2.075.347
40 a 44 años	3.857.831	2.703.299	-1.154.532	2.079.058	-1.778.773
45 a 49 años	3.689.432	3.271.994	-417.439	2.284.925	-1.404.507
50 a 54 años	3.333.708	3.775.515	441.807	2.588.052	-745.656
55 a 59 años	2.878.297	3.592.907	714.610	2.705.302	-172.995
60 a 64 años	2.492.775	3.402.779	910.005	2.475.500	-17.275
65 a 69 años	2.328.239	3.031.281	703.042	2.270.596	-57.643
70 a 74 años	1.810.582	2.549.479	738.897	2.309.811	499.229
75 a 79 años	1.652.850	2.085.393	432.543	2.400.333	747.483
80 a 84 años	1.403.770	1.727.781	324.011	2.696.784	1.293.014
85 a 89 años	825.438	1.058.223	232.785	2.713.332	1.887.894
90 a 94 años	333.187	589.589	256.403	1.934.964	1.601.777
95 a 99 años	75.270	237.579	162.309	1.130.629	1.055.359
100 y más años	13.551	46.480	32.929	372.775	359.224

Estas perspectivas demográficas obligan a meditar seriamente sobre nuestro modelo de sociedad, a tomar medidas que fomenten el nacimiento de niños, a saber actuar para retener a nuestros jóvenes aquí y a diseñar un consistente sistema de pensiones y de cobertura social y sanitaria para las cohortes de mayores que dominarán el espectro demográfico en años venideros.

Todo ello, además, con el añadido de las pensiones y los interrogantes sobre sus finanzas que necesariamente deberá confluir en el establecimiento de un recargo en el impuesto sobre la renta o en otras figuras tributarias, para que se puedan costear cuando no en la creación «ad hoc» de un impuesto que refuerce los ingresos de la Seguridad Social a fin de cuadrar sus hoy descompensadas cuentas.

Por ende, las finanzas de la Seguridad Social española han entrado en tal fase de desequilibrio que obligarán de nuevo, a lo largo de 2015, a echar mano del fondo de reserva para las pensiones, con lo cual el mismo no sólo no se dotará previendo el mañana de los pensionistas sino que se irá agotando.

Si angustiosa es la perspectiva del desempleo y la caída consiguiente de cotizantes a la Seguridad Social, otro elemento juega en contra de la supervivencia de nuestras pensiones. España envejece y se despuebla. El crecimiento de la población española entre el año 2000 y el 2022 sitúa un punto de inflexión, según el INE, en 2012 cuando nuestro país empezó a decrecer.

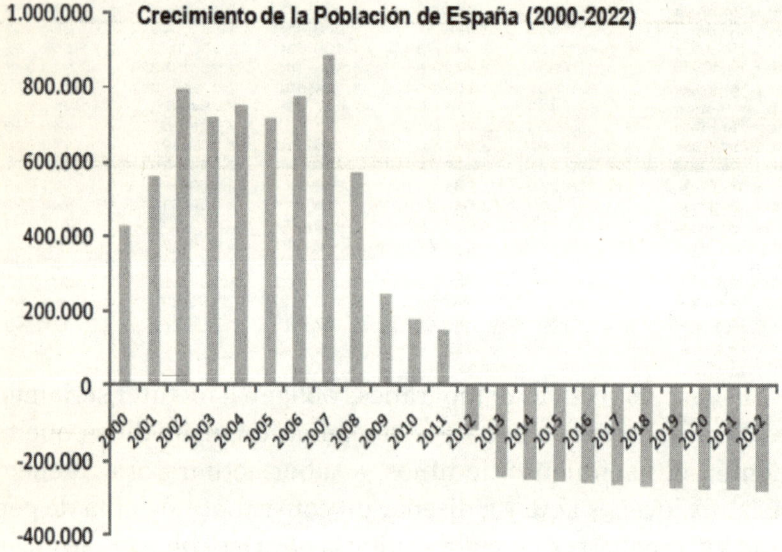

La caída de la fertilidad y el flujo migratorio, con predominio de la emigración sobre la inmigración, desemboca en un lento proceso de despoblación de España que adolece de un notable envejecimiento de sus habitantes, siendo lo peor que se desploma la población residente más vigorosa y que debiera de nutrir los efectivos productivos de nuestra población activa, según se advierte en el cuadro siguiente. Y de nuevo debemos aplicar ese principio que se repite en éstas páginas: lo más importante es conocer la realidad, abordarla, no rehuirla.

Población residente en España por grupos de edad

Grupos de edad	1 de enero de 2013	1 de enero de 2023	Crecimiento absoluto	Crecimiento relativo (%)
TOTAL	46.704.314	44.082.671	-2.621.643	-5,61
0 a 4 años	2.420.210	1.793.860	-626.350	-25,88
5 a 9 años	2.439.842	2.075.471	-364.371	-14,93
10 a 14 años	2.226.367	2.319.023	92.656	4,16
15 a 19 años	2.165.262	2.359.206	193.943	8,96
20 a 24 años	2.441.495	2.182.609	-258.886	-10,60
25 a 29 años	2.896.322	2.083.180	-813.142	-28,07
30 a 34 años	3.678.896	2.223.411	-1.455.485	-39,56
35 a 39 años	4.072.841	2.560.063	-1.512.778	-37,14
40 a 44 años	3.851.385	3.242.148	-609.238	-15,82
45 a 49 años	3.666.909	3.645.242	-21.667	-0,59
50 a 54 años	3.284.743	3.506.756	222.013	6,76
55 a 59 años	2.795.078	3.358.690	563.612	20,16
60 a 64 años	2.502.569	3.014.860	512.292	20,47
65 a 69 años	2.269.534	2.560.596	291.062	12,82
70 a 74 años	1.714.063	2.239.304	525.240	30,64
75 a 79 años	1.726.300	1.919.420	193.119	11,19
80 a 84 años	1.369.131	1.296.798	-72.333	-5,28
85 a 89 años	791.521	1.018.345	226.824	28,66
90 a 94 años	308.604	514.958	206.354	66,87
95 a 99 años	71.207	145.302	74.095	104,05
100 y más años	12.033	23.428	11.395	94,69

6

La precariedad de las finanzas públicas

Déficit y deuda en la primavera española

La primavera de 2015 se presenta, según el ministro de Economía, Luis de Guindos, como la primavera de la verdadera recuperación, la de la consolidación del crecimiento. Pero, siguiendo la idea de las páginas precedentes, nos debemos preguntar, ¿de verdad estamos saliendo de la crisis y caminamos con paso firme hacia nuestra plena recuperación? Y resulta que vemos en el horizonte nubarrones de esos que catalogamos como amenazantes.

Con un paro del orden del 24 %, y más de 5 millones y muchos miles de personas sufriendo la ignominia del desempleo, ¿puede afirmarse que salimos de la recesión? Con un PIB que en 2014 está a una distancia de 58.000 millones de euros del PIB de 2008 y a 17.000 millones del PIB de 2011 —en ambos casos por debajo—, ¿hemos roto definitivamente las cadenas críticas que nos oprimían?

A la gente de la calle, al vecino de casa con quien nos encontramos en el ascensor y entablamos la conversación de rigor, al conocido con quien coincidimos en el supermercado del barrio, ¿se les ha puesto ya cara de no crisis? ¿Percibe usted que los ojos de sus amigos brillan de una forma radiante y detecta euforia en las caras del metro? Con un déficit público del 5,83 % del PIB en 2014 cuya cuantía asciende a 61.741 millones de euros, ¿la crisis es historia del pasado? Con una deuda pública que desde 2007 hasta finales de 2014 ha aumentado en 650.000 millones de euros y que actualmente equivale a casi el 98 % de nuestro PIB, ¿el panorama de nuestras finanzas públicas se presenta despejado? Con un déficit público acumulado entre 2008 y 2014 que suma en total 612.267 millones de euros y significa el 58 % del PIB de España en 2014, ¿la tempestad deficitaria amaina? Con una deuda total, entre pública y privada —sin contar la propia de las entidades financieras—, que supone el 382 % de nuestro PIB de 2014, ¿vemos con nitidez la salida del túnel?

No vamos a discutir que los grandes datos macroeconómicos están en trance de mejora, como explica el ministro De Guindos, pero nos encontramos con el gran problema que supone la deuda. Se acerca al 100 % del PIB. E irrumpen los interrogantes a propósito de saber cuánto tiempo tardan en llegar esas esperanzadoras previsiones en los prometedores datos económicos hasta nuestras particulares economías, a nuestros bolsillos.

El recelo, no obstante, con independencia de saber cómo se irá pagando esa deuda, aunque ahora sea menos fácil al socaire de unos tipos de interés más bajos, es vislumbrar cómo se crearán los millones de puestos de trabajo que necesitamos sin cambiar de forma radical nuestro modelo económico y de producción. Eso hay que analizarlo, porque el presidente del Gobierno, Mariano Rajoy, consideraba semanas atrás que es posible crear tres millones de empleos en los próximos cuatro años. ¿Cómo?

Hay quien ve una relación bastante directa entre el déficit público de España y nuestra tasa de paro. De facto, en la medida en que el déficit se hunde el paro se dispara. Sin embargo, hay un elemento preocupante: suponiendo que en los próximos años el déficit público se contenga y se cumpla con los objetivos propuestos y marcados tanto desde la Comisión Europea como desde el FMI, el desempleo no amainará de una manera drástica. Por desgracia, esto hace suponer que en España ha germinado un desempleo estructural con peso elevado en la tasa de paro, del que antes hablábamos. Se trata de personas que han ido saliendo del mercado activo, que se encuentran desubicadas, posiblemente su cualificación no tenga encaje en los actuales y nuevos modelos productivos, su edad sea ya madura y reciclarlas suponga tarea ímproba y lenta. Ojalá erremos, pero difícilmente retornarán a una vida laboral activa. Y eso se debe al modelo productivo cortoplacista que se implantó en España, con el sector de la construcción como gran tótem. La construcción se hundió, y con ella se desmoronó el empleo, tanto el directo como el vinculado al sector de forma indirecta.

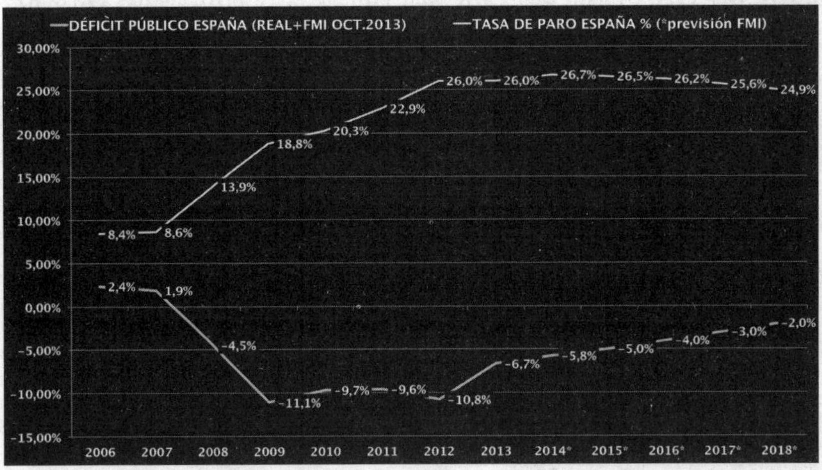

Algunos datos positivos afloraron en la intersección entre el final del año 2013, de mal recuerdo, y 2014. Éste arrancaba en sus primeras horas con señales algo optimistas y además siendo portador de buenas nuevas: mejora del paro en términos de Seguridad Social, aunque manteniéndose en cotas catastróficas. El coste de la deuda para España caía por debajo del 4 % de interés con una prima de riesgo susceptible de proseguir con su descenso, extremo positivo máxime si se tiene presente los valores alcanzados que han sido nuestra pesadilla. Con el arranque de 2015, como se decía antes, las perspectivas pintan a mejor aun cuando con tintes tirando a oscuros.

Una pesadilla llamada déficit público

Sin duda, las cuentas del Estado, en su conjunto, por tanto, las de la administración central, las comunidades autónomas, la Seguridad Social, las corporaciones locales y los entes correspondientes, presentan un aspecto muy desdibujado. España no ha sido recatada con sus números y con la irrupción de la crisis el desajuste de sus finanzas cabe calificarlo como aberrante. Por más que se predique e insista desde distintos oráculos institucionales, entre otros la Comisión Europea y el Fondo Monetario Internacional, foros académicos y empresariales, el Estado español, en toda su amplitud, no es capaz de reducir su descomunal volumen de gasto público, o bien se resiste. Desde 2008 los guarismos públicos sonrojan.

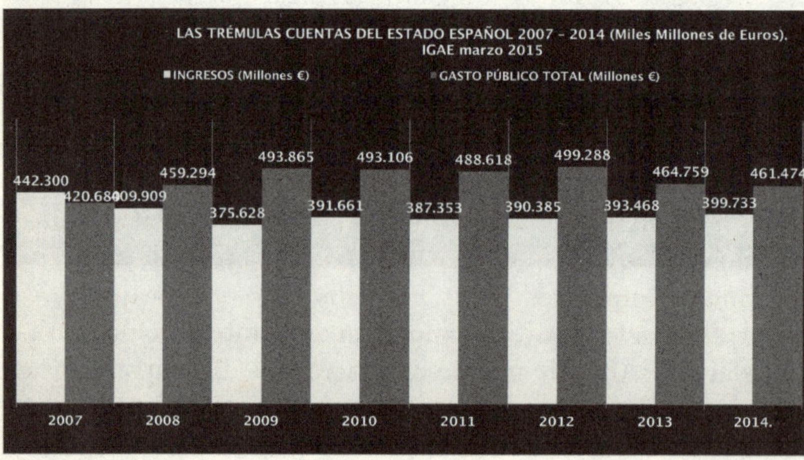

Porque, de nuevo, asoman los temores. ¿Cuánto hay de gasto estrictamente necesario y conveniente para el normal funcionamiento y desarrollo del Estado y cuánto de dispendio, derroche y cargas superfluas en las cuentas públicas españolas? ¿Cuál es el coste de nuestra industria política, tanto directo como indirecto? ¿Necesita realmente España una arquitectura institucional tan obesa y con tantos niveles de administración, con tanta carga?

Dicho de otra forma, ¿era realmente necesario construir y

ampliar aeropuertos en los que apenas hay aviones que despeguen y aterricen y, de vez en cuando, ni eso? ¿Qué resultados económicos arrojan nuestros aeropuertos? La mayoría de ellos saldan cada año sus cuentas con abominables pérdidas, habiendo contraído una deuda escalofriante que al encuadrarse en AENA, empresa estatal, supone mayor deuda pública —alrededor de 15.000 millones de euros entre 2010 y 2012—, hoy medio privatizada la compañía.

¿No nos extralimitamos haciendo líneas de AVE de las que vamos descubriendo, con pesar, que desde el punto de vista de rentabilidad algunas de ellas, por no decir la gran mayoría, no obtienen compensaciones mínimamente aceptables que aseguren la explotación de la línea, por no hablar de déficits de dudosa recuperación a lo largo de muchos años a causa de la exuberancia de la inversión? Estamos de acuerdo en la definitiva contribución del AVE a la cohesión territorial de España, y en este punto somos defensores a ultranza; con todo, hay que pensar en la rentabilidad cuando se deciden inversiones tan enormes.

El sector público ha funcionado mal en España y así sigue haciéndolo. Ha gastado mucho más de lo que ingresa y al calor del boom inmobiliario y del furor del sector de la construcción se confundieron ingresos no recurrentes con ingresos recurrentes, en forma de impuestos, tasas, contribuciones... Nuestro sector público fue engordando; hogaño, apenas adelgaza. Se acometieron inversiones monumentales, ya fuera en vías y estaciones ferroviarias con la excusa del tren de alta velocidad, ya en aeropuertos monstruosos y sobredimensionados, ya en edificios y complejos faraónicos, ya en obras públicas de dudosa utilidad... Digámoslo sin tapujos: ministerios, comunidades autónomas, diputaciones, ayuntamientos, agencias y empresas públicas, otros organismos dependientes de la órbita estatal, fundaciones y otras entidades con vitola pública, se subieron al carro del dispendio y del derroche. Unos, los constructores y compañías auxiliares, cobrando; los paganos, o sea, los contribuyentes, hablando sin rodeos, nosotros, pagando...

Vayamos otra vez a los datos. Las cuentas del Estado de 2007 a 2014 confirman unas finanzas muy deterioradas, donde se ha gastado mucho más de lo que se ingresa. El gasto público se ha encaramado entre 2009 y 2012 por encima de los 490.000 millones de euros. En 2013, sin el impacto de las ayudas para el rescate de nuestro sistema financiero, que fueron 39.068 millones de euros en 2012, el gasto se atemperó. En realidad, tendría que haberse situado, manteniendo el volumen de gasto, en 460.220 millones de euros, pero acabó siendo en 2013 de 464.759 millones de euros. En ese año, hay que recordar, se recogen 4.897 millones de ayudas a instituciones financieras. Y en 2014, los 461.474 millones engloban todavía un pico de 1.204 millones de euros también de ayudas, con lo cual el gasto público, descontadas esas ayudas, sería de 460.270 millones de euros. ¿Quién dijo que se estaba haciendo un gran esfuerzo en recortar el gasto público? De eso, nada o, mejor dicho, muy poco. Las cifras de nuestras cuentas públicas ponen en tela de juicio tales aseveraciones. No es cierto, no lo confirman las cifras, pese al latiguillo de la supuesta austeridad.

Respecto a los ingresos, en cambio, el esfuerzo ha sido importante. Hacienda ha hecho lo posible por aumentarlos. La recaudación ha forzado las cosas de modo que si en los terribles años críticos la caída de ingresos fue apoteósica —de aquellos 442.300 millones de euros de 2007 a 387.353 millones de 2011—, con la llegada del gobierno presidido por Mariano Rajoy se da una vuelta de tuerca a los ingresos, forzando y oprimiendo al contribuyente para sostener la pesada carga del gasto, y 2014 concluye con 399.733 millones de euros ingresados.

El desastre cristaliza en las cuentas que testimonian el déficit público. La tendencia es imparable, los números sofocantes y la desmedida vergonzosa. Por más que se diga, nuestros timoneles de las finanzas públicas no han sabido seguir el rumbo firme y adecuado. Sí que ha bajado el déficit público en 2014 a 61.741 millones de euros, pero esta cifra es la diferencia entre lo que se ingresa y lo que se gasta. Desde 2008 hasta finales de 2014, España, a través de la batuta de nuestros gobernantes y con el apoyo de la clase política, ha sido capaz de gastar 612.267 millones de euros más de lo que ha ingresado. Las consecuencias dolorosas para todos nosotros, condenados a pagarlas, se extienden por añadidura a las secuelas que tales despropósitos conllevan: el imparable e irritante incremento de nuestra deuda pública que asegura hipotecas e impuestos de enjundia para nuestros hijos, nietos y bisnietos.

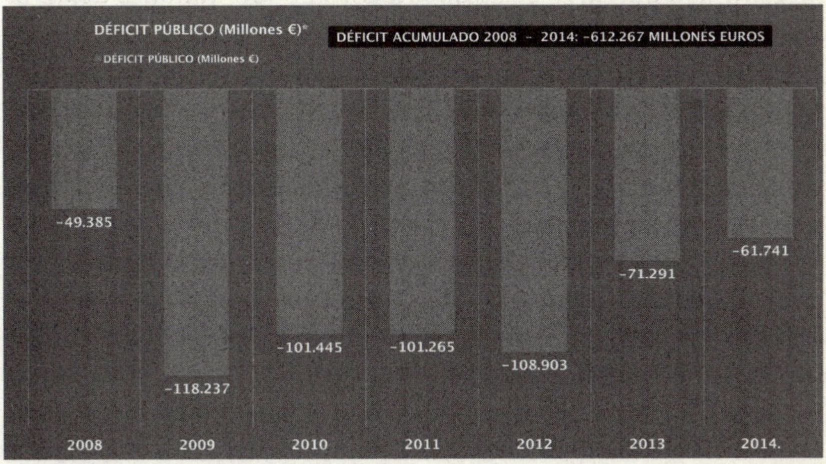

Pero lo interesante es ver la evolución de los ingresos y gastos del conjunto del Estado en el cuatrienio 2011-2014. Mucho se habla, y en época preelectoral y electoral hasta la saciedad, del esfuerzo de los españoles, lanzando por parte de quienes quieren ser votados toda suerte de lindezas y ditirambos a los cornudos y apaleados contribuyentes.

Es verdad que en una época de crisis se deben hacer esfuerzos, pero la presión al contribuyente ha sido enorme. Tiene su origen en el llamado «efecto Montoro». Desde 2011, la recaudación por impuestos indirectos, con el IVA como figura descollante, aumenta en cerca de 12.000 millones de euros, mientras que los impuestos directos aportan unos 9.200 millones a las arcas del Estado. Eso quiere decir que, entre una clase de impuestos y la otra, los españoles hemos apoquinado más de 21.000 millones de euros con el objeto de arreglar las difíciles papeletas de un Estado acechado financieramente. ¡Y en tiempos de crisis! Cuando la gente peor lo ha estado pasando, cuando la adversidad ha sido nuestra sombra, cuando cerraban negocios, cuando la gente se agolpa en las filas del paro, cuando pierde dinero a borbotones..., a los españoles nos han fusilado a impuestos.

Y es que esos 21.000 millones de euros han dejado de estar en nuestros bolsillos, con lo cual hubieran animado nuestra economía cotidiana, para pasar, a veces coercitivamente —Hacienda no siempre es amable y gentil—, hacia el sector público, drenando en definitiva dinero de la economía española para tapar agujeros fruto de la irresponsabilidad de quienes han gestionado y gestionan nuestras finanzas públicas.

Al mismo tiempo se ha producido una enorme pérdida de ingresos a causa de la pérdida de puestos de trabajo. Las cotizaciones sociales, que recoge la Seguridad Social, decaen. En parte porque hay menos trabajadores en el sistema, pero también porque estos cotizan menos, al cobrar menores salarios. Y los puestos que se crean cotizan menos que los de antes de la crisis, porque son de peor calidad, precarios y con salarios inferiores. Cerca de 8.000 millones de euros se han perdido de cobros por el Estado de resultas de esa transformación.

Si se hubiera mimado mucho más la tragedia del paro, si el Gobierno realmente hubiera puesto toda la carne en el asador para plantar cara a la imparable destrucción laboral que tanto empleo ha destrozado, otro gallo nos cantaría. Porque en ese caso, los ingresos por cotizaciones sociales no hubieran menguado tanto y se hubiera podido plantear no aumentar tanto los impuestos indirectos —penalización a las clases menos favorecidas al tener que pagar por un bien o servicio exactamente lo mismo que aquellos que gozan de mucha mayor potencia económica— ni los impuestos directos que, en según qué casos, nos enfrentamos al dilema de lo que damos en llamar como «efecto sovietización» de la imposición personal.

Este «efecto sovietización» se plasma cuando los tipos marginales del IRPF exceden del 50 % de la base —cosa frecuente y replicada en España en varias comunidades autónomas en las que el tipo marginal, como en Cataluña, alcanza el 56 %—, llegándose a un punto tal en el que el ciudadano se ve obligado a dar al Estado más de la mitad de lo que gana gracias a su esfuerzo y al sudor de su frente. Como se ha dicho e insiste desde distintos colectivos, se dan aquí todos los ingredientes de lo que es el impuesto confiscatorio.

INGRESO Y GASTO PUBLICO ESPAÑA: 2011, 2012, 2013 y 2014 (Millones Euros)
(IGAE 27 Marzo 2015)

INGRESOS PÚBLICOS	2011 MILLONES €	2012 MILLONES €	2013 MILLONES €	2014 MILLONES €	2011 - 2014 VARIACIÓN MM€
IMPUESTOS INDIRECTOS	106.513	109.461	115.357	118.431	+11.918
IMPUESTOS DIRECTOS	102.010	106.265	110.141	111.202	+9.192
COTIZACIONES SOCIALES	137.802	131.859	128.172	129.924	-7.878
OTROS INGRESOS	41.028	42.800	39.798	40.176	-852
TOTAL INGRESOS	387.353	390.385	393.468	399.733	+12.380
GASTO PÚBLICO	2011 MILLONES €	2012 MILLONES €	2013 MILLONES €	2014 MILLONES €	2011 - 2014 VARIACIÓN MM€
PERSONAL	122.601	113.925	114.537	114.521	-8.080
CONSUMOS	61.292	58.599	55.927	55.107	-6.185
PRESTACIONES SOCIALES	194.720	197.042	198.630	198.636	+3.916
INTERESES DEUDA	26.315	30.922	34.198	34.533	+8.218
OTROS GASTOS	83.690	98.800	61.467	58.677	-25.013
TOTAL GASTOS	488.618	499.288	464.759	461.474	-27.144
DÉFICIT PÚBLICO	-101.265	-108.903	-71.291	-61.741	+39.524

La parte del gasto en ese cuatrienio ha mostrado en parte una ligera moderación. Para quienes cobran con cargo a los presupuestos del Estado, como funcionarios y empleados públicos, el recorte en sus remuneraciones ha sido neurálgico: más de 8.000 millones de euros de menores salarios, a costa de suprimir pagas extraordinarias por real decreto, sobre la marcha, con el ejercicio ya iniciado y, de vez en cuando, anunciando con una semana de antelación que no se satisfaría la paga doble de Navidad. Se ha tratado de un juego subrepticio y mezquino dado que muchos empleados públicos ya contaban con esa percepción, que a salto de mata se suprimía, teniendo que renunciar, por ejemplo, a regalos navideños ya encargados. El comercio ha vivido en sus propias carnes una decisión tan dura y a partir de él toda la cadena de producción y distribución consiguiente.

Porque eso derivó en un freno al consumo, que es también donde se ha encontrado otra vía para el ajuste del gasto público y lo mismo sucedió con otros gastos, entre los que se incluyen los empleos de capital y por consiguiente capítulos destinados a la inversión pública. Esta última cayó en barrena en los últimos años, aunque no podemos olvidar que de ahí surgieron las cantidades que se destinaron a las ayudas a instituciones financieras, que entre 2011 y 2014 supusieron 50.306 millones de euros.

La partida más complicada para atacar el ajuste del gasto público ha sido la de prestaciones sociales. Se trata de las pensiones en sus variadas categorías, subiendo, como ya se ha dicho por la fuerza de las circunstancias, y los subsidios de desempleo que a causa de la crisis se han tenido que dotar cada año con más recursos, hasta que al final se han puesto mayores trabas para impedir el más o menos fácil acceso a largos períodos subsidiados.

Los intereses de la deuda hablan por sí solos, al materializar los costes financieros soportados como consecuencia de un mayor endeudamiento que va trotando de año en año, conduciéndonos a otra encrucijada de nuestras finanzas públicas que, a corto plazo, se parcheará merced a los buenos oficios del BCE. Un crecimiento por encima de los 8.000 millones de euros desde finales de 2011 a fines de 2014 que necesariamente succiona buenas sumas de dinero a la ciudadanía, en forma de mayores impuestos o menores prestaciones del Estado del bienestar, para así ir cumpliendo con nuestros proveedores financieros.

A la postre, las cuentas públicas españolas hacen gala de un volumen de gasto que, rescates al margen, sigue estando donde estaba y que se ha reducido muy poquito o casi nada, por más que se alardee de ello.

La sensación es que se ha desaprovechado una oportunidad única y excepcional, en la legislatura que comprende el período 2012-2015, puesto que gozando de mayoría absoluta e integrados los tres poderes del Estado —ejecutivo, legislativo y judicial— en un único y centralizado poder, desbaratando aquellos buenos y sabios predicamentos del ínclito Montesquieu, se estaba ante la magnífica oportunidad de rematar a puerta y marcar un gol por toda la escuadra a lo que es una estructura excesivamente pesada, lenta, trabada, y hostil para la ciudadanía.

Se ha renunciado a destruir lo malo y carcomido del aparato estatal, perdiendo la oportunidad de saber reconstruir, de forma acorde a las necesidades y posibilidades españolas, un nuevo modelo de Estado arrancando, verbigracia, por esa tan cacareada aunque invisible reforma de la administración pública.

¿Qué panorama espera a nuestras finanzas públicas estatales durante los próximos años? Sin cuaderno de bitácora, o bien con éste lleno de polvo en el fondo de algún armario sin abrir, el porvenir no es muy lisonjero. Una cosa son los presupuestos y las promesas, y otra muy distinta el acontecer del día a día.

La disyuntiva es palmaria: o en España se produce una intensa y radical remodelación de sus estructuras políticas, o seguiremos por la misma senda cerrando con más déficit en los años venideros y acumulando deuda pública, que será complicado que se pueda devolver sin problemas en los próximos años, lustros o decenios. Así, una ojeada al cierre de 2014 y a las previsiones trazadas para el trienio 2015 a 2017, indica que continuaremos pisando terrenos deficitarios aunque con tendencia, acaso optimista, a la baja. No obstante, cuando uno maneja esas cifras proyectadas para 2015, 2016 y 2017, tiene que preguntarse dos cosas.

La primera, ¿cómo demonios podrán aumentarse los ingresos del Estado para pasar de los actuales 399.733 millones de euros a los 458.076 millones previstos para 2017? Estamos hablando de un 15 % de crecimiento en esa partida. Mucho tiene que reactivarse nuestra economía para que los ingresos públicos crezcan en tres años en más de 58.000 millones de euros.

Eso hay que analizarlo, porque no será nada fácil. Por poco que malpensemos las subidas de impuestos que pondrán en marcha después de las elecciones de 2015, a partir de 2016 serán clamorosas. Aunque de hecho, ya en 2015 se manejan unas cifras que supondrían potenciar los ingresos en más de 20.000 millones de euros. Por la vía de cotizaciones sociales, como hemos visto más arriba, eso no será factible considerando nuestras tasas de paro. La suerte está echada sobre los impuestos indirectos y los directos. No hay argumentos de cariz económico con la fuerza suficiente que justifiquen tanto dinamismo para las arcas del Estado.

La segunda consideración lógicamente incide en el gasto público, ya que éste no presenta visos de reajuste ni de contención. Seguirá subiendo en el próximo trienio, lo que confirma la falta de voluntad política para enderezar la trituradora de los dispendios.

Así, considerando ambos aspectos, la reducción del déficit público o bien es utópica o la única alternativa viable será la de seguir estrujando los bolsillos de los pobres contribuyentes, empobreciendo cada vez más a nuestra población para saciar las apetencias del gasto público. Ténganse en cuenta estas reflexiones a la hora de ejercer el derecho de voto y depositar las papeletas en las urnas. Avisados estamos...

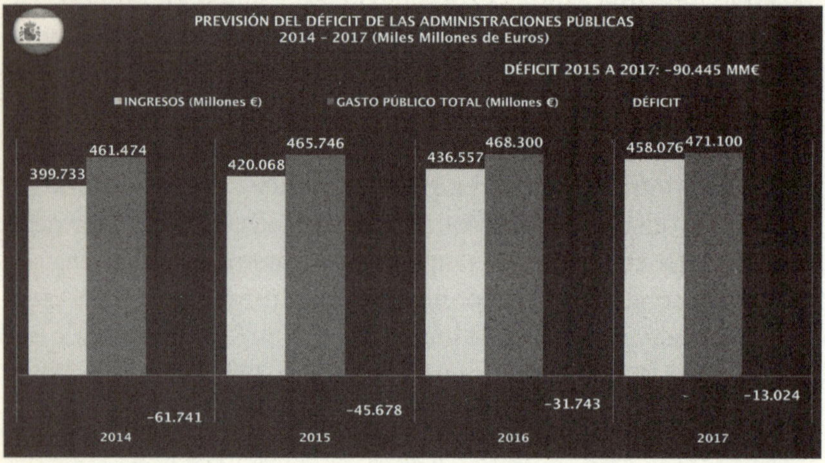

Retrocedamos en el tiempo y viajemos a través de su túnel. Regreso al pasado. ¿Cómo ha sido la evolución de nuestras finanzas públicas en el conjunto del Estado en el transcurso de los últimos años, desde Felipe González, pasando por José María Aznar, enfilando por José Luis Rodríguez Zapatero y acabando en Mariano Rajoy?

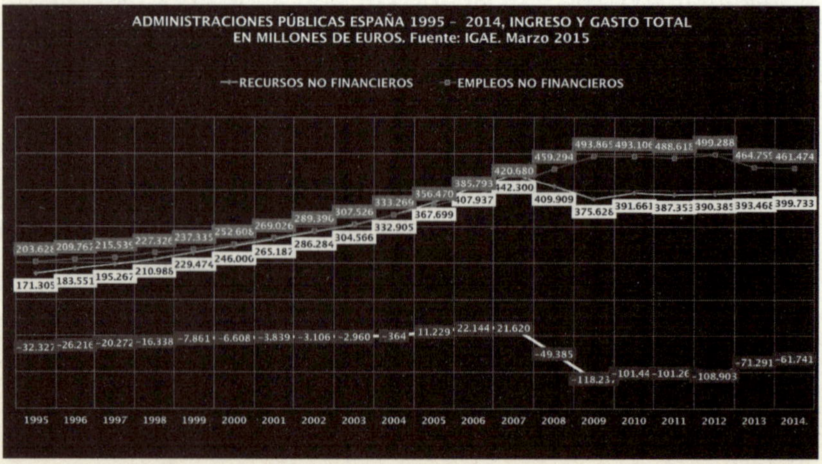

La estructura del Estado se ha disparado. El gasto público que era de 203.628 millones de euros en 1995, llegó a sumar en 2012 499.288 millones de euros, multiplicándose casi 2,5 veces.

En cambio, los ingresos que en aquel año ascendían a 171.301 millones de euros y que en 2007 llegaron a la cúspide con la euforia característica del momento, son en 2014 de 399.733 millones de euros, 2,3 veces mayores. Por supuesto que en el gasto público hemos de distinguir entre el corriente puro y el de capital, o inversiones. Sea como fuere, lo indudable es que nos hemos embriagado durante todos estos años de gasto y en un país donde la cultura del pago de impuestos es reciente —con Franco no existía y fue en la transición con Adolfo Suárez como presidente cuando se impulsaron los cimientos de nuestro actual sistema tributario, con la Ley 50/1977 de 14 de noviembre que fue el pistoletazo para una regularización fiscal, nacimiento del Impuesto sobre el Patrimonio y base para las posteriores Ley 44/1978, de 8 de septiembre, que alumbró el Impuesto sobre la Renta de las Personas Físicas, y Ley 61/1978, de 27 de diciembre, que marcó el Impuesto sobre Sociedades—, forzar la máquina de los ingresos vía tributos es un ejercicio que debe hacerse con muchísimas dotes de pedagogía y psicología fiscal.

Se debe hacer con mucha empatía —por más que el ministro de turno se empeñe en decir que eso no lleva a ningún sitio; craso error, ministro, la empatía siempre suma y mucho y hasta el contribuyente podría sentirse feliz con algo de cariño— y, sobre todo y por encima de todo, sin chorizos ni corrupción ni bagatelas ni mamandurrias ni concesiones «ad hoc» para los amigos ni capitalismo de amiguetes. Porque ése es el problema.

Más que pedirnos, los actuales gobernantes nos exigen esfuerzos mayúsculos con formas coactivas, bajo amenaza si no pagamos nuestros impuestos y si no cumplimos la ley como ellos quieren que la interpretemos —nada de deducibilidades para ti y todo está sometido a tributación, dicen—, dentro de sus rocambolescas y delirantes exégesis, nos meterán en la cárcel y seremos pasto de las ratas.

El cambio en España también ha comportado una mayor exigencia. ¿Adónde va nuestro dinero? ¿Para qué sirven nuestros impuestos? La plaga de la corrupción y cuando no del derroche constituye un freno obvio para que los españoles cumplamos como lo debiéramos hacer. La oscuridad que rodea las finanzas públicas, inextricables e inescrutables, alimenta aún más la lógica desconfianza de los españoles.

Las cuentas de las autonomías, como supuestas culpables

Las comunidades autónomas han sido muy criticadas por una supuesta manga ancha en sus cuentas públicas. La evolución de las cuentas de las comunidades autónomas entre 1995 y 2014 se refleja en la siguiente tabla:

ADMINISTRACIÓN REGIONAL (COMUNIDADES Y CIUDADES AUTÓNOMAS). OPERACIONES NO FINANCIERAS. SEC 2010. Base 2010. Millones de euros. IGAE, 27 de marzo 2015

CONCEPTOS	1995	1996	1997	1998	1999	2000	2001	2002	2003	2004	2005	2006	2007	2008	2009	2010	2011	2012	2013	2014
RECURSOS NO FINANCIEROS	43.369	48.197	52.514	57.496	65.240	72.952	78.407	95.698	106.744	120.367	132.399	146.788	157.986	159.786	166.567	147.909	138.684	171.198	146.310	145.815
RECURSOS CORRIENTES	39.404	43.749	48.071	51.997	58.771	67.474	72.060	88.325	98.623	112.133	123.453	137.788	148.767	150.108	155.151	138.444	130.970	164.010	139.608	138.962
RECURSOS DE CAPITAL	3.965	4.448	4.443	5.499	6.469	5.478	6.347	7.373	8.121	8.234	8.946	9.000	9.219	9.678	11.416	9.465	7.714	7.188	6.702	6.853
EMPLEOS NO FINANCIEROS	46.211	51.258	54.110	59.616	66.266	76.163	82.737	99.351	110.578	121.056	135.076	147.396	160.566	178.911	188.248	188.118	193.522	190.645	162.242	163.344
EMPLEOS CORRIENTES	36.585	40.782	42.923	46.529	52.519	60.934	65.328	79.168	89.582	98.720	108.773	118.631	130.158	144.857	155.696	158.862	169.894	174.388	148.476	149.907
EMPLEOS DE CAPITAL	9.626	10.476	11.187	13.087	13.747	15.229	17.409	20.183	20.996	22.336	26.303	28.765	30.408	34.054	32.552	29.256	23.628	16.257	13.766	13.437
AHORRO (TRC-TEC)	2.819	2.967	5.148	5.468	6.252	6.540	6.732	9.157	9.041	13.413	14.680	19.157	18.609	5.251	-545	-20.418	-38.924	-10.378	-8.868	-10.945
CAPACIDAD (+) O NECESIDAD (-) DE FINANCIACIÓN (TR-TE)	-2.842	-3.061	-1.596	-2.120	-1.026	-3.211	-4.330	-3.653	-3.834	-689	-2.677	-608	-2.580	-19.125	-21.681	-40.209	-54.838	-19.447	-15.932	-17.529
SALDO PRIMARIO	-741	-709	698	-27	1.001	-926	-1.980	-1.495	-1.799	1.256	-609	1.668	10	-16.270	-18.856	-36.800	-49.703	-13.553	-8.659	-10.119

Estos números están incluidos en los del conjunto del Estado que antes hemos visto. Se atisba una pronunciada tendencia deficitaria, aunque a efectos de asunción del déficit público total, Madrid —la administración central del Estado— se arroga la parte del león y condena a las comunidades autónomas a cumplir con unos déficits muy ajustados que se hacen casi imposibles de cumplir. En este sentido, habrá que cambiar las reglas del juego y hacerlas más razonables puesto que al fin y al cabo son las autonomías las que soportan una buena parte del gasto público total. Son las responsables de la sanidad, la educación, y bienestar social, y no parece que la salida deba ser la de ahogarlas.

Por comunidades, el desglose del déficit imputable a cada una según la Intervención General de la Administración del Estado (IGAE) es del siguiente tenor:

CUARTO TRIMESTRE	2013				2014			
	Capacidad(+) o necesidad(-) de financiación	Anticipos del sistema de financiación	Cap. (+) o nec. (-) de financiación sin anticipos		Capacidad(+) o necesidad(-) de financiación	Anticipos del sistema de financiación	Cap. (+) o nec. (-) de financiación sin anticipos	
			Millones de euros	En porcentaje del PIB regional			Millones de euros	En porcentaje del PIB regional
Andalucía	-2.151	-	-2.151	-1,52	-1.645		-1.645	-1,16
Aragón	-718	-	-718	-2,18	-551		-551	-1,66
Asturias	-224	-	-224	-1,05	-278		-278	-1,30
Baleares	-324	-	-324	-1,23	-458		-458	-1,71
Canarias	-412	-	-412	-1,01	-379		-379	-0,91
Cantabria	-151	-	-151	-1,24	-179		-179	-1,46
Castilla-La Mancha	-770	-	-770	-2,02	-666		-666	-1,76
Castilla y León	-633	-	-633	-1,18	-601		-601	-1,11
Cataluña	-3.860	-	-3.860	-1,96	-5.152		-5.152	-2,58
Extremadura	-147	-	-147	-0,86	-421		-421	-2,44
Galicia	-626	-	-626	-1,14	-557		-557	-1,02
Madrid	-1.838	-	-1.838	-0,94	-2.648		-2.648	-1,34
Murcia	-851	-	-851	-3,17	-766		-766	-2,82
Navarra	-257	-	-257	-1,45	-121		-121	-0,68
La Rioja	-81	-	-81	-1,05	-95		-95	-1,21
Valencia	-2.150	-	-2.150	-2,20	-2.370		-2.370	-2,39
País Vasco	-739	-	-739	-1,16	-642		-642	-1,00
Total CCAA	**-15.932**	**-**	**-15.932**	**-1,52**	**-17.529**	**-**	**-17.529**	**-1,66**
PIB utilizado				1.049.181				1.058.469

Los datos correspondientes al cuarto trimestre de 2014 sobre las cuentas de la administración regional —operaciones no financieras, contabilidad nacional— de la IGAE, confirman la tendencia deficitaria de las comunidades autónomas.

El detalle de los recursos y empleos no financieros en 2013 y 2014, queda resumido por la IGAE.

CUARTO TRIMESTRE	En el trimestre			Acumulado a fin de trimestre				
	Millones de euros			Millones de euros			% del PIB	
	2013	2014	%	2013	2014	%	2013	2014
Recursos no financieros	**40.245**	**39.617**	**-1,6**	**146.310**	**145.815**	**-0,3**	**13,95**	**13,78**
Impuestos	12.359	12.621	2,1	47.321	48.058	1,6	4,51	4,54
* Impuestos sobre la producción y las importaciones	2.937	3.410	16,1	10.663	11.959	12,2	1,02	1,13
* Impuestos corrientes sobre la renta, el patrimonio, etc	8.744	8.419	-3,7	34.409	33.686	-2,1	3,28	3,18
* Impuestos sobre el capital	678	792	16,8	2.249	2.413	7,3	0,21	0,23
Cotizaciones sociales	123	104	-15,4	387	353	-8,8	0,04	0,03
Transferencias entre AAPP	21.122	20.256	-4,1	82.538	81.322	-1,5	7,87	7,68
Resto de recursos	6.641	6.636	-0,1	16.064	16.082	0,1	1,53	1,52
Empleos no financieros	**46.444**	**46.142**	**-0,7**	**162.242**	**163.344**	**0,7**	**15,46**	**15,43**
Consumos intermedios	7.555	7.417	-1,8	27.046	26.724	-1,2	2,58	2,52
Remuneración de asalariados	18.631	18.737	0,6	68.057	68.392	0,5	6,49	6,46
Intereses	1.646	1.564	-5,0	7.273	7.410	1,9	0,69	0,70
Subvenciones	1.054	965		2.628	2.514	-4,3	0,25	0,24
Prestaciones sociales distintas de las transferencias en especie	1.125	1.225	8,9	3.436	3.646	6,1	0,33	0,34
Transferencias sociales en especie: producción adquirida en el mercado	7.890	7.310	-7,4	25.673	25.497	-0,7	2,45	2,41
Formación bruta de capital fijo	2.235	2.201	-1,5	9.244	8.672	-6,2	0,88	0,82
Transferencias entre AAPP	4.013	4.255	6,0	13.614	15.036	10,4	1,30	1,42
Resto de empleos	2.295	2.468	7,5	5.271	5.453	3,5	0,50	0,52
Capacidad (+) o Necesidad (-) de financiación (1)	**-6.199**	**-6.525**	**5,3**	**-15.932**	**-17.529**	**10,0**	**-1,52**	**-1,66**
PIB utilizado (INE)				1.049.181	1.058.469			

Por lo que respecta a nuestros ayuntamientos, las tan próximas corporaciones locales, éstas han demostrado una saludable actitud en términos económicos. Han sabido contener sus gastos, han racionalizado sus cuentas y si años atrás se saldaban con números negativos, desde 2012 ha enmendado sus errores. El viva por los ayuntamientos españoles ha de ser proclamado.

ADMINISTRACIÓN LOCAL (S.1313). Operaciones no financieras. SEC 2010. Base 2010. Millones de euros. Fecha de actualización: 27 de marzo de 2015																				
CONCEPTOS	1995	1996	1997	1998	1999	2000	2001	2002	2003	2004	2005	2006	2007	2008	2009	2010	2011	2012	2013	2014
RECURSOS NO FINANCIEROS	26.162	27.521	30.174	33.277	35.899	38.229	40.238	43.267	45.734	49.377	54.146	61.849	66.280	66.701	70.392	69.562	64.597	64.854	66.180	66.590
RECURSOS CORRIENTES	24.116	25.348	27.611	30.085	32.452	34.528	36.299	38.583	40.817	43.878	48.057	54.928	59.223	59.643	58.648	57.831	58.836	60.876	62.487	62.602
RECURSOS DE CAPITAL	2.046	2.173	2.563	3.192	3.447	3.701	3.939	4.684	4.917	5.499	6.089	6.921	7.057	7.058	11.744	11.731	5.761	3.978	3.693	3.988
EMPLEOS NO FINANCIEROS	26.297	27.487	30.054	33.116	35.933	37.645	40.494	44.127	47.637	49.265	54.694	61.090	69.618	72.076	76.302	76.613	73.103	61.547	60.706	60.928
EMPLEOS CORRIENTES	21.006	22.585	24.536	26.236	27.964	30.456	32.491	34.492	37.284	40.096	44.507	49.183	54.565	58.129	57.234	59.734	62.122	55.427	54.963	54.522
EMPLEOS DE CAPITAL	5.291	4.902	5.518	6.880	7.969	7.189	8.003	9.635	10.353	9.169	10.187	11.907	15.053	13.947	19.068	16.879	10.981	6.120	5.743	6.406
AHORRO (TRC-TEC)	3.110	2.763	3.075	3.849	4.488	4.072	3.808	4.091	3.533	3.782	3.550	5.745	4.658	1.514	1.414	-1.903	-3.286	5.449	7.524	8.080
CAPACIDAD (+) O NECESIDAD (-) DE FINANCIACIÓN (TR-TE)	-135	34	120	161	-34	584	-256	-860	-1.903	112	-548	759	-3.338	-5.375	-5.910	-7.051	-8.506	3.307	5.474	5.662
SALDO PRIMARIO	1.436	1.581	1.530	1.231	955	1.666	856	-36	-1.201	726	132	1.533	-2.209	-4.044	-5.036	-6.290	-7.531	4.705	6.829	6.801

El FMI prevé una futura evolución del déficit público español bajo unas condiciones peores a las que por estos pagos presumimos. La atenuación de nuestras pérdidas presupuestarias no comenzaría a ser una realidad hasta que se acerque el año 2020. De nuevo nos enfrentamos a la realidad de los números con los anuncios o las proclamas de los gestores públicos.

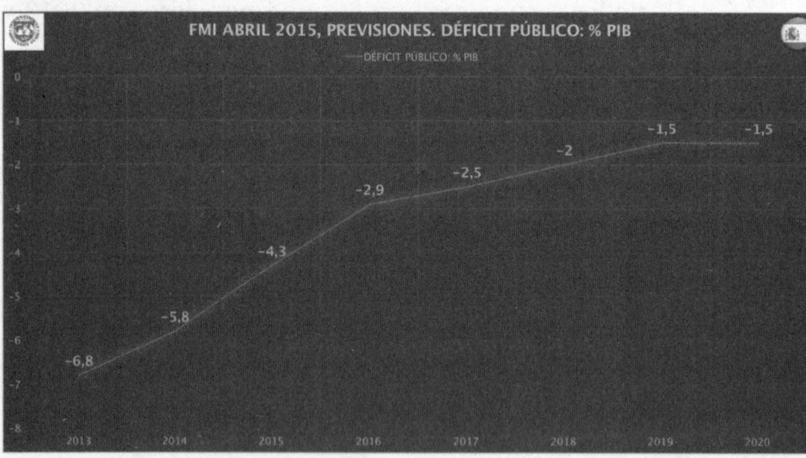

La impagable deuda pública española

Con los déficits públicos se acumula deuda. Es decir, todo lo que es déficit un año se convierte en deuda posteriormente. Es una especie de ilusión fiscal, como escribía en su conocida *Teoría de la Ilusión Financiera*, Amilcare Puviani, profesor de la Universidad de Perugia, una ilusión fiscal que caracteriza a nuestros Estados y de la que se hace eco el admirado y querido profesor Juan Corona, cuando explica que la argumentación de las autoridades tiene por objetivo hacer creer y convencer a los ciudadanos de que están pagando menos impuestos y recibiendo más a cambio.

Eso no es así. Asevera Juan Corona que «cuando se utiliza el endeudamiento público en lugar de la imposición como fuente de financiación, las expectativas sobre futuros impuestos adicionales de igual valor compensan la reducción actual de impuestos».[1]

Y es que el mundo presupuestario y todo lo concerniente al gasto público se sumergen en el confusionismo. No somos capaces de meternos a fondo en sus entrañas. Y como papá Estado gasta mucho más de lo que ingresa, ese déficit que va engendrando se cubre a través de deuda pública, de modo que el mañana queda preñado de endeudamiento que alguien, o nosotros o los que vengan a continuación, tendrán que ir liquidando y si no lo hacen se convertirán en un pueblo esclavizado o cuando menos torturado tal cual ocurre en Grecia.

La envergadura del déficit público, por ende, marca unos derroteros seriamente comprometidos para España y los españoles. Cuando se cosechan tamañas pérdidas, una de dos: o existen reservas suficientes procedentes de ganancias acumuladas con anterioridad en cuantía suficiente para enjugar los números rojos, o hay que recurrir a pedir dinero prestado con el que pagar los desajustes producidos.

Es así como la deuda pública española experimenta un incremento implacable, pasando de un saldo de 383.798 millones de euros en 2007, representativo del 35,5 % del PIB, a 1.033.958 mi-

1. Discurso de contestación del doctor Juan Francisco Corona Ramón, catedrático de Economía Aplicada y rector honorario de la Universidad Abat Oliba CEU, al discurso de ingreso en la Reial Acadèmia de Doctors del doctor José Mª Gay de Liébana Saludas.

llones de euros al cierre de 2014, equivalente a casi el 98 % del PIB.

El aumento de la deuda pública entre 2007 y 2014 asciende a 650.160 millones de euros; ergo el déficit de esos años se financia a través de deuda pública. Entre 2011 y 2013, la deuda pública ha crecido en 290.427 millones de euros.

Esos importes se verían incrementados en cada uno de los períodos indicados, en la suma de la deuda correspondiente a las empresas públicas que, en concreto, a 31 de diciembre de 2014 se elevaba a 43.637 millones de euros. Por tanto, la deuda pública española al finalizar 2014 e incluyendo la deuda de las empresas públicas se eleva a 1.077.595 millones de euros, o sea, y para que quede claro del todo: 1 billón más 77.595 millones de euros. ¿Resulta pagable tan voluminosa deuda?

La deuda pública tiene el componente de la deuda correspondiente a la administración del Estado más la deuda de las comunidades autónomas, más la deuda de las corporaciones locales y, por fin, la de la Seguridad Social, debidamente aderezada toda esa cuantía de deuda con la pertinente deuda de las empresas públicas.

Aquí, como usted ve, amigo lector, ¡debe todo el mundo! ¿Y a quién le toca pagar toda esa deuda? ¡Pues sí, no yerra usted, amigo lector, efectivamente, a nosotros!

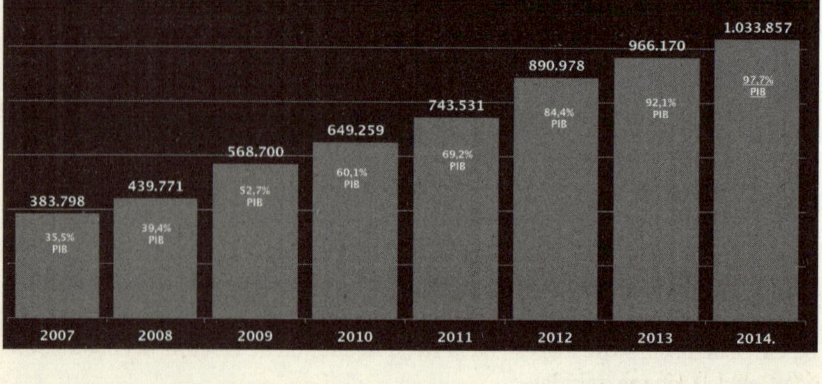

La deuda de las comunidades autónomas al acabar 2014 ascendía a 236.747 millones de euros. Su detalle era éste:

CCAA	Fecha	Millones €	% PIB
ANDALUCÍA	2014	29.101	20,40%
ARAGÓN	2014	6.010	18,10%
ASTURIAS	2014	3.479	16,20%
CANTABRIA	2014	2.428	19,80%
CASTILLA Y LEÓN	2014	9.359	17,30%
CASTILLA LA MANCHA	2014	12.858	33,50%
CANARIAS	2014	5.954	14,50%
CATALUÑA	2014	64.476	32,40%
EXTREMADURA	2014	3.092	18,00%
GALICIA	2014	9.961	18,00%
ISLAS BALEARES	2014	7.774	29,30%
MURCIA	2014	6.838	25,20%
MADRID	2014	24.632	12,50%
NAVARRA	2014	3.197	17,90%
PAÍS VASCO	2014	8.915	13,90%
LA RIOJA	2014	1.296	16,60%
COMUNIDAD VALENCIANA	2014	37.376	37,90%
TOTAL	**2014**	**236.746**	**22,37%**

¿Se podrá pagar por parte de España tanta deuda pública? Aceptando un ejercicio de realidad económica, para pagar la deuda es imprescindible generar excedente financiero, esto es, que las cuentas públicas se salden con superávit gracias al cual poder ir devolviendo el dinero que se nos ha prestado.

Si se observan las cuentas públicas es evidente que España, cerrando sus cuentas con un comprometido déficit que reviste tintes estructurales —el estigma de nuestro déficit no es un constipado puntual y esporádico sino una epidemia crónica porque así llevamos desde el año 2008, lo que demuestra que no se ha afrontado la raíz del mal como sí ocurre en tantas empresas que sufren sacudidas en sus cuentas pero que reaccionan y ponen en orden sus guarismos—, no será capaz a corto y medio plazo, en términos financieros, de liquidar la totalidad de sus compromisos de pago.

Resumiendo, que España no tiene capacidad financiera hoy por hoy para liquidar su deuda, con lo cual ésta será, así las cosas, para la eternidad.

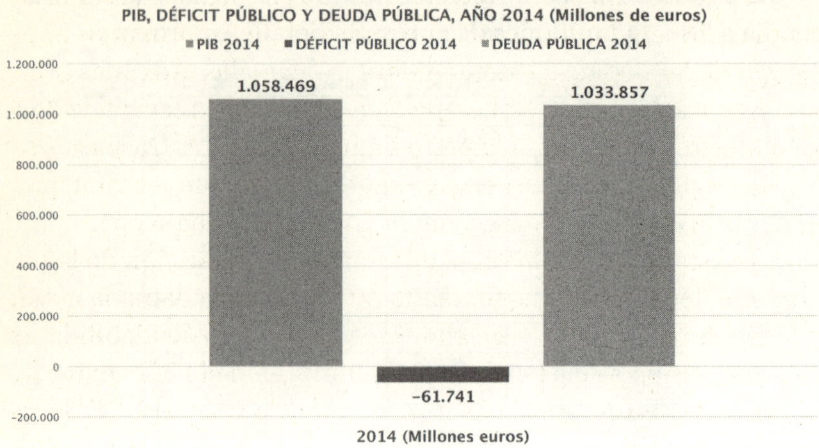

Aun corriendo con el peligro de caer en un tono de pesimismo, veamos esa deuda. La cuestión se agrava si se considera el concepto de deuda total contraída por nuestras administraciones públicas, o sea, lo que se conoce como pasivos financieros en circulación. Dicho de otra manera, el montante total de obligaciones de pago por parte del conjunto del Estado: a 30 de junio de 2014 —último dato disponible en el momento de redactar estas líneas, y según el Banco de España— sumaba 1.493.413 millones de euros. Ésta, por así decirlo, es la deuda de verdad, el montante global que nuestro país tenía registrado como pasivo contable al terminar el primer semestre de 2014.

En consecuencia, es absolutamente primordial buscar soluciones coherentes sin hipotecar el presente ni los próximos años, a pesar de que, como corrientemente se dice, a las próximas generaciones les dejemos una herencia envenenada en forma de deuda. Nuestros excesos son la peste financiera que les traspasamos.

La respuesta europea en este sentido tiene que ser vital, porque tras la deuda pública española aparece la italiana, pero también ya está brotando la preocupación por la aparición de la imponente deuda francesa, teniendo que agregar la llamada deuda periférica rescatada, esencialmente Grecia —cuyas debilidades cuando escribo este párrafo están al límite, con el FMI advirtiendo de inminentes riesgos de insolvencia y la CE y el BCE de inconcreción de severas medidas por parte del gobierno encabezado por Alexis Tsipras— y Portugal dando por sentado que Irlanda ya no está en la lista de países bajo intervención económica por parte de la troika y que la posición de Chipre es insignificante a nivel global.

Si la deuda pública de los países con baja solvencia en su estructura financiera no se mutualiza por parte de las instituciones europeas, o no se respalda directa y abiertamente vía BCE y/o FMI, en tanto que las cuentas estatales se salden con déficit, los temblores en los mercados financieros pueden resurgir en cualquier momento, pese a la calma y relativa tranquilidad de los últimos meses de 2014 y primeros de 2015.

De ahí, en parte, el porqué de las medidas no convencionales adoptadas por el BCE en enero de 2015 y que se comenzaron a implementar en marzo de este mismo año. En realidad se trata de una acción decisiva de rescate de la deuda pública de los países bajo el manto del BCE con serias dificultades para atender sus compromisos de deuda —Grecia juega un partido aparte—, evitando así que los mercados financieros acumulen más deuda soberana, con lo cual la exposición de tal deuda seguiría expuesta a los vaivenes de los propios mercados, a los afanes especulativos y a determinados movimientos de derribo de la solvencia de un Estado.

Al adquirir en los mercados secundarios el BCE una parte de toda esa deuda, se dispara un mecanismo de protección que, entre otras cosas, impide oscilaciones susceptibles de provocar peligros en las primas de riesgo. Con ello se calma los efectos depredadores sobre las finanzas públicas de algunos países y se aporta serenidad ante la gravedad del conflicto financiero de la eurozona.

La posibilidad de que las cuantías de deuda pública que superen el 60 % del PIB se reestructuren como deuda perpetua, debidamente titulizada y cotizando en los mercados, con vencimiento a muy largo plazo —verbigracia, 30 o 40 años, por proponer una dilatado plazo de tiempo que permita enderezar nuestras cuentas—, constituiría todo un estimulante balón de oxígeno financiero con el que reordenar las finanzas públicas y concentrar todos los esfuerzos en reactivar la alicaída economía española.

Desde hace algunos años, a la vista del complicado panorama del endeudamiento público español, venimos clamando por una solución de este tipo. A veces, algunas voces claman en el desierto y obviamente nadie les hace puñetero caso; más o menos, eso es lo que le pasa a este escribidor.

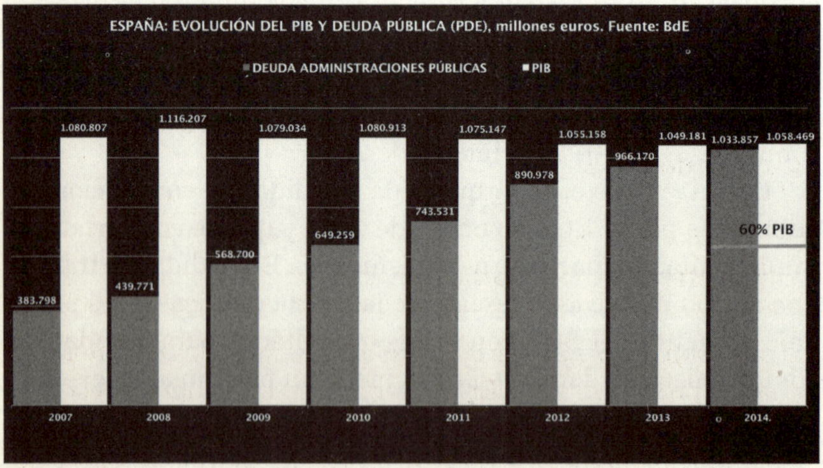

No obstante, la situación de España no es ni mucho menos la única que se antoja delicada en el contexto de la Unión Europea (UE). Por eso no está de más echar una ojeada al panorama que ofrecía al acabar el año 2014.

Recordemos que antes hemos visto tanto para 2013 como para 2014 el PIB de una serie de países europeos, su déficit y su deuda pública y la posición de España no era la peor pero sí muy mala. Los países europeos en el transcurso de los últimos años han ido acumulando unas cifras de deuda pública que, de seguir a este paso, penetrarán en zonas de turbulencias financieras. El conjunto de la Europa de los 28 y de la zona euro confirman una azarosa trayectoria de endeudamiento unida a un tímido crecimiento de sus economías cuando no decrecimiento.

Y es que el gasto público ha crecido drásticamente en la Europa avanzada durante la etapa floreciente, consolidándose un Estado del bienestar que hoy parece resquebrajarse —de vez en cuando, confundido con una especie de estado parasitario—, los crecimientos de las economías europeas son tenues, muy estrechos, cuando no decrecimientos, y las cuentas públicas se liquidan, salvo en el caso de Alemania, con números rojos.

La reconversión de parte de la deuda que supere el 60 % del PIB, condición establecida en el Tratado de Maastricht para acceder a la Unión Económica y Monetaria (UEM), promoviendo un endeudamiento a largo plazo y diseñando una deuda estructurada sobre la base de un carácter perpetuo, tal y como se apuntaba más arriba, supone una necesidad más o menos apremiante para la salud de las finanzas públicas de los países de la UE y, en concreto, de la UEM.

Perspectivas de la deuda

¿Cuáles son las expectativas para la deuda pública española durante los próximos años? El FMI presenta este cuadro en el que se observa que nuestra deuda pública, la que computa a los efectos del protocolo de déficit excesivo, atravesará por unos años complicados, entre 2015 y 2018, bordeando cuando no sobrepasando la cota del 100 % del PIB, y hasta el año 2019 no se alejará de esos niveles, de suerte que a partir de 2015 y hasta 2018 nuestra deuda pública rondará el preocupante 100 % del PIB, dato que no resulta nada cómodo ni manejable para la economía española.

Acabo este apartado trayendo a colación una reflexión planteada en uno de sus magníficos artículos semanales en el diario digital *El Confidencial* (elconfidencial.com) por el admirado, entrañable y perspicaz Leopoldo Abadía —un día tendremos que explicar la aventura que compartimos en un ascensor de Valencia; de momento, no puedo dar más detalles—, quien con tanto sentido común, naturalidad y simpatía sabe explicar, tocado de su inconfundible acento maño y sus toneladas de labrada sapiencia, ilustrando a propios y extraños, con su tono entre socarrón y pueblerino que siempre rezuma erudición, los secretos de la economía poniéndolos al alcance de todos.

Leopoldo Abadía reflexiona a principios de abril: «Hay que dar muy pocas cifras. Por ejemplo: déficit, deuda y personas sin empleo. Me gustaría que todos los españoles nos las supiéramos de memoria. Es muy fácil. Y que las cifras se calculasen siempre con el mismo criterio».

Me tomo la licencia de intentar responder al grandísimo Leopoldo Abadía, así que aquí están esas cifras que entiendo que él plantea a guisa de termómetro de nuestra economía. El déficit público en 2014: 61.741 millones de euros negativos; la deuda en 2014: la pública que cuenta a los efectos del protocolo de déficit excesivo de la UE —un invento de esos, Leopoldo, que propende a sofisticar los volúmenes reales y brutales de deuda, como tú tan bien sabes— asciende a 1.033.857 millones de euros. Si consideramos la deuda de verdad, Leopoldo, encarnada en los pasivos en circulación que resultan de las cuentas financieras de la economía española, nos vamos entonces a 1.493.413 millones de euros, y las personas sin empleo, atendiendo a la última EPA del cuarto trimestre de 2014 suman 5.427.700 que representan el 23,70 % de nuestra población activa.

Leopoldo, creo que he intentado poner algo de luz en las oscuridades que a tantos españoles nos atenazan aprovechando tus astutas reflexiones. Y si en ello nos fijamos las cosas no están ni mucho menos para ir lanzando las campanas al vuelo.

Y como punto final, sendas evoluciones a propósito de la deuda que preocupan pensando en el futuro. Si comparamos la deuda privada integrada por la de las familias y la empresarial frente a la deuda pública real del Estado español, siguiendo lo que dice el FMI, el resultado se contempla en el siguiente gráfico.

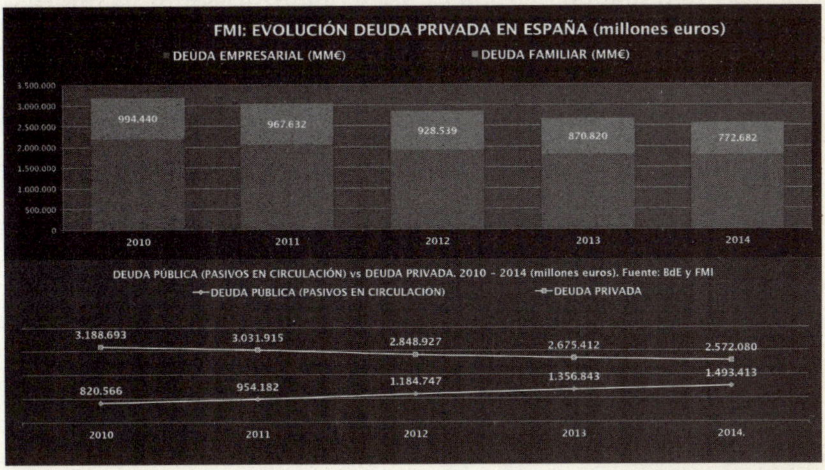

Se advierte que el sector privado a lo largo de los últimos años, entre 2010 y 2014, ha emprendido un serio esfuerzo para ir disminuyendo su deuda a través de un consciente y responsable proceso de desapalancamiento o desendeudamiento que, en números redondos, podemos cuantificar en más de 616.000 millones de euros.

Pero no ocurre lo mismo en el otro lado. El sector público se ha dedicado a engordar la deuda que en ese mismo período de tiempo aumenta en cerca de 673.000 millones de euros. La tendencia de la curva del endeudamiento total público propende a cruzarse, primero, con la del sector privado y, a continuación, a superarla.

Entonces, el principal deudor en España, quien más cantidades de dinero habrá absorbido para alimentar sus necesidades, muchas de ellas superfluas e hinchadas, será el sector público. El dinero del sistema será en exclusiva para sostener las desdibujadas deudas públicas perjudicando al sector privado que no podrá disponer de las sumas recabadas por el sector público y, otrosí, el sector público succionará al sector privado —tal cual viene ocurriendo en estos últimos años— más dinero aún a base de golpear con impuestos de todo tipo a la ciudadanía.

Eso traslucen, a la postre, las cifras presupuestadas de ingresos públicos para el trienio 2015-2017. De no remediarse ese paisaje, cada vez nos acercaremos a un modelo de economía intervenida al más puro estilo soviético en el que todo el mundo acaba laborando para el Estado y éste, simplemente, te esquilma. Es lo que indican los datos. Por el momento.

7

La supervisión de las instituciones europeas

Un paquete de reformas

Las instituciones europeas han tenido un papel crucial en el desarrollo de las políticas económicas en España en los últimos años. Reclamaron reformas y estuvieron pendientes de que se realizaran. Y también ahora siguen insistiendo en que todas ellas se vayan cumpliendo. La Comisión Europea (CE), el Banco Central Europeo (BCE) y el Fondo Monetario Internacional (FMI), la llamada troika —ese triunvirato de las tres instituciones o el trineo ruso tirado de tres caballos—, mostraron su gran preocupación por la situación en España en 2010 y 2011. Y en 2013, el 29 de mayo, la Comisión Europea presentaba el decálogo de reformas necesario para encarar una etapa de estabilización económica, que pudiera asegurar la recuperación.

Ese paquete de recomendaciones se concretó en duras políticas de sacrificios y ajustes que todos los ciudadanos hemos sufrido. Todo ello hubiera precisado de un consenso entre administraciones y administrados, pero no hubo la empatía del Gobierno para plantear seriamente los cauces de las reformas. Con ello, lo que se propició es un gran malestar social, que provocó reacciones de descontento y que podría traducirse en el apoyo a nuevas opciones políticas.

Por tanto, el Gobierno actuó en la primavera de 2013. Para contentar a la troika —¡no, no estábamos intervenidos..., qué va, ni rescatados!— se reforzaba la exigencia de un efectivo y austero esfuerzo presupuestario estatal, léase más cargas tributarias, más copagos, más tasas, menos prestaciones, sueldos públicos atados en corto....

Se insistió en abordar la sistemática del sistema tributario (*sic*), cuya puesta en escena tendría lugar en marzo de 2014 y la mal llamada reforma fiscal —una simple chapuza de artículos remendados con mucho toque electoralista en lo concerniente al IRPF, mejor sistematizada en el Impuesto sobre Sociedades aunque con golpes inciertos y nos olemos que secos y contundentes para las pymes; y apenas reajustes técnicos en el IVA— que se aprobó a finales de 2014 para iniciar su andadura en 2015, con la duda de ver cuánto dura.

También Bruselas indicó a nuestro Gobierno que había que proseguir y acabar con la reestructuración del sistema financiero español, concretando su recapitalización. El acento se colocaba, de nuevo, en la reforma del mercado de trabajo a fin de que en julio de 2013 quedara diseñada; y se abordaba la toma de medidas para combatir el alarmante y elevadísimo desempleo juvenil.

Pero hubo más. Las instituciones europeas establecían otra batería de requisitos que acometer por parte del Gobierno español: hacer frente al riesgo de pobreza o marginación social, en franco y alarmante desarrollo en España a lo largo de estos últimos años; promover la unidad de mercado e impulsar medidas que dinamicen a nuestras empresas; solventar la disyuntiva, nunca encarada con decisión, de la energía, en sus variadas facetas; reconocer y disciplinar los pasivos contingentes —verbigracia, rescates de autopistas radiales alrededor de Madrid, o de almacenes gasísticos en aguas mediterráneas amén de otros desfases agazapados en empresas públicas— y, por último, poner orden y concierto en nuestra gigantesca administración pública.

El FMI también aportó sus propias medidas, en agosto del mismo año. Al socaire de los argumentos incluidos en el llamado Memorándum de Entendimiento (MoU) firmado en junio de 2012, el FMI pasaba a controlar, con lupa, el sector financiero español y, en buena manera, por más que se niegue la mayor, nuestras variables económicas. El FMI insistió en la reforma del sistema tributario español y en perseverar la consolidación fiscal —lo que traducido a lenguaje llano es sinónimo de aumentos de impuestos y recortes sociales—, apuntando a una reducción del sesgo inducido por la fiscalidad a favor del endeudamiento y la propiedad privada —varias normas tributarias han puesto coto a deducibilidades y deducciones en impuestos directos durante los últimos años—. Se reiteró también la necesidad de las reformas en el mercado de trabajo, señalando como prioritaria la reforma del sector eléctrico, y se pronunció sobre el fin de los visados en distintas profesiones.

Nuevas recomendaciones en el verano de 2014

Empero, los mandamases europeos no se quedaron ahí, lo que indica que durante todo este tiempo ha estado pendiente de cada medida del Gobierno español. El 2 de junio de 2014, la Comisión Europea volvía a la carga. Lo hacía con la Recomendación del Consejo relativa al Programa Nacional de Reformas de 2014 de España, emitiendo un dictamen por parte del Consejo sobre el Programa de Estabilidad de 2014. Y en julio era el FMI el que de nuevo nos iba poniendo en vereda. ¿Cuáles fueron los puntos clave que desarrolló esa Recomendación? ¿Qué extremos abordó el equipo capitaneado por Christine Lagarde?

Aquí llegamos al tema más espinoso en la economía y la política españolas. El Gobierno considera que no hubo en ningún momento un rescate, y se vanagloria de ello. Ésa sería, de hecho, la medida más destacable por parte del Ejecutivo de Mariano Rajoy. «Evitamos el rescate», se dice una y otra vez. Pero, por más que se jure y perjure que aquel rescate del verano de 2012 no fue un rescate ni una intervención de la troika sobre España, la lectura del MoU y el férreo control sobre nuestras finanzas públicas y la economía española indican bien a las claras justo todo lo contrario máxime cuando hoy en día siguen cayendo periódicamente por España los controladores o inspectores de la troika.

En aquel momento, junio de 2012, se estableció todo un paquete de condicionalidades, y se marcaron exigencias y ruta que seguir. El eufemismo de manejar lo de rescate parcial del sistema financiero o rehuir el uso de la palabra rescate, no obsta para ser conscientes de que nuestra economía ha estado muy controlada por parte de las autoridades europeas y del FMI, junto con la supervisión del BCE. Aunque a los actuales gobernantes no les guste ni pizca y nos lleguen a tildar de apóstatas o herejes, España ha estado intervenida y sigue estándolo aunque de un modo más suave. Por si hubiera dudas, esa conclusión se colige tanto de lo que dice la CE como el FMI, que iremos analizando.

El avance renqueante de España

España experimenta desequilibrios macroeconómicos que requieren de un seguimiento específico y la aplicación de medidas resueltas, dice la CE, señalando que se ha avanzado en ajustar los desequilibrios excesivos mientras la reanudación del crecimiento —constatado en 2014 con el modesto resurgir del PIB español; 9.000 millones de euros de repunte por más que los fuegos artificiales quieran animar la fiesta— disminuye los riesgos que acechaban a nuestra economía. Tales riesgos, sin embargo, no han desaparecido ya que los altos niveles de deuda interna y externa —la externa se dispara a 1,694 billones de euros al cierre de 2014, según el Banco de España— y el elevado desempleo —más del 24 % en 2015— implican que persistan amenazas ante un cuadro con signos de debilidad. Conviene subrayar, aquí, que la deuda privada española equivalía en 2010 al 295 % de nuestro PIB, es decir, 3,189 billones de euros. Esta carga se ha ido reduciendo y en 2014, según cálculos del FMI, representaría el 243 % de nuestro PIB, es decir, 2,572 billones de euros.

FMI: EVOLUCIÓN DEUDA PRIVADA EN ESPAÑA	2010	2011	2012	2013	2014	2015	2016	2017	2018	2019
DEUDA DEL SECTOR PRIVADO (% s/ PIB)	295	282	270	255	243	238	235	231	227	223
DEUDA EMPRESARIAL (% s/PIB)	203	192	182	172	170	168	166	164	161	158
DEUDA HOGARES/FAMILIAS (% s/PIB)	92	90	88	83	73	71	69	68	66	65

Así, la deuda empresarial se estima en casi 1,8 billones de euros, mientras que la de las familias ascendería a casi 773.000 millones de euros.

2014 PIB (Millones euros)	FMI: DEUDA SECTOR PRIVADO 2014 (Millones euros)	FMI: DEUDA EMPRESAS 2014 (Millones euros)	FMI: DEUDA FAMILIAS 2014 (Millones euros)
1.058.469	2.572.080	1.799.398	772.682

Un año atrás, el endeudamiento privado en España era algo más elevado. Eso demuestra el denuedo puesto por el sector privado en aras de rebajar la fuerte carga de deuda existente, justo lo contrario que hace nuestro sector público.

2013 PIB (Millones euros)	FMI: DEUDA SECTOR PRIVADO 2013 (Millones euros)	FMI: DEUDA EMPRESAS 2013 (Millones euros)	FMI: DEUDA FAMILIAS 2013 (Millones euros)
1.049.181	2.675.412	1.804.591	870.820

Y llegó el 30 de abril de 2014. España presentaba su Programa Nacional de Reformas y de Estabilidad. La CE preconizó que la estrategia presupuestaria del programa de estabilidad debía corregir el déficit excesivo para 2016 y alcanzar el objetivo en 2017, precisando que el programa prevé situar el déficit en 2016 por debajo del 3 %, pero la mejora anual del saldo del déficit estructural, ya recalculado, queda por debajo del esfuerzo recomendado a partir de 2014.

Asimismo, el programa de estabilidad presentado por el gobierno español prevé un ratio de deuda pública respecto a PIB del 101,7 % en 2015 que a posteriori iría disminuyendo. Sin embargo, la CE se pronuncia en el sentido de que la estrategia presupuestaria perfilada en el mencionado programa se ajusta sólo en parte a los requisitos del pacto de estabilidad y crecimiento.

Entre la proyección sobre el déficit público que formulaba en el verano de 2014 el FMI y las previsiones de nuestro Gobierno se producían algunas diferencias.

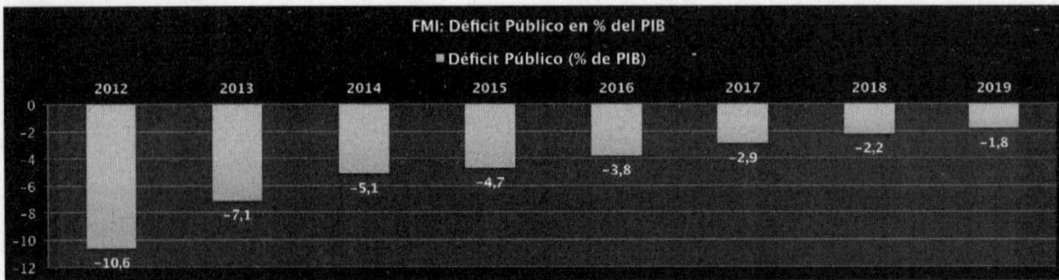

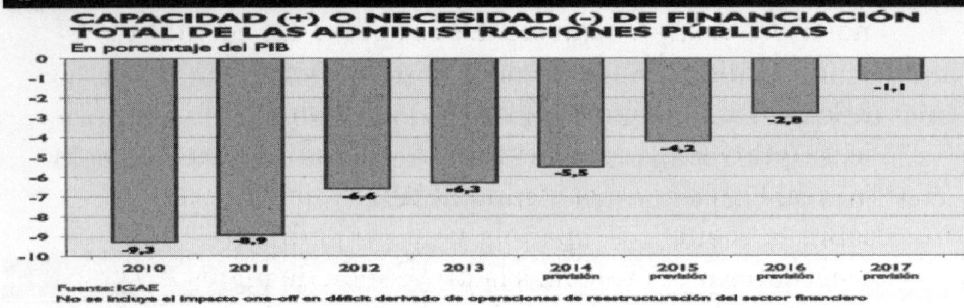

Destaquemos una consideración clave por parte de la CE que pone contra las cuerdas a nuestro Gobierno. Al hablar del escenario macroeconómico en el que se apoyan las previsiones presupuestarias, la CE lanzaba una pequeña andanada. Las previsiones, venía a decir, no estaban elaboradas ni corroboradas por ningún organismo independiente; serían aceptables para 2014 —como se confirmaba al cierre de ese ejercicio— pero sobreestimadas para 2015 y el crecimiento del PIB para 2016 y 2017 parecía un tanto optimista a la vista de las tasas de crecimiento potencial de la economía y las necesidades de ajuste al concluir la crisis.

Lo que constataron las autoridades europeas es que se cometía un riesgo de sobreestimación en el ajuste del déficit y la deuda, sin que se especificaran suficientemente las medidas concretas encaminadas a lograr el objetivo de déficit a partir de 2015 en lo concerniente a los cambios en la legislación tributaria dentro del marco de la reforma fiscal. Riesgos relativos a pasivos contingentes —autopistas rescatables, Castor, líneas ferroviarias o renovables— y relativos a los ahorros previstos a nivel local y, sobre todo, regional, esto es, los abultados déficits de nuestras comunidades autónomas.

Lo que constató Bruselas es que todos los datos del Gobierno, sobre sus previsiones, precisaban de una mayor sustentación. Y que era necesario poner en marcha más esfuerzos adicionales. Todo ello se plasma en un gráfico que antes ya presentábamos y que es bueno tener ahora mismo delante. Las cifras de ingresos públicos proyectadas para 2015, 2016 y 2017, de ser tales confirmarían que, una vez consumadas las elecciones, vamos a sufrir una presión fiscal mortal de necesidad, en tanto que el gasto público no ofrece visos de reajuste. De esa guisa, las cuentas públicas y el tan temido déficit se cuadran para complacer los designios de la troika. Pero ¿son realizables estos números?

Dícese que el FMI yerra siempre en sus pronósticos económicos. Tal vez. Empero, en el verano de 2013 publicaba sus vaticinios sobre la economía española y nuestras finanzas públicas. Según sus datos preparábamos la proyección de ingresos y gasto público de España para el período 2013-2018, arrancando desde 2009. Y tanto en 2013 como en 2014 el FMI toca la diana en cuanto a sus previsiones sobre déficit. Desde la óptica del contribuyente se oteaba, en aquel verano de 2013, cuando trabajábamos con esos números, algún nubarrón. ¿Qué demonios significaba el concepto de medidas no identificadas, que cada año desde 2014 hasta 2018 suponen un buen pellizco, y que fueron transmitidas por parte del Gobierno español a los representantes del FMI sin que se entrara en más detalles? El tiempo siempre arroja luz a la duda y aclara los escenarios borrosos.

Las subidas de impuestos, los aumentos de cotizaciones sociales, la mayor presión fiscal es lo que se esconde tras esa floritura presentada como medidas no identificadas. De hecho, si resumimos las cuentas públicas se deduce que en 2015 habrá un aumento de los ingresos del Estado de 20.335 millones de euros respecto a 2014. ¿Mayor recaudación que tendrá su origen en la pujanza de nuestra actividad económica o responderá a más presión fiscal agazapada por distintos frentes tributarios? Esa tónica de incrementar los ingresos del Estado proseguirá, según el Plan de Estabilidad presentado a Bruselas, en 2016 y en 2017. El dilema, o los recelos, vienen dados por el origen de esa potenciación de la recaudación tributaria. ¿Nos castigarán aún más y nos coserán a impuestos o realmente nuestra economía crecerá con fuelle?

En todo caso, el quid de la cuestión se halla en el gasto público que sigue aumentando y no se frena, aunque sí hay que reconocer que lo hace de una forma mucho más moderada que en años precedentes.

En millones de euros	LIQUIDADO 2014	PRESUPUESTO 2015	INCREMENTO 2014-2015	PRESUPUESTO 2016	INCREMENTO 2015-2016	PRESUPUESTO 2017	INCREMENTO 2016-2017
INGRESOS TOTALES DEL ESTADO	399.733	420.068	20.335	436.557	16.489	458.076	21.519
GASTO PÚBLICO TOTAL	461.474	465.746	4.272	468.300	2.554	471.100	2.800
DÉFICIT PÚBLICO	-61.741	-45.678	-16.063	-31.743	-13.935	-13.024	-18.719

España tiene que proceder a una dimensión presupuestaria estructural por cuanto los ajustes realizados y las decisiones correctoras, tal y como se ha visto al encarar el déficit público español y nuestra deuda pública, no prosperan como sería deseable. La CE, para cumplir con ello, exige más rigurosidad con las comunidades autónomas incumplidoras, cosa que hasta la fecha se va trampeando de aquella manera. También se insiste en el papel de una institución presupuestaria independiente —ya en marcha, finalmente, la Autoridad Independiente de Responsabilidad Fiscal (AIReF)— y en la línea de seguir mejorando la eficiencia de la asistencia sanitaria y el gasto farmacéutico, por lo que recomienda la centralización de la adquisición de productos farmacéuticos, la revisión de la gama de servicios, el desarrollo de historiales clínicos digitales y el refuerzo de la gestión de los centros de salud.

Por su parte, el FMI, en julio de 2014, se pronunciaba sobre nuestra economía y en el plano de la consolidación fiscal reclamaba que se continuara con la reducción del déficit público. Incidía sobre la próxima reforma fiscal —impulsada por aquellas fechas y aprobada en noviembre de 2014— aludiendo a la protección de los servicios públicos con un misterioso toque al hablar de las generaciones actuales y futuras que deparaba enigmas sobre la sostenibilidad y volvía a la carga sobre el tan manido asunto del aumento del IVA, de los impuestos especiales y medioambientales.

Eso nos indica una cosa clara. Y es que, tras las elecciones generales, según cuál sea la opción política ganadora, el panorama tributario se podría reforzar, es decir, se avecinan más cargas tributarias.

Con ese verbo acendrado tan propio del lenguaje de los organismos supranacionales —que parece que evoquen algo cuando en realidad lanzan sutilezas con velados mensajes—, el FMI invita a España a promover el crecimiento inclusivo, expresión que se traduce en ampliar las bases del IRPF, reducir las exenciones del IRPF y acotar los regímenes especiales —así se ha hecho en la reforma fiscal de 2014 con efectos a partir de 2015— y del Impuesto sobre Sociedades —exactamente lo mismo ha ocurrido— reduciendo su tipo de gravamen, pero no hasta el 20 % —amén.

Lo que pide el FMI es que aumenten los ingresos tributarios, al entender que hay margen en los impuestos indirectos. Pero no piensa sólo en lo que serían revisiones al alza por ejemplo del IVA, sino reduciendo gradualmente sus tratamientos preferenciales, o sea, elevando tipos de gravamen como sería el caso del IVA superreducido y en el reducido, que se tendrían que ir alineando con el general, cuando no incrementando éste.

Las consecuencias nefastas para el consumo, de llevarse a cabo esas propuestas, serían imponentes. El FMI lanza, a la sazón, una especie de arma de doble filo: de un lado, España debe alinear su esfuerzo recaudador con el de otros países europeos y, de otro lado, hay que implementar medidas de protección para los más vulnerables. Pregunta: ¿en qué y cómo quedamos? ¿Cómo se consiguen esos dos objetivos?

El FMI alerta sobre el déficit. Pese a todas las mejoras, considera que sigue siendo elevado. También alerta de que la deuda se acerca ya al 100 % del PIB. Y esas reclamaciones van a seguir produciéndose, para que esos parámetros no afecten más a la posible recuperación económica.

Otro de los asuntos en los que se presta una atención especial es en la lucha contra el fraude fiscal y el trabajo no declarado, donde la CE insiste en que siguen existiendo graves problemas. Aquí hay que afirmar que el Gobierno podría hacer mucho más, porque se peca de una maraña de trabas burocráticas, y existe una nula empatía y cero sensibilidad por parte de la Administración. Admite la CE que tanto en 2013 como en 2014 se han llevado a cabo reducciones de las cotizaciones de la Seguridad Social para fomentar la contratación de jóvenes y nuevos trabajadores, si bien, añadimos nosotros, desde un punto de vista práctico y en la realidad cotidiana de nuestras empresas las siempre eufóricas medidas anunciadas desde la Moncloa cuando atraviesan sus barreras y muros y salen al exterior, se desvanecen y quedan en agua de borrajas.

La CE vuelve a la carga sobre ese asunto lanzando un alud de pautas: propuestas para modernizar el sistema impositivo —en España, de eso, nada de nada sino justo todo lo contrario, como se comprueba con la cuestión de la banda ancha respecto a las tecnologías de la información y la endemoniada fibra óptica; cuando escribo estas líneas he estado durante 6 largos días sin conexión a internet en Barcelona—; reducción de la distorsión en contra del empleo —con los serios inconvenientes de nuestra gente mayor para enrolarse en las filas del trabajo en activo y los altos costes laborales para personas con baja cualificación que, decíamos, difícilmente se reincorporarán al mundo del trabajo; fomentar la recaudación tributaria— al margen del ordeno y mando y de los palos que nuestra administración pega a los contribuyentes —o propiciar el desarrollo económico— si un gobierno que ha dispuesto durante toda una legislatura de mayoría absoluta no ha puesto las bases para ello, tremendo envite será el de fomentar nuestra economía cuando España entre en la ingobernabilidad.

También se pide garantizar la unidad de mercado —muchos propósitos legales al respecto que caen en saco roto, porque España hoy deriva en un conjunto de miniestados—; asegurar la neutralidad presupuestaria, que suena más a brindis al sol que a algo realmente tangible; y, señala la CE, ampliar la competitividad de la economía española —algo que al día de hoy se ha ido logrando a través de sacrificadas devaluaciones salariales— contribuyendo al saneamiento presupuestario, objetivo, a la vista de los guarismos reales, impregnado de ramalazos utópicos.

En esta línea, la concepción y aplicación de la reforma fiscal supone una herramienta crucial y clave para las finanzas públicas españolas y sus perspectivas económicas futuras. Ahora bien, parece que esa filosofía de la CE conecta exclusivamente con subidas de impuestos que a la hora de la verdad erosionarán nuestro propio desarrollo. La promulgación de la reforma fiscal de 2014 —más chapuza y rebaja fiscal que no reforma con fuste y de enjundia— levantaba críticas en el seno de la CE habida cuenta de las rebajas en el IRPF. Alguien calmaría los enfados europeos explicando que, en esencia, tanta rebaja pregonada era más bien simbólica y que en el momento de la verdad los contribuyentes españoles seguirán pagando casi lo mismo que hasta la fecha.

Observemos el resumen de conceptos tributarios contenido en los Presupuestos Generales del Estado para 2015, a fin de corroborar lo recién apuntado.

Si en 2014 los ingresos tributarios recaudados suman 176.627 millones de euros —por debajo de los 179.750 millones presupuestados—, para 2015 la previsión es de 186.111 millones de euros, en números redondos 9.500 millones de euros más.

¿Dónde está la rebaja fiscal? ¿El aumento de recaudación tendrá su origen en la mayor actividad económica o en proseguir con la persecución fiscal del pobre y castigado contribuyente español, que no en la búsqueda de bolsas de fraude fiscal?

Curiosas las rebajas fiscales aireadas a los cuatro vientos, porque de 2011 a 2014 el Estado en su conjunto ha incrementado en más de 21.000 millones de euros los impuestos, lo que unido a los 9.500 más que recaudará Hacienda en 2015, da una dimensión de solamente ¡30.000 millones de euros más que pagamos los españolitos en impuestos! Eso sin contar los aumentos en materia tributaria que llevarán a cabo las comunidades autónomas.

¡Impresionante lo que nos aprietan a la noble ciudadanía nuestros gerifaltes! ¿Fue usted, amable lector, quien les votó?

INGRESOS PÚBLICOS	2011 MILLONES €	2012 MILLONES €	2013 MILLONES €	2014 MILLONES €	2011 - 2014 VARIACIÓN MM€
IMPUESTOS INDIRECTOS	106.513	109.461	115.357	118.431	+11.918
IMPUESTOS DIRECTOS	102.010	106.265	110.141	111.202	+9.192
COTIZACIONES SOCIALES	137.802	131.859	128.172	129.924	-7.878
OTROS INGRESOS	41.028	42.800	39.798	40.176	-852
TOTAL INGRESOS	387.353	390.385	393.468	399.733	+12.380

Por ejemplo, en lo relativo al IRPF, cuya recaudación en 2014 se cerraría con 73.415 millones de euros, el presupuesto de 2015 maneja 72.957 millones, 458 millones menos. Ese leve retroceso del IRPF se subsana con creces al comprobar el Impuesto sobre Sociedades, cuya recaudación en 2014 fue de 19.589 millones de euros y en 2015 sería, a tenor del Presupuesto, de 23.577 millones. ¿Tanto repuntarán los beneficios de nuestras sociedades como para que se acrecienten sus bases imponibles de forma colosal o ese incremento recaudatorio tiene su origen en una poda brutal de gastos deducibles, en la supresión drástica de deducciones de la cuota, en el maquiavélico juego de imputar ingresos que no lo son en términos reales? Unos 4.000 millones de euros de más recaudación en el Impuesto sobre Sociedades, atendiendo a cómo evoluciona el panorama económico, nos da que pensar.

GOBIERNO DE ESPAÑA

MINISTERIO DE HACIENDA Y ADMINISTRACIONES PÚBLICAS

Ingresos

En millones de euros

CONCEPTOS	2014 PRESUPUESTO (1)	2014 RECAUDACION (2)	PRESUPUESTO 2015 (3)	INCREMENTO (3)/(1)	INCREMENTO (3)/(2)
1. INGRESOS TRIBUTARIOS (antes de cesión a Entes Territoriales)	179.750	176.627	186.111	3,5	5,4
IRPF	73.196	73.415	72.957	-0,3	-0,6
SOCIEDADES	22.326	19.589	23.577	5,6	20,4
IVA	54.849	56.216	60.260	9,9	7,2
IIEE	20.453	19.057	19.894	-2,7	4,4
Otros Ingresos Tributarios	8.925	8.350	9.423	5,6	12,8
2. INGRESOS TRIBUTARIOS (después de cesión a Entes Territoriales)	107.412	104.769	113.836	6,0	8,7
3. INGRESOS NO TRIBUTARIOS	20.747	25.034	19.876	-4,2	-20,6
4. TOTAL INGRESOS NO FINANCIEROS (2+3) (después de cesión a Entes Territoriales)	128.159	129.803	133.712	4,3	3,0

7

Las previsiones sobre el IVA es de aquellas cosas que hacen época, porque da por sentado una recuperación de la actividad económica sin parangón.

Los 56.216 millones de euros recaudados en 2014 se transforman en 2015 en 60.260 millones, por lo tanto, en 4.044 millones de euros más. Mucho consumo, mucha algarabía por parte de todos nosotros, para que esto sea así y ¡ojalá que lo sea!

Grosso modo, ese impacto recaudatorio vía IVA es factible si el tirón del consumo es de un calibre de unos 20.000 millones de euros, lo que significa que nuestro PIB pisaría muy fuerte en 2015. Sin embargo, pensamos, adonde no llegue la recaudación de IVA según los objetivos propuestos, se pondrá en marcha la endemoniada y obtusa maquinaria de nuestra Hacienda buscando los sinsentidos interpretativos para dar la vuelta a la lógica tributaria, invirtiendo lo que haya que invertir —de invertido que no de inversión—, con la finalidad de que todo hijo de vecino pague más IVA del que en justicia le corresponde.

Un rebote en impuestos especiales así como en otros ingresos tributarios —todo ello, por supuesto, incidiendo en nuestros bolsillos—, y, en definitiva, donde en 2014 se recaudan 104.769 millones de euros en 2015 son 113.836 millones. ¿Dónde está la rebaja fiscal de la reforma fiscal? Lo que te dan, teóricamente, por un lado, te lo quitan realmente por otro. Ojo avizor, pues, amigo lector, porque las cosas no son en tales menesteres como en las conmovedoras películas de Walt Disney.

En junio de 2014, por tanto, la CE seguía insistiendo en la concepción y aplicación de la reforma fiscal como factor clave para mejorar las finanzas públicas y las perspectivas económicas futuras de España.

Estabilidad financiera y sistema bancario

A propósito de la estabilidad financiera en nuestro país, la CE precisa que se ha reforzado gracias a la recapitalización y reestructuración del sistema bancario, aun cuando nuestro sector financiero se enfrenta todavía a serios problemas que deben ser supervisados y gestionados cuidadosamente.

La mejora de las condiciones de financiación de los bancos, reconocía la CE, sólo se está trasladando gradualmente a la financiación de las pymes, y es determinante garantizar que el crédito siga fluyendo hacia los sectores viables de la economía mientras prosigue el desendeudamiento del sector privado. Increíble paradoja ésta.

Si por un lado el proceso de desendeudamiento de empresas y familias no puede detenerse, por otro el crédito debe fluir hacia empresas y familias. ¿En qué quedamos? El trasfondo del pronunciamiento de la CE es que el crédito se facilite a quienes estén en condiciones de reactivación económica, mientras quienes no tiren pues que se vayan desendeudando.

La CE dice que las autoridades han tomado medidas para mejorar el acceso de las empresas a la financiación bancaria y no bancaria y, al menos en teoría, facilitando la reestructuración de la deuda, pero indica que es necesario aún tomar medidas adicionales. Asignatura pendiente, por ende, es la de estimular la financiación no bancaria.

Si observamos el análisis que hacía el FMI sobre el cierre del ejercicio 2013 por parte de nuestro sistema financiero, se deslizaban algunos extremos. El FMI, en definitiva, contextualizaba así el cierre de 2013 de nuestro sector bancario:

VUELVE A LA RENTABILIDAD EN 2013	OBTENCIÓN DE INGRESOS NO FINANCIEROS
	OBTENCIÓN DE BENEFICIOS NO RECURRENTES
	CAÍDA DE INGRESOS POR INTERMEDIACIÓN
PERSPECTIVAS 2014	MENOS PROVISIONES
	DISMINUCIÓN DE LOS COSTES DE FINANCIACIÓN
PELIGROS PARA EL SECTOR	MOROSIDAD ALTA
	DESACELERACIÓN DE LOS MERCADOS EMERGENTES (AMÉRICA LATINA)
	DESACONSEJABLE REPARTIR DIVIDENDOS
	LIMITAR *BONUS*
PROGRESO EN LA REESTRUCTURACIÓN BANCARIA	MEJORA DE LOS RATIOS DE SOLVENCIA DE LA BANCA, GRACIAS A ACTIVOS POR IMPUESTOS DIFERIDOS • 10,5% EN JUNIO 2013 • 11,5% EN DICIEMBRE 2013
	NECESIDAD DE CAPITALIZACIÓN ROBUSTA
CAÍDA DE LA PRIMA DE RIESGO	MEJORA EN LA FINANCIACIÓN DE LA BANCA

En lo concerniente a capitalización del sistema financiero, ésta se entiende por parte de la CE y el FMI en fase de culminación y, de hecho, la perspectiva global que durante 2013 y 2014 ofrecen el balance y la cuenta de resultados de las entidades de crédito y de depósito así parece confirmarlo.

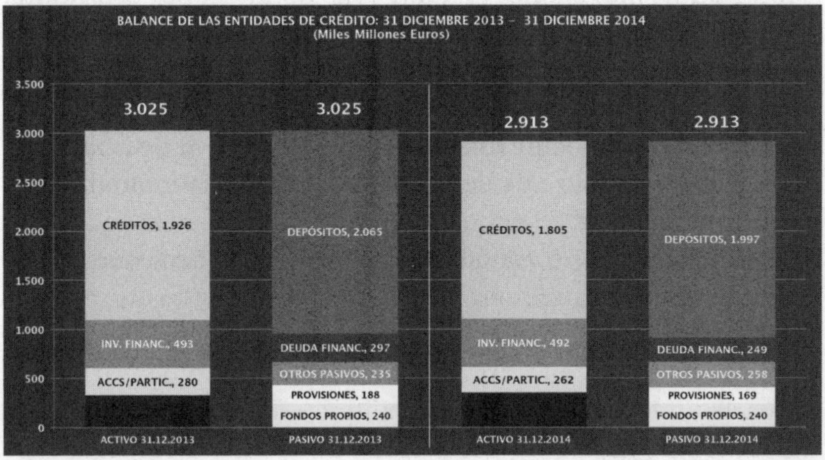

No obstante, el sector financiero todavía se enfrenta a varios retos. Así, por el frente del activo la cuantía de los activos por impuestos diferidos, estimada en unos 50.000 millones de euros, originados por créditos fiscales por compensaciones de bases imponibles negativas, deducciones pendientes de computar e impuestos anticipados por diferencias temporarias. El capítulo de las refinanciaciones negociadas, evaluadas en unos 205.000 millones de euros, consistentes en flexibilizar las condiciones de pago así como devoluciones de créditos ya concedidos a empresas y particulares; los riesgos de crédito subestándar; la permanencia en el balance de activos estancados y de difícil realización y el repunte de la tasa de morosidad que en la recta final de 2013 alcanza el 13 % del crédito. A todo ello, cabe agregar la falta de negocio bancario puro derivada de la caída de la inversión crediticia.

Las incógnitas que sobrevuelan los pasivos de los balances de nuestras entidades de crédito afectan a su capitalización, o sea, al peso de los capitales propios sobre el total de activos ponderados y el grado de cumplimiento de los requisitos establecidos para la banca europea —en parte, solventados a finales de 2013 gracias a la garantía del Estado sobre una porción elevada de los activos por impuestos diferidos y ratificados con la monetarización de los créditos fiscales en virtud del artículo 130 de la Ley del Impuesto sobre Sociedades promulgada en noviembre de 2014—; la suficiencia de las provisiones dotadas considerando, por añadidura, el repunte de la tasa de morosidad habida cuenta de las actuales circunstancias que inciden en el ámbito de las economías familiares, complicándose su desendeudamiento, y las dificultades de las empresas para seguir adelante con su proceso de desapalancamiento, en una esfera de debilidad y contracción económica; y, por último, las reticencias explícitas de la CE y, en especial, del FMI sobre repartos de dividendos al pronunciarse sobre una limitación de los mismos, algo del todo lógico atendiendo a la necesidad de recapitalización bancaria.

Número de bancos revisados por país con detalle de los 15 bancos españoles

Durante 2014, nuestro sistema financiero superaba con nota los llamados test de estrés del BCE. Éste es un positivo síntoma acerca de la mejoría y recuperación de la actual banca española, tal y como se verifica observando las cuentas de resultados de las entidades de depósito. Ese paso adelante no quiere decir que nuestra banca, o lo que sobrevive de ella, esté inmunizada ante cualquier peligro o epidemia, pero sí que de momento está vacunada y se encuentra bien, con lo que puede ayudar a caminar a nuestra economía.

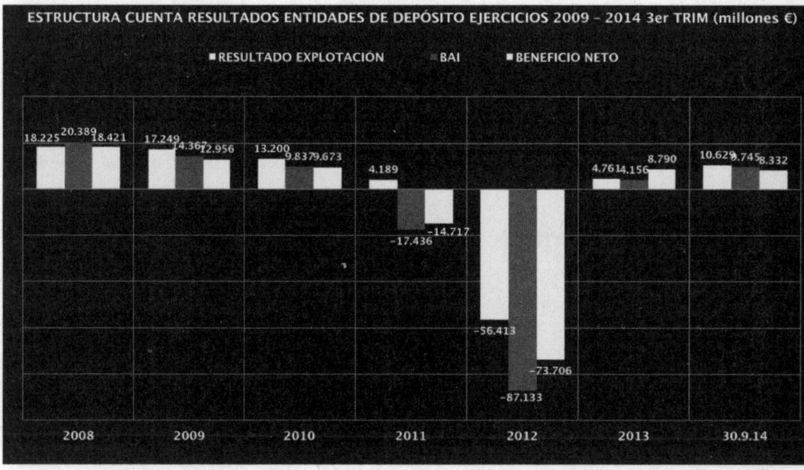

Los resultados de las entidades de depósito entre 2008 y 30 de septiembre de 2014 muestran la evolución de nuestro sistema financiero, que en 2011 y 2012 soportó sus mayores embestidas por pérdidas por deterioro. A lo largo de esos años se advierte la disminución de los productos financieros —en 2013 representaron menos de la mitad de 2008— así como el consecuente recorte de los costes financieros, confluyendo en un ajuste significativo del margen por intereses.

Las entidades de depósito, bajo ese escenario contractivo, han tenido que hacer maniobras para adecuar sus costes a la realidad imperante. Eso ha propiciado, en mayor o menor medida, forzar otros rendimientos y apretar en comisiones. También ajustar a la mínima expresión los costes de transformación o gastos de explotación, con los de personal como los más perjudicados. A su vez, disponer de un colchón económico anual que encajara varapalos de deterioros, insolvencias, provisiones, correcciones de valor, agolpados entre 2010 y 2012. Asimismo, forzar máquinas de resultados excepcionales que permitieran disponer de recursos económicos con los que contrarrestar la plaga que carcomía las cuentas de pérdidas y ganancias.

ESTRUCTURA CUENTA RESULTADOS ENTIDADES DE DEPÓSITO EJERCICIOS, 2009 - 2014 3er TRIM (millones €)							
CONCEPTO	2008 MILLONES €	2009 MILLONES €	2010 MILLONES €	2011 MILLONES €	2012 MILLONES €	2013 MILLONES €	30.9.2014 MILLONES €
PRODUCTOS FINANCIEROS	141.654	103.089	77.091	83.963	80.465	65.028	41.509
COSTES FINANCIEROS	-106.496	-60.054	-42.799	-54.398	-47.725	-38.211	-21.639
MARGEN DE INTERESES	35.158	43.035	34.292	29.565	32.739	26.816	19.869
RENDIMIENTOS INST. CAPITAL Y OTROS PROD.	31.224	24.517	29.021	27.561	26.768	28.727	21.730
MARGEN BRUTO	66.382	67.552	63.313	57.126	59.507	55.543	41.599
GASTOS EXPLOTACIÓN	-29.508	-29.400	-29.431	-28.464	-26.951	-26.798	-19.493
DOTACIONES	-3.405	-1.351	-3.963	-1.805	-6.422	-2.186	-264
PÉRDIDAS DETERIORO ACTIVOS FINANCIEROS	-15.245	-19.551	-16.719	-22.668	-82.547	-21.800	-11.215
RESULTADO ACTIVIDAD DE EXPLOTACIÓN	18.225	17.249	13.200	4.189	-56.413	4.760	10.628
PÉRDIDA POR DETERIORO RESTO DE ACTIVOS	-948	-7.494	-5.290	-21.738	-33.444	-4.109	-2.283
OTROS RESULTADOS	3.112	4.611	1.927	113	2.724	3.505	1.399
BENEFICIO ANTES DE IMPUESTOS	20.389	14.367	9.837	-17.436	-87.133	4.156	9.744
IMPUESTOS SOCIEDADES	-1.903	-1.365	-134	+2.743	+13.441	+4.658	-1.373
DOTACIONES OBRAS Y FONDOS SOCIALES	-65	-45	-30	-24	-14	-26	-39
BENEFICIO CONTABLE (DESPUÉS IMPUESTOS)	18.421	12.956	9.673	-14.717	-73.706	8.788	8.332

Fluidez del crédito al sector privado

Una de las enormes dificultades con que se enfrenta actualmente el sector privado y sobre todo la economía real y productiva, nuestro tejido empresarial, es el de la financiación insuficiente. Probablemente éste sea uno de los asuntos más delicados que ha devenido en arma letal para la supervivencia de muchas empresas españolas, principalmente pequeñas y medianas, y que ha ahogado a muchas familias.

Desde la perspectiva meramente empresarial, la financiación bancaria se cortó bruscamente. El aspecto crítico vino dado porque se pasó de la noche a la mañana de una abundancia crediticia exagerada a un recorte abrupto de la financiación bancaria. Varios elementos se conjugaron en ese malévolo juego. Eso, en una economía como la nuestra donde tradicionalmente se ha trabajado casi de modo exclusivo con financiación bancaria y con unos balances en cuyos pasivos los recursos propios han tenido un protagonismo muy secundario —grave problema éste al penetrar en los infiernos de la crisis por cuanto un gran número de empresas no estaban adecuadamente capitalizadas—, supuso un varapalo impresionante.

La Comisión Europea concretó en junio de 2014 que la estabilidad financiera se ha reforzado gracias a la recapitalización y reestructuración del sistema bancario, pero el sector financiero español se enfrenta aún a importantes problemas que deben ser supervisados y gestionados cuidadosamente. Así, la mejora de las condiciones de financiación de los bancos sólo se está trasladando gradualmente a la financiación de las pymes. Es importante, recalca la CE, garantizar que el crédito siga fluyendo hacia los sectores viables de la economía mientras prosigue por su parte el proceso de desapalancamiento del sector privado. Por ello, la CE predica que las autoridades si bien han tomado medidas para mejorar el acceso de las empresas a la financiación bancaria y no bancaria —nuestras reservas a la sazón— y facilitar la reestructuración de la deuda —más reservas a título personal—, con todo es preciso un refuerzo de medidas adicionales.

De un lado, la propia crisis económica y financiera. Los estados contables de demasiadas empresas, más o menos expeditos y sin mácula a lo largo de los años fantásticos de la década de los 2000, se vieron salpicados por contrastes plasmados en correcciones valorativas, dotaciones para insolvencias y auge de la morosidad, una aguda escalada de los costes financieros y la desaparición de aquellas magníficas plusvalías extraordinarias y atípicas que aliviaban complicados cuadros clínico-económicos cuando las amenazas se cernían sobre las cuentas de pérdidas y ganancias y la tesorería mostraba síntomas de asfixia.

De otro lado, la hecatombe de parte del sistema financiero español, focalizada en varias cajas de ahorros, cuyos balances estaban destemplados y en trance de enfermar peligrosamente. Los riesgos que habían corrido bastantes cajas de ahorro con operaciones osadas, el parón del boom inmobiliario, el desmoronamiento del sector de la construcción, la tasa de mora latente en parte de los activos, el aluvión de desempleo desmedido que de la noche a la mañana tornaba a una familia cumplidora con sus compromisos en burdo crédito *subestándar*, aquellas inversiones arriesgadas al estilo de las *subprime*... todo provocó que se frenara en seco el crédito bancario.

Hasta cierto punto, las refinanciaciones concedidas por la

banca a grandes conglomerados empresariales que habían acumulado montañas de deuda con dificultades de cumplir a sus vencimientos, tenían su peso específico en el flujo crediticio. A todo ello, la presentación y tramitación de expedientes de concursos de acreedores, colmados de pasivos, inherentes a destacadas compañías inmobiliarias, salpicó con virulencia el sistema financiero español.

La puesta en marcha de todo un complejo proceso de reestructuración de nuestras entidades financieras, que el tiempo dirá si fue afortunado o no, embrolló más aún la situación crediticia. Y, no nos engañemos, las cada vez mayores necesidades de financiación de las administraciones públicas canalizaron ingentes sumas de fondos hacia el sector público en detrimento del crédito al sector privado.

A buen seguro que otras coyunturas jugaron en la interrupción del baile crediticio. Fueron muchas las circunstancias, como la imperiosa necesidad de presentar unos balances decorosos ante la supervisión del BCE y los llamados test de estrés; los tambores más o menos lejanos o acaso próximos del rescate financiero o incluso total, de la economía española; los sobresaltos de algunas entidades financieras españolas al tener en cartera deuda soberana de estados que entraban en el purgatorio controlado por la troika con sus economías a punto de ser intervenidas levantando dudas sobre su solvencia; o las propias incógnitas de nuestras entidades financieras para incrementar sus recursos propios.

La cuestión es que las posteriores operaciones en las entidades derivaron en un proceso de concentración, hacia un auténtico oligopolio desde la perspectiva de la oferta financiera. Los créditos se cortaron por lo sano para pymes y familias.

De hecho, de toda esa larga novela, narrada por infinidad de empresarios y muchos ciudadanos, de sabor agridulce las más de las veces, habría que traer a colación la actuación de la banca española. En principio, el BCE pone a su disposición millones, por no decir que miles de millones de euros hacia nuestras entidades financieras. Sin embargo, el dilema está servido. ¿Qué se hace con esas paletadas de dinero fresco que suministra el BCE regido por Mario Draghi y antes bajo la batuta de Jean-Claude Trichet?

El resquemor por parte de la banca a conceder crédito al sector privado ante la ola de insolvencias empresariales y bancarrotas personales que castiga a la sociedad española es enorme y también comprensible. Las exigencias de coeficientes de solvencia que imponen las autoridades europeas impide a la banca dar un paso en falso. La prudencia está a la orden del día. La calidad de los fondos propios de los balances de las entidades bancarias está en juego y permanentemente cuestionada.

Además, a la banca le cuesta encontrar prestatarios que presenten cuentas dentro de unos estándares cualitativos aceptables. Conviene alejar riesgos innecesarios y que tras los escarmientos sufridos con tantos concursos de acreedores que han impactado en la España económica, serían fatales para las entidades financieras.

Si el BCE inyecta dinero —hasta 402.185 millones de euros en julio de 2012— a la banca para que ésta a su vez facilite crédito al sector privado, ávido de recursos financieros frescos con los que sostener activos circulantes en forma de existencias y saldos deudores o liquidar deudas acumuladas con proveedores y acreedores, y en menos y pocos casos para invertir en activos productivos, el circuito de la economía real es susceptible de tonificarse.

Sin embargo, se produce el *credit crunch*, esto es, una contundente contracción del crédito que da la banca que representa una radical restricción crediticia, también llamada crisis de crédito. Se aminora el dinero disponible para prestar, no exento de un súbito incremento del coste de la financiación bancaria a la par que acompañado de un endurecimiento de las condiciones crediticias y que afecta tanto a las empresas como a los consumidores particulares. El crecimiento económico, por ende, al no fluir por el sistema la sangre crediticia, se paraliza.

Y lo que ha ocurrido en los últimos años es que la banca ha optado por dejar el dinero al sector público y lo ha hecho o bien directamente, tal cual, o bien a través de la suscripción de deuda pública. En España, las necesidades de financiación del sector público durante los últimos años más que crecer se han disparado con motivo de los importantes déficits generados y acumulados. Con esas prácticas, asoma lo que se conoce como *crowding out*, o efecto expulsión, donde el sector privado, a causa de la agresividad que muestra el sector público para hacerse con financiación, se ve desplazado. Si la imperiosa necesidad del Estado de financiar su déficit por la vía de deuda pública es determinante para el maltrecho sector privado, con menos garantías que el público, el otro punto clave viene dado por los tipos de interés: el sector público ofrece, por la demanda de dinero, mejor rentabilidad que el sector privado y además no exige a la banca contar con departamentos de riesgo y de análisis de inversiones.

El tercer pasaje inherente al uso de anglicismos reside en el *carry trade*, operativa por la cual la banca se ha decantado mucho en los últimos tiempos jugando con la llamada barra libre de liquidez concedida por el BCE, y que en resumidas cuentas consiste en tomar prestado el dinero que deja el BCE, en su momento a un tipo del 1 % de interés e incluso por debajo, e invertirlo en deuda pública cuya rentabilidad oscila entre el 4 % y el 5 %. No obstante, hay que reconocer que eso se ha ido corrigiendo, y los tipos de interés se han reducido de forma notable, con la idea de que esos recursos se concentren, como deberían, en el sector privado, gracias a la intervención del Banco Central Europeo, y a la ingente cantidad de dinero que ha puesto en circulación.

Pero de toda la práctica anterior de la banca se colige una preocupante contracción crediticia para el sector privado y un recorte muy dañino de la financiación de las actividades productivas.

La clara tendencia contractiva desde 2010 hasta noviembre de 2014 se aprecia en el gráfico del crédito bancario al sector privado, tomando datos del Banco de España. El crédito bancario al sector privado entre la cúspide de 2008 y septiembre de 2013 se ha recortado en más de 483.000 millones de euros. Lógicamente, esa contracción crediticia ha afectado de modo particular y con dolorosa huella en la financiación de las actividades productivas. Los españoles hemos estado muy acostumbrados al crédito bancario y, de repente, ese grifo de financiación se fue quedando seco.

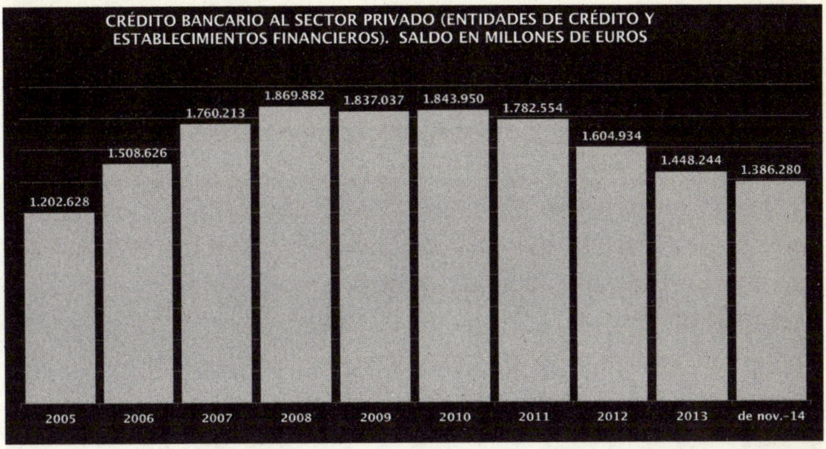

Es evidente que esa falta de fluidez crediticia ha golpeado al tejido empresarial español, en particular a aquellas empresas, demasiadas probablemente, que han hecho descansar la mayor parte de su financiación sobre el crédito bancario.

Ésta ha sido, en fin, una de las causas que ha confluido en el aparatoso número de concursos de acreedores tramitados en España durante los últimos años que alcanzaba su cénit en 2013, con 8.823 expedientes presentados. Otro corolario de ese corte del grifo de la financiación bancaria se advierte en el número de expedientes de regulación de empleo presentados que ha evolucionado al alza en los últimos años, con su punta en 2009 con 934.748 despidos para atenuarse en 2013, con 607.577 despidos, y en 2014, con 523.505. Tal vez lo peor de la crisis ya ha pasado...

La duda, hace unos meses, era la de la reactivación del crédito bancario. Porque cuestionando los atisbos de recuperación, se vuelve a incidir en uno de los asuntos más escabrosos de los últimos tiempos: la falta de crédito, un crédito que como se ha visto va de capa caída para el sector privado y, con acento específico, en la financiación de actividades productivas. ¿Se advierten síntomas de que fluya el crédito bancario al sector privado como se apuntaba antes, debido a la decisión del BCE?

Si nos fijamos en la tendencia de la financiación de las actividades productivas por parte de las entidades de crédito, advertimos una aminoración de más de 340.000 millones de euros entre 2010 y septiembre de 2013. Confiemos en que las medidas convencionales y no convencionales de Mario Draghi animen el patio crediticio en este sentido para que las empresas supervivientes y las de nuevo cuño dispongan de recursos financieros.

En principio, todos los anuncios oficiales y oficiosos apuntan en sentido afirmativo. Una vez consumado el proceso de saneamiento del sistema financiero español, nos dicen, el crédito volverá a fluir. Claro que para ello hay dos condiciones imprescindibles: la primera, que exista oferta de crédito, lo que parece que sí acontece, y, la segunda, que haya demanda solvente de crédito, cuestión ésta más discutible. De hecho en el último año, ésa era la respuesta por parte de las entidades: había crédito disponible, pero no demanda solvente. Ésa era la posición de los responsables financieros, con mayor o menor asidero en la realidad,

Lo que ocurre es que es lógico que las entidades financieras, escaldadas por las amargas experiencias sufridas, pongan coto al crédito asequible y fácil, y se aseguren de la calidad en la solvencia del deudor. Hoy, muchas de las empresas que necesitan, cual bombona de oxígeno, financiación bancaria para seguir sobreviviendo, presentan un cuadro clínico sintomático en la vertiente financiera y lesiones económicas. Bajo ese panorama, se antoja complicado que la banca dé su brazo a torcer e insufle crédito a la economía real. Además, el endeudamiento empresarial sigue siendo elevado y el proceso de desendeudamiento, que en los últimos años ha ido cumpliendo al rebajar las cotas de deuda, parece estar extenuado.

Proyecciones del FMI sobre la banca española

Con independencia de lo que se diga en términos oficiales y oficiosos, ¿cuáles son las proyecciones del FMI en lo concerniente al crédito al sector privado? La formulación de los balances de la banca, según los datos contenidos en los informes del FMI del año 2013, ponen de manifiesto determinados aspectos que llevan a colegir si se reanimará o no el crédito al sector privado en los próximos años.

Si se considera, en primer lugar, el período comprendido entre 2010 y 2013, se ve cómo los créditos al sector privado se reducen de manera ostensible. Según los datos del FMI se pasa de un montante de 1,857 billones de euros en 2010 a 1,440 billones en 2013. La contracción, pues, excede los 400.000 millones de euros. Obsérvese asimismo cómo el resto de activos —donde se ubica, entre otras partidas, la inversión en deuda pública— aumenta de 1,535 billones de euros a 1,714 billones. La reducción patrimonial del balance de la banca también es digna de mención al igual que, en otra línea, la mejora de los recursos propios en forma de capital y reservas e incluyendo provisiones inherentes a deterioros de activos, que de 283.000 millones de euros en 2010 crece hasta 425.000 millones en 2013.

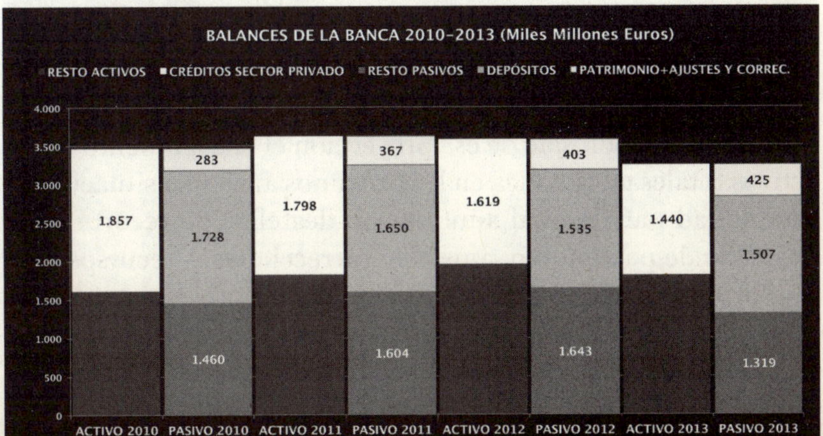

En 2014, la tónica crediticia, tal y como se aprecia en el gráfico siguiente, se aminora, reduciéndose el saldo de los créditos al sector privado a 1,386 billones de euros, lo que, de confirmarse, sería indicativo de una contracción de 54.000 millones de euros. Llama la atención el descenso del resto de los activos como igualmente la ligera mengua de patrimonio más ajustes y correcciones en 2014.

En 2015 habría merma crediticia al sector privado, al caer su saldo a 1,376 billones de euros, y en 2016 se daría un apocado repunte crediticio que situaría el saldo prácticamente al mismo nivel que en 2014. Es a partir de 2016 cuando el crédito al sector privado, más bien de manera modesta y retomando los niveles de 2014, resurge y en 2018 luciría con un montante de 1,429 billones de euros.

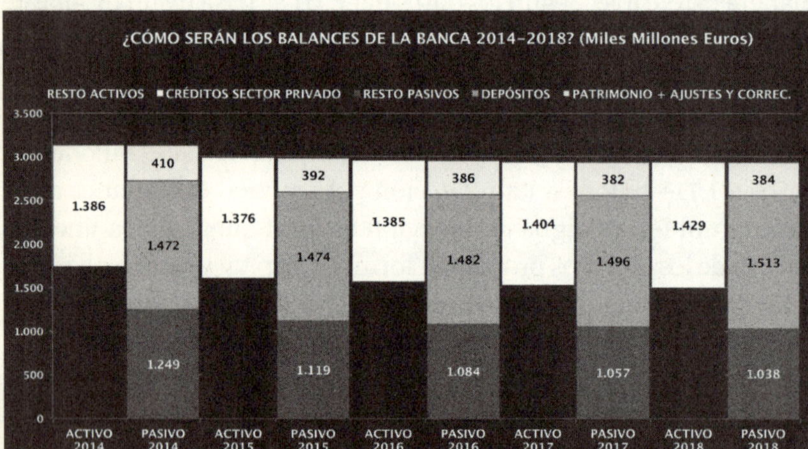

Con todo, sobresale de esa proyección el encogimiento de los activos totales de la banca en los próximos años y su situación de estabilidad patrimonial aunque con destellos de recorte en el apartado de patrimonio, ajustes y correcciones —recursos propios brutos, por así decirlo, que engloban las provisiones con las que hacer frente a deterioros de los activos—. E igualmente destaca el mantenimiento de los depósitos entre 2014 y 2018, a diferencia de la disminución de sus saldos entre 2010 y 2013.

Sin ánimo de ser agoreros, se infiere a corto y medio plazo una falta de flujo crediticio desde la banca hacia el sector privado, lo cual ha de promover otras alternativas de financiación para las empresas y, en condiciones normales, un corte de suministro crediticio para las familias, de suerte tal que las inversiones estarán ralentizadas o paralizadas en el transcurso de los próximos años. Por ello, se insiste recientemente en buscar otras alternativas de financiación, basadas en los mercados de valores, como ocurre en otros países, especialmente en Estados Unidos, donde el grado de bancarización de la economía es mucho menor que en España, o que, en general, en Europa. Ello es necesario, fundamentalmente, respecto al mundo empresarial.

Por tanto, hay que examinar también la situación del endeudamiento empresarial que a lo largo de los años de exuberancia ha sido imponente.

Si las familias y hogares están en fase de desendeudamiento, las empresas están enfrascadas en un riguroso desendeudamiento; por consiguiente, tanto las unas como las otras son conscientes de que hay que seguir disminuyendo los elevados niveles de deuda a que se había llegado. Recordemos la perspectiva sobre la deuda que proyecta el FMI que más arriba se detallaba.

La deuda total del sector privado —esa deuda no es necesariamente bancaria en su totalidad— tenderá en los próximos años a reducirse, disminuyendo del actual 243 % sobre el PIB al 223 % en 2019.

La deuda contraída por hogares y familias que en 2010 representaba el 92 % del PIB y en 2014 equivale al 73 %, y la tendencia será que paulatinamente vaya recortando su saldo en los años venideros hasta que en 2019 el montante global de sus compromisos de pago sea el 65 % del PIB. Esto se traduce en que pocas inversiones estarán dispuestas a hacer las familias y teniendo en cuenta que el principal componente de la deuda familiar es el derivado de la adquisición de vivienda, las previsiones en este sentido apuntan hacia una frenada en la compra de vivienda financiada con recursos ajenos.

En lo atinente al endeudamiento empresarial, sus hechuras serán bastante similares. Conscientes de que los niveles de deuda que tenía asumidos el tejido empresarial eran muy altos, nuestras empresas frenan en seco su propensión a endeudarse y para 2019 la deuda empresarial global se estima, según el FMI, en el 158 % del PIB a una gran distancia del 203 % de 2010. Por consiguiente, rebaja sustancial en los volúmenes de endeudamiento corporativo.

También, esa reducción del endeudamiento empresarial se va haciendo paso a paso lo que es indicativo de que las empresas, en el horizonte temporal de 2015 a 2019, hilarán muy fino a la hora de invertir si tal paso exige financiación ajena, limitarán inversiones de calado en pos de ajustar sus estados patrimoniales y sus posiciones financieras a cauces de normalidad y, sobre todo, se entra en una fase de coherencia. Un ajuste a la baja en las cifras de facturación impide hacer inversiones e, incluso, sería susceptible de darse, como en la actualidad ocurre, una etapa desinversora.

La cuestión es que, efectivamente, no se trata únicamente de que el crédito no crezca porque la banca se retiene, sino porque el sector privado es consciente de las altas cimas alcanzadas en sus volúmenes de deuda y el objetivo, en el transcurso de los próximos años, es reajustar el endeudamiento a niveles aceptables y, ante todo, asumibles y controlables.

Las vicisitudes en desahucios, concursos de acreedores, insolvencias, daciones en pago y un largo etcétera han hecho mella lógicamente en hogares y empresas.

Lo que ha ocurrido, tras ese somero análisis, es que la Comisión Europea rubricó un plan de saneamiento de la banca que pasó por completar la reforma del sector de las cajas de ahorros, aprobando la legislación inherente a su desarrollo. De igual manera, culmina la reestructuración de las cajas de ahorros de titularidad pública. En suma, se ha acelerado en estos años la plena recuperación del sector financiero español, se marca el cuaderno para facilitar la vuelta de entidades nacionalizadas a manos privadas y se han fomentado los esfuerzos desplegados por los bancos para mantener ratios sólidos de capital.

De otra parte, la Comisión Europea insta a supervisar la actividad de la SAREB —hay que decir que está en una situación muy deficitaria, incluyendo el cierre de 2014 con unas pérdidas arrolladoras superiores a los 500 millones de euros— para garantizar que los activos se enajenen en los plazos establecidos, minimizando el coste para el contribuyente.

Y hay otras medidas de las autoridades europeas, claro: completar las medidas en curso para el acceso a la financiación de las pymes, lo cual deja leer entre líneas la figura casi inédita en España de la intermediación financiera no bancaria, y eliminar los obstáculos restantes en el marco de la insolvencia empresarial, que incumbe a administradores judiciales y a la capacidad del sistema judicial para tramitar los asuntos de insolvencia.

El FMI señala que la banca es ahora más fuerte, y que puede jugar un papel más determinante para apoyar la economía española. Considera que las condiciones financieras ya en 2014 empezaban a suavizarse aunque, sin embargo, la contracción del crédito fragua un entorpecimiento de la recuperación. Pese a todo, el FMI indicaba que la banca española estaba en 2014 mejorando sus ratios de solvencia a costa de contraer el crédito y no gracias a un proceso de capitalización más firme. De ahí que el FMI se decantara por limitar dividendos y *bonus* a directivos, así como por reducir más aún los costes.

Las recetas más amplias todavía del FMI demandan más apoyo de Europa para ayudar a la recuperación de la zona euro y de España, invitando al BCE como protagonista de la obra, propendiendo a la reducción de los costes de financiación de las empresas y familias españolas, facilitando el aumento de demanda para las exportaciones españolas, para lo cual es determinante una mayor flexibilización monetaria por parte del BCE con el objetivo de aportar estabilidad de precios y apoyar la demanda, reducir la fragmentación financiera y avanzar en una unión bancaria más ambiciosa.

Deplorable mercado de trabajo e inclusión social

España ha sufrido una enorme transformación en todos los ámbitos. Hemos visto el sector financiero, y las peticiones de las autoridades europeas en los últimos años, con el mensaje del Gobierno de que lo más importante es que el país no fue rescatado. El problema primordial sigue siendo el mercado laboral, con carencias notables, que no puede atender un paro con un alto porcentaje de carácter estructural. En ese sentido, la Comisión Europea admitía en junio de 2014 que el mercado de trabajo mostraba algunas señales de estabilización, con la previsión de que a lo largo del año se crearían nuevos puestos de trabajo, con un leve descenso del desempleo.

Pero se insistía en que la tasa de paro registraba una elevadísima media anual del 26,1 % agravada por una preocupante tasa de paro juvenil del 54,3 %, con el desgarro significativo de que en 2013 se alcanzaba el máximo paro de larga duración con el 49,7 %, afectando con mayor intensidad a los trabajadores menos cualificados y de mayor edad. Y ésta es claramente la peor mácula de nuestra delicada situación económica.

El FMI muestra su preocupación por la mínima o nula creación de empleo para los trabajadores poco cualificados, pronunciándose por incentivar a empresas a que empleen a trabajadores poco cualificados reduciendo para ello sus contribuciones a la Seguridad Social.

El recetario del FMI, de julio de 2014, es más amplio en ese sentido al insistir en que la reducción de barreras mejoraría su eficiencia y aumentaría el empleo, dado que actualmente tanto obstáculo constriñe la actividad de las empresas dentro de España. La efectiva unidad de mercado, por tanto, vuelve a ponerse sobre la mesa por parte del FMI, con un mandato claro al Gobierno para que no haya disfunciones entre las distintas comunidades autónomas.

La cuestión polémica es que el FMI ha insistido en sus informes en que la moderación salarial no puede ser algo coyuntural, y que, en cambio, tiene que ser la vía para la creación de empleo. Entiende que puede contribuir a la seguridad laboral, a unos menores costes de vida, a reforzar la competitividad de las empresas españolas propiciando una mejoría en el comercio exterior y asentando las bases para una recuperación duradera.

Por ello, insiste el organismo internacional en que se produzcan esfuerzos adicionales en el mercado de trabajo, para que sea más dinámico e inclusivo. Señala que los gobiernos autonómicos ayuden a los desempleados a encontrar trabajo, otorgando mayor protagonismo a las agencias de colocación de empleo privadas ante el ineficiente papel de las agencias públicas, a mejorar los servicios de formación de los trabajadores y desempleados menos cualificados, y poniendo en marcha un portal único de ofertas de trabajo.

A todo ello, el FMI propone mejorar el equilibrio entre los contratos indefinidos, que gozan de una elevada protección, y los contratos temporales precarios, en pos de aumentar la contratación indefinida. Y la subsiguiente receta es la de mejorar la capacidad de las empresas para adaptar la remuneración a sus condiciones específicas, alineando mejor la productividad a los salarios, ayudando a empresas en dificultades y procurando una menor destrucción de empleo.

Ligado a ello, la Comisión Europea incide en la reforma del mercado laboral y se inclina por un compromiso de moderación salarial, tal y como antes había indicado entre 2012 y 2014, exhortando a facilitar la flexibilidad interna de las empresas, con el gran objetivo de no perder más puestos de trabajo. Se reitera en la apuesta por la reducción de los costes de indemnizaciones por despido improcedentes a la vez que el número de éstos impugnados judicialmente, cosa que sigue estando en zona de arenas movedizas entre lo que dicen las leyes y dictan los tribunales de justicia.

La Comisión Europea coincide con el FMI en reducir las diferencias entre contratos indefinidos y temporales, respecto a los costes del despido. Ésa es, en realidad, una constante por parte de todos los organismos internacionales.

El problema de fondo en el que se incide es que hay un alto porcentaje de jóvenes sin estudios, sin trabajo ni formación que sigue siendo mayor que la media de la Unión Europea, creciendo considerablemente, con un porcentaje del 23,5 % de estudiantes que abandonan prematuramente los estudios o la formación.

Aunque la tasa de las personas que han completado estudios se mantenga, los sistemas de aprendizaje y enseñanza y formación profesional distan muchísimo de lo que sería deseable. Por ello, se pone el énfasis, como previamente se apuntaba, en la indispensable y constante coordinación entre las partes interesadas, a saber: entre los empleadores, proveedores de formación e instancias decisorias a todos los niveles de la administración.

Ese estigma del paro en general y juvenil desata bolsas de pobreza que requieren de protección social para combatirla. La situación del mercado laboral en España sitúa a nuestro país —cuestión muy alarmante a la que desde luego nuestras autoridades no prestan ni de lejos la atención que debieran— por debajo de la media de la Unión Europea en los principales indicadores que miden la pobreza y la exclusión social, con una exposición peligrosa de los niños y los jóvenes adultos. Además, España ha registrado una de las mayores caídas de la renta familiar disponible y, tal y como también insiste la OCDE, uno de los mayores niveles de desigualdades de renta de toda la Unión Europea. Familias en paro, jóvenes y niños en riesgo de exclusión..., un paisaje demasiado peliagudo.

Con todo esto, lo que hay que explicar es que, pese a lo que el Gobierno diga, sobre la salida de la crisis en 2015, queda mucho trecho por recorrer. Con el diagnóstico de los organismos internacionales, y de la Comisión Europea, que será nuestro gobierno real a medio plazo, nos sentimos obligados a asegurar que España, en muy poco tiempo, ha retrocedido una eternidad. La crisis, con sus variadas aristas, presenta un desgarrador cuadro social. No alardeemos, por favor, de mejorías extraordinarias en nuestros indicadores macroeconómicos, de logros impensables tiempo atrás sobre la prima de riesgo, de que somos el paradigma mundial de la recuperación. Toquemos con los pies en el suelo y constatemos lo que dice Europa de nosotros.

A pesar de los datos expuestos y de las apreciaciones de esos organismos, hay tres referencias que debemos tener en cuenta, previamente explicadas y que ahora resumimos. La primera: la remuneración de los asalariados que en 2007 ascendió a 523.123 millones de euros, alcanzaba en 2010 542.334 millones y en 2013 cayó a 492.270 millones de euros para situarse en 2014 en 498.942 millones.

La segunda: la encuesta de presupuestos familiares indicaba

en 2009 un gasto total de las familias de 524.788 millones de euros, que en 2013 fue de 493.514 millones.

La tercera: el número de beneficiarios de prestaciones económicas por desempleo total por nivel contributivo en 2006 era de 720.327 mientras que por nivel asistencial fue de 425.182. En 2014, los beneficiarios por nivel contributivo en concepto de desempleo ascienden a 1.045.353 en tanto que los de nivel asistencial se disparan a 1.355.034. Es una diferencia enorme.

La Comisión Europea cree que tiene las recetas necesarias para combatir nuestros males, pese a haber reconocido, tanto el gobierno europeo como el FMI, que podía haber ofrecido más tiempo para rehacer nuestras maltrechas economías desde el inicio de la crisis. Pero insiste en que se deben impulsar nuevas medidas para reducir la segmentación del mercado de trabajo; promover la calidad y sostenibilidad del empleo; reducir el número de tipos de contratos; garantizar un acceso equilibrado a los derechos en caso de cese de la relación laboral; proseguir con la supervisión periódica de las reformas del mercado de trabajo; tratar de que la evolución de los salarios reales sea coherente con el objetivo de creación de empleo y reforzar los requisitos de búsqueda de empleo para la percepción de las prestaciones de desempleo.

Se pretende desde Europa mejorar la eficacia y la orientación de las políticas activas del mercado de trabajo incluyendo las bonificaciones ofrecidas por contratación, en especial para quienes tienen mayores dificultades para acceder al empleo, y reforzar la coordinación entre las políticas del mercado de trabajo y las de educación y formación.

La advertencia que se hace es diáfana con respecto a la ineficacia de nuestros servicios públicos de empleo —que apenas logran colocar a personas desempleadas— a fin de acelerar su modernización y que presten asesoramiento personalizado. E igualmente, que se proporcione formación adecuada y garantice la correspondencia entre la demanda y la oferta de empleo, prestando atención a los parados de larga duración.

El objetivo era —cosa distinta es que lo haya sido— garantizar la aplicación eficaz, antes de finales de 2014, de las iniciativas de cooperación entre los sectores público y privado en los servicios de colocación y supervisión de la calidad de los servicios proporcionados y garantizar el funcionamiento efectivo del portal único de empleo, y que se combinara con medidas adicionales de fomento de la movilidad laboral, algo a lo que por regla general los españoles no somos muy dados.

La Comisión no olvida la reclamación de que se aplique el plan nacional de acción para la inclusión social 2013-2016, sobre el que señala que debe valorarse si resulta eficaz para la consecución de su amplia gama de objetivos.

En este sentido, hay que reforzar la capacidad administrativa y la coordinación de los servicios sociales y de empleo, brindando itinerarios con integración en apoyo de quienes se encuentren en situación de riesgo y racionalizar los procedimientos para incorporar al mercado de trabajo desde los regímenes de renta mínima. A su vez, se considera que se debe mejorar la orientación de los programas de apoyo a las familias y los servicios de calidad, dando prioridad a los hogares de rentas bajas con hijos, para garantizar la eficacia y progresividad de las transferencias sociales.

Pasivos contingentes o la amenaza para las cuentas públicas

Otro punto culminante de las Recomendaciones de la CE es que tras la reforma de 2013 se garantice el peligro de los pasivos contingentes. Por una parte, se pide la eliminación efectiva del déficit del sector eléctrico a partir de 2014, tomando medidas estructurales adicionales necesarias. De otro lado, se reclama que se aborde el problema de las autopistas de peaje minimizando los costes para el Estado. En tercer lugar, se señala que antes de finales de 2014 se ponga en marcha un observatorio independiente para evaluar los grandes proyectos futuros de infraestructuras (caso de Castor...). Y en cuarto lugar, la CE exhorta a que se tomen medidas que garanticen la competencia eficaz en los servicios de transporte ferroviario de pasajeros y mercancías.

Otro requerimiento de la CE es el inherente a la reducción de los pasivos contingentes que amenazan a las finanzas públicas españolas, derivados de infraestructuras de transporte no rentables, así como la implementación de una evaluación independiente de los grandes proyectos de infraestructura futuros. Todo ello afecta a las cuentas públicas de una forma notable.

Si el déficit de tarifa eléctrica constituye un pasivo contingente para las finanzas públicas españolas, sobre éstas planean otros riesgos adicionales. Las administraciones públicas conceden a veces avales y otras garantías por deudas que han sido contraídas por otros sectores institucionales, que no son registradas como pasivos en las cuentas de las administraciones, ya que lo han sido en las cuentas del agente que recibe tal garantía.

Si llegado el momento, dicho agente no cumple con sus compromisos de pago y la garantía, parcial o totalmente, se tiene que hacer efectiva, las administraciones públicas, en tal caso, se ven obligadas a asumir la totalidad de la deuda, incrementándose así la deuda pública española y registrándose la contrapartida como una transferencia de capital pagada al deudor original. Por tanto, los pasivos contingentes, en caso de fraguar, golpean tanto al déficit público, por esa transferencia, como a la deuda del Estado que se eleva por las sumas que se deben pagar.

Hay otros tipos de pasivos contingentes para las administraciones públicas, como es el caso de los futuros compromisos de pago derivados de las pensiones y las garantías a los depositantes hasta los límites establecidos en las entidades de crédito vinculadas al Fondo de Garantía de Depósitos, que desde el 1 de enero de 2012 forma parte del sector de las administraciones públicas.

Existen otros obstáculos que pueden perjudicar las finanzas públicas. Las autopistas privadas deficitarias, por ejemplo, con una importante caída del tráfico en algunas de las radiales de Madrid, varias de las cuales presentaron solicitud de concurso de acreedores durante 2013, con un coste estimado de 3.500 millones de euros. A esa cantidad se agregarían los importes no pagados por el justiprecio correspondiente a las expropiaciones que en su día se hicieron para construir las vías —con lo cual el montante global ascendería a más de 4.000 millones de euros—, que serán cedidas por las concesionarias y constructoras a una nueva sociedad pública. Y eso puede implicar más déficit y mayor volumen de deuda pública.

Otro pasivo contingente surgiría para las cuentas públicas españolas en el caso de que se paralizara el depósito de gas situado en el Mediterráneo frente a las costas de Castellón y Tarragona, una instalación considerada como necesaria y urgente al planificarse el sistema gasista para el período 2008-2016 que hoy en día, debido a la caída de la demanda, tiene que analizarse en lo tocante a la relación coste-beneficio a causa de la infrautilización de las infraestructuras en el sector del gas. El pasivo contingente fluctuaría entre los 1.400 y 1.700 millones de euros. más o menos, aquí nos han pillado los dedos al tener que asumir estos innecesarios costes por parte de los ciudadanos.

En los últimos lustros, España ha dado un salto cualitativo y cuantitativo en su red de infraestructuras. Según el Instituto de Estudios Económicos (IEE), basándose en datos del informe de competitividad del Foro Económico Mundial, España es el segundo país de la UE con mejor infraestructura ferroviaria, por detrás de Francia, y el quinto mejor del mundo. Ocupa la posición número doce en aeropuertos y en instalaciones portuarias, y se halla en el decimotercer lugar en lo referente a carreteras.

Sin embargo, España tardará algunos años, por no decir que muchos, en recuperar la inversión en grandes infraestructuras tras haber vivido un frenético ritmo en su construcción durante varios años. Recursos públicos escasos, restricciones financieras y supervisión de las cuentas públicas por parte de la CE y el FMI, impedirán a corto y medio plazo acometer obra pública de la envergadura y coste que se hizo. Paralización, en suma, de la inversión a tenor de la contundencia de los acontecimientos económicos.

Los retos del mercado energético

La energía es un punto neurálgico dentro del paquete de recomendaciones de la CE para España, en línea con la reforma del sistema eléctrico que enuncia el FMI. El controvertido déficit de la tarifa eléctrica impone adoptar y aplicar una reforma estructural que en teoría tenía que acometerse antes del final de 2013. Precisamente, las últimas semanas de 2013 fueron muy convulsas a propósito del déficit tarifario tanto desde la óptica gubernamental y del propio sector así como desde la perspectiva de los consumidores.

Las circunstancias recientes que se han producido tanto por el pronunciamiento de la CE, contenido en la Recomendación de 29 de mayo de 2013 junto con la fecha límite de fines de 2013, como por las discusiones internas en España respecto a quién asume el coste del déficit tarifario, azuzan un debate a tres bandas que momentáneamente se ha parcheado. Se está, y por eso no podemos abordar el problema en toda su complejidad, a la espera de que se adopten soluciones efectivas que sirvan para templar los agitados ánimos de las tres partes intervinientes: Gobierno, operadores energéticos o, dicho de manera más llana, las eléctricas y, el último protagonista, a merced de lo que decidan los otros dos agentes activos, el consumidor, o sea, toda la ciudadanía.

El trasfondo último es la evolución del precio de la electricidad que en los últimos cinco años se ha encarecido en España el 63 %, más que en ningún otro país de la UE. Y eso acontece en una situación de crisis económica de una enorme intensidad y con miles de hogares con unos ingresos mínimos. Irrumpe en España un nuevo fenómeno: la miseria energética.

Es un problema que se había ido salvando a través de vehiculizar en forma de instrumentos financieros, con un cuadro de avales, los déficits acumulados en años precedentes. La solución definitiva al problema del déficit tarifario tenía que llegar y, no obstante, no ha llegado. Tanto la Comisión Europea como el FMI claman por esa solución.

El déficit de tarifa se origina por la diferencia entre los ingresos regulados, donde se encuadran los de transmisión, transporte, primas a energías renovables, y los costes pertinentes. Tales costes son consecuencia de una política energética determinada, en la cual influyen de forma decisiva promesas y compromisos políticos.

La política energética por la que se apostó en España en su día puso el punto de mira en las energías renovables, cosa que se llevó a cabo con algo de antelación y quizá precipitación por cuanto, años atrás, la puesta en marcha de tales energías no había madurado aún. Eso comportó satisfacer unas primas muy elevadas. No se compensaron ni se retribuyeron la totalidad de los costes por la vía de los ingresos que se perciben procedentes de los clientes. Éste es el origen, de manera sencilla, del déficit tarifario o eléctrico.

El déficit generado remansaba en el balance de las cinco eléctricas encuadradas en UNESA y la solución que se alcanzó fue su titulización, que cuenta con el aval del Estado. Se puso en marcha un mecanismo a guisa de fondo, que es el FADE (Fondo de Aval del Déficit Eléctrico), vendiendo el Gobierno títulos en los mercados, con un tipo de interés establecido, con su aval.

De tal suerte, que el balance de las compañías eléctricas quedaba a resguardo. A partir de 2013, el planteamiento cambia y la cantidad que se baraja de déficit de tarifa es de 3.000 millones de euros que sí se integraría en el balance de las compañías eléctricas, no se titulizaría con el aval del Estado y el sector plantea su amortización en 15 años.

Por un problema de descuadre en la ejecución presupuestaria y con un tope de déficit público comprometido, el Estado no acepta asumir la parte a su cargo del déficit eléctrico que se estima en unos 1.400 millones de euros. Se desata el conflicto con el sector eléctrico y la última subasta del año 2013 marca unos precios desorbitados, interviniendo la Comisión Nacional de los Mercados y de la Competencia (CNMC), lo que lleva a la suspensión de los precios marcados y a que provisionalmente el Gobierno fije un incremento modesto en el precio de la energía. De lo contrario, los ánimos de la ciudadanía se hubieran crispado en exceso.

Muchas son las explicaciones a ese respecto que se podrían ofrecer. Sin embargo, el modelo de fijación de los precios de la energía en España es realmente embrollado. En palabras llanas, el coste del recibo de la luz incorpora una serie de conceptos que se integran «grosso modo» en dos grandes bloques: el precio de la energía y los peajes que se añaden. La energía recoge el coste de generar la luz que teóricamente se fija en función de cómo se mueve el mercado de generación eléctrica. Los peajes cubren los costes de distribución y subvenciones a las energías renovables, entre otros, y son fijados por el Gobierno.

COMPOSICIÓN DE LA FACTURA ELÉCTRICA
Fuente: UNESA y El País

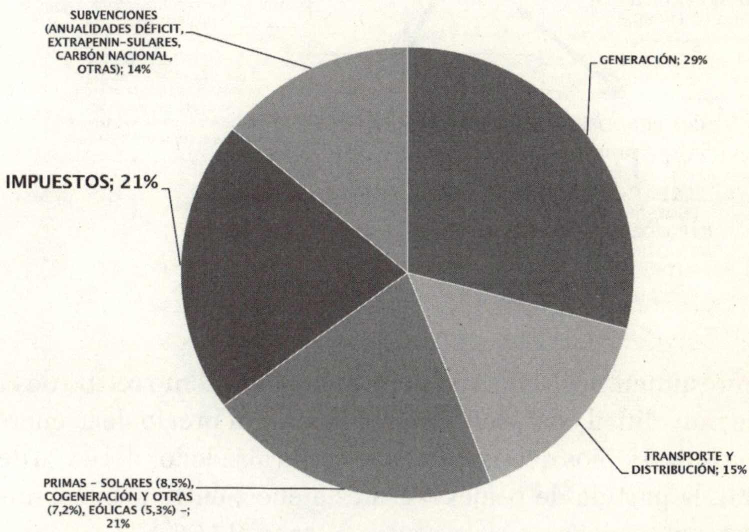

El problema principal radica en la concreción del precio de la energía que en teoría corresponde al coste de generar la luz y que se fija en función de cómo se mueve el mercado de generación eléctrica. El principal inconveniente es que se está ante un mercado sofisticado como mercado intradía, con contratos a futuro, interviniendo derivados financieros para cubrir riesgos y cuyas reglas del juego no son excesivamente transparentes. En el siguiente gráfico se resume el «modus operandi» de la fijación del precio de la electricidad, fuertemente cuestionado al no tener en cuenta el tipo de energía que la produce.

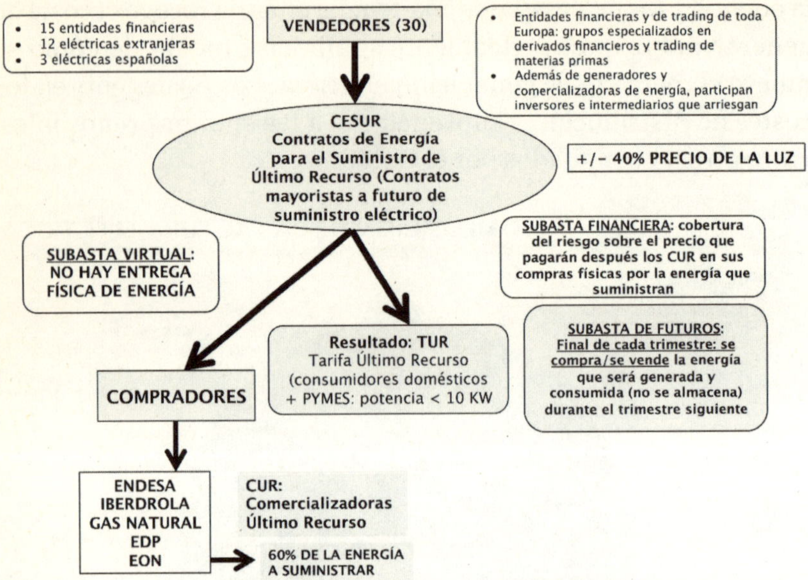

En resumen, si el coloquialmente conocido como recibo de la luz, de muy difícil comprensión, incorpora un precio de la energía, o costes propios del sistema, que oscila alrededor del 44 % de su total, la partida de peajes o costes ajenos, entre primas, impuestos y subvenciones, representa en torno al 56 %.

Así, para amortiguar las fuertes subidas de la energía que se dan, bajan los peajes aun cuando se provoque un desfase entre ingresos y gastos, lo que da lugar al déficit de tarifa. Las dudas que objetivamente surgen al respecto de las causas que ocasionan el déficit de tarifa hay que buscarlas en si realmente el consumidor paga menos de lo que cuesta producir la electricidad, acaso en que a las empresas que operan en el sector se les reconocen derechos de cobro por encima de los costes de suministro y quizá en si el precio del suministro eléctrico incluye una serie de costes ineficientes y de los que en consecuencia habría que prescindir.

Las contrariedades del déficit de tarifa eléctrica, los aspectos negativos del mapa energético español y los sobreprecios que se pagan por parte de los consumidores, son susceptibles de ser parcialmente contrarrestados si España intensifica los esfuerzos para completar las interconexiones de gas y electricidad con los países vecinos, según apunta la CE en su Recomendación de 29 de mayo de 2013 y según el FMI en el Memorándum de Entendimiento (MoU) de 9 de julio de 2012, tras ponerse en marcha el rescate parcial del sistema financiero español. Se trata de una cuestión de primer orden, pero que el ejecutivo español sigue sin atender.

Unidad de mercado e inflación legislativa

Bruselas se adentra en todos los ámbitos de las economías europeas. Y, como hemos analizado, ha trazado una serie de recomendaciones que el Gobierno español no podrá eludir, aunque se demore en ello. Una de las cuestiones en la que también incide es en la necesidad de aplicar la ambiciosa ley 20/2013, de garantía de la unidad de mercado, en todos los niveles de la administración.

Para ello pedía que se aprobara una reforma ambiciosa de los servicios profesionales y de las asociaciones profesionales antes de finales de 2014, definiendo las profesiones que exigen la inscripción en un colegio profesional, estableciendo normas de transparencia y rendición de cuentas de los organismos profesionales y preservando la unidad de mercado en el acceso a los servicios profesionales y su ejercicio en España.

También se situaba sobre la mesa la necesidad de reducir el tiempo, el coste y el número de trámites necesarios para establecer y poner en funcionamiento una empresa, la de corregir las restricciones injustificadas al establecimiento de grandes superficies comerciales, para lo cual es imprescindible revisar disposiciones regionales de urbanismo y determinar fuentes de financiación para la nueva estrategia nacional de ciencia, tecnología e innovación, haciendo operativa la agencia estatal de investigación.

Pero el énfasis más firme se pone sobre el llamado Estado de las autonomías —soslayando, por nuestra parte, lecturas de índole política—. También sobre los incentivos empresariales. Tanto la CE como el FMI se fijaron en ello. De hecho, Bruselas compelía a una urgente aplicación de la ley de garantía de la unidad de mercado a fin de evitar la perjudicial fragmentación del mercado español. Así se hizo en 2013, al igual que la puesta en marcha de la ley de apoyo al emprendedor.

Porque, ¿hay apoyo por parte de la administración a la ciudadanía y a las empresas? Quizás este último punto, dentro de ese vademécum orientativo en torno a las limitaciones del crecimiento empresarial, sea fundamental para que nuestras empresas se encuentren con un terreno propicio y bien abonado para su desarrollo. Las barreras que se extienden a lo largo y ancho de España por culpa de la falta de unidad de mercado constituyen un hándicap entre innecesario y caprichoso.

Reiteradamente, las administraciones españolas, tanto las del Gobierno central como las autonómicas, consideran que todos los problemas, o lo que nuestros políticos entienden como problemas, se resuelven a golpe de ley. Es curioso observar cómo la separación de poderes entre el legislativo, el ejecutivo y el judicial cada vez en España es menor —¿dónde está Montesquieu?, ¿qué ha sido de su filosofía?—, lo que facilita un tránsito muy sencillo entre la voluntad gubernamental y la regulación legal. Ello explica que sea habitual que un gran número de disposiciones se tramite por la vía del decreto-ley que previene nuestra Constitución, sorteando de esta forma al Congreso, que se limita a convalidar la norma de que se trate. Si se dispone de mayoría absoluta, para el ejecutivo aprobar una ley constituye un mero trámite.

El FMI se posiciona en favor de la reducción de barreras regulatorias que constriñen la actividad de las empresas en España, calculando 2.700 barreras, y pidiendo una ley de unidad de mercado. El Estado de las autonomías ha derivado en una traba para que la economía española, en su conjunto, se impulse, porque ha cometido duplicidades, con una excesiva producción legislativa.

En España teníamos en 2012 —luego ya hemos perdido la cuenta— del orden de unas 120.000 leyes, entendidas éstas como disposiciones legales de distinto rango. De ellas, más de 82.000 son de ámbito autonómico y el resto estatal. Con razón Tácito, muchos años ha, dijo aquello de que cuanto más corrompida está una nación, más se multiplican sus leyes. Clonamos Estado y construimos torres de Babel.

Y con encomiable raciocinio el premio Nobel de Economía, Gary Becker, pronunció, tiempo atrás, en Madrid aquella sentencia: «Para reducir la corrupción hay que cortar las alas a los gobiernos. El origen del problema es siempre el mismo: grandes gobiernos con mucho poder para repartir prebendas». Descartes sí que lo tenía meridianamente claro: «Los Estados mejor organizados son los que dictan pocas leyes, pero de rigurosa observancia».

Alguien, cargado de sentido común, profirió aquello de que las leyes son como el papel moneda: cuanto mayor es el número de las que hay en circulación, menos valor tienen. Como recordaba el periodista económico Feliciano Baratech en el diario *La Vanguardia* años atrás: «El Padrenuestro —en versión inglesa— contiene 56 palabras. Los Diez Mandamientos, 297. La declaración de independencia americana, 300. Las normas de la CEE sobre exportación de huevos de pato, 27.000 palabras». Creo que con esas máximas está dicho casi todo.

Es indudable que se requiere siempre un marco legal que permita, dentro de un orden y concierto, que se lleven a cabo las operaciones del tráfico comercial y jurídico. Unos sólidos cimientos legales facilitan el desarrollo del sector privado y los cauces adecuados para que la actividad económica florezca. Ahora bien, en el instante en que se produce un exceso normativo que roza lo oprimente, donde las regulaciones innecesarias son simplemente ociosas y cuando cada semana, como sucede en España, se promulgan más leyes, realmente lo que se está haciendo es levantar obstáculos a la libre iniciativa, entrar en un celo legal donde las formas predominan por encima de la libertad de mercado creando un marco regulatorio simplemente infernal.

Por eso, es cada vez más difícil hacer negocios en España cuando nuestra economía se sitúa en el puesto 52 del ránking Doing Business 2014, retrocediendo del 46 de 2013, entre los 189 países que figuran en el estudio anual.

A través de varios indicadores Doing Business establece la clasificación de las economías que ofrecen más facilidades para el desarrollo de los negocios, que a la postre son aquellas en las que los gobiernos logran promulgar normas que faciliten las actividades e interacciones en los mercados pero que no obstaculicen innecesariamente el desarrollo del sector privado.

España, en la clasificación de 2014, ocupa el puesto 142 en lo relativo a apertura de negocio; el 98 en la tramitación de permisos de construcción; el 62 en la obtención de electricidad; el 60 en el registro de propiedades; el 55 en acceder al crédito; el 98 en protección de inversiones; el 67 en el pago de impuestos; el 32 en comercio transfronterizo; el 59 en cumplimiento de contratos y el 22 en resolución de la insolvencia.

Salta a la vista que el papel de la Administración española, en todos sus niveles está resultando nefasto para el impulso de nuestra actividad económica y empresarial. ¿Hasta qué punto es útil y sirve una administración que sólo presiona a las empresas y sistemáticamente se dedica a poner trabas y obstáculos, frenando iniciativas privadas y abusando de intervencionismo?

Otro gran inconveniente derivado de la pesada maquinaria que constituye nuestra administración, es el de la inflación legislativa que cristaliza al constatar que en España la suma de páginas editadas en el Boletín Oficial del Estado (BOE) y los Boletines Oficiales de las comunidades autónomas entre 2008 y 2013 supera de largo los 5 millones, que en 2011 se promulgaron 2.896 normas a nivel estatal y 10.261 normas a nivel autonómico, según el informe de la CEOE *Las reformas necesarias para salir de la crisis*, publicado durante el verano de 2013.

Según la Asociación Española de Asesores Fiscales (AEDAF) durante 2013 en España había más de 200.000 normas jurídicas vigentes y sólo en el BOE se publicaron en el transcurso de 2012 65 normas tributarias, lo que da un promedio de una norma tributaria cada seis días. A mayor abundamiento, en 2012 se hicieron 55 modificaciones en la Ley del Impuesto sobre la Renta de las Personas Físicas (IRPF), canalizándose muchas de ellas por la vía del decreto-ley.

Los excesos legislativos comportan obviamente inseguridad jurídica y equivalen a inestabilidad jurídica y, especialmente, tributaria. No es posible planificar ante tantos cambios normativos y la improvisación, mala de por sí en el mundo de los negocios y en la economía por cuanto la crisis equivale a una mutación considerable e importante, repentina en ocasiones, se convierte en la sombra constante en el entramado empresarial y también en la vida cotidiana del ciudadano.

No nos engañemos; para dinamizar la actividad económica y restablecer la confianza en la economía española no es preciso que las medidas que adopte el Gobierno, tanto éste como el anterior y el ulterior, sean extenuantes y penalizadoras, con arrolladores fines sancionadores presentes en todo momento, con una producción legislativa semanal casi en plan industrial. No. La economía real, la de la calle, la nuestra del día a día, no remonta a base de golpes normativos y cascadas incesantes de leyes porque ello se traduce en unos perniciosos efectos de la sobreproducción legislativa y en nefastas opresiones tributarias.

De lo que se trata es de aplicar, en todos los niveles de la administración, las recomendaciones de la CE para la reforma de las administraciones públicas, de reforzar los mecanismos de control e incrementar la transparencia de las decisiones administrativas (a nivel local y regional, especialmente), de completar y supervisar cuidadosamente las medidas en curso para luchar contra la economía sumergida y el trabajo no declarado y de adoptar las reformas pendientes de la estructura del sistema judicial y del mapa judicial, garantizando la aplicación de las reformas aprobadas.

Esfuerzo presupuestario estructural

El esfuerzo presupuestario estructural exige la aplicación creíble de reformas estructurales en pos de alcanzar los objetivos de déficit, mejorando la eficiencia y calidad del gasto público en todos los niveles de la Administración, examinando sistemáticamente las mayores partidas de gasto. En este sentido, la proyección realizada por el FMI en el verano del 2013 sobre los ingresos y gastos públicos de España en el período 2009 -2018, ponía de relieve la persistencia de un déficit estructural y sin visos de eliminarse hasta 2019, como pronto.

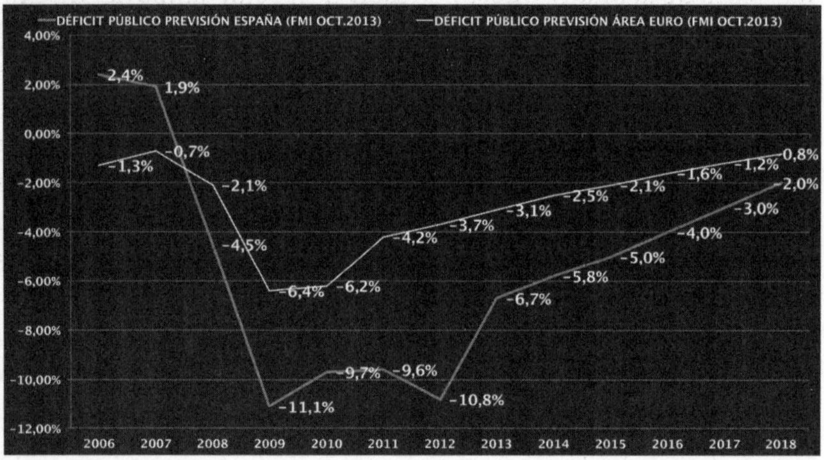

Conviene subrayar que de esta proyección del FMI —hecha en octubre de 2013— se desprende algo así como si el Gobierno de España se guardara varios ases en la manga que a lo largo de los años venideros irán saliendo. Nos referimos a la inconcreción de lo que el FMI da en llamar como «medidas no identificadas» y que, a la postre, su impacto es el que cuadraría las cifras de déficit público, en consonancia con los requerimientos de la troika. Antes hemos hablado sobre ello. A efectos prácticos, esas «medidas no identificadas» se materializarán en nuevas subidas de impuestos por lo que la presión fiscal o, mejor dicho, el esfuerzo fiscal de los españoles equivaldría todavía a más sacrificio personal.

En junio de 2014, la CE exige que la estrategia presupuestaria de España refuerce y especifique las medidas subyacentes para 2015 y años posteriores para corregir el déficit excesivo de manera sostenible y reclama la aplicación creíble de ambiciosas reformas estructurales, resituando el elevado ratio de Deuda Pública/PIB y que antes de febrero de 2015 se proceda a la reducción del gasto en todos los niveles de la administración (?), mejorando la eficiencia y calidad del gasto público. En esa misma línea se halla el FMI requiriendo la puesta en marcha de soluciones efectivas.

Si en 2013, de los extremos en que incidía la CE destacaba el aumento de la relación coste-eficacia del sector sanitario, manteniendo el acceso de grupos vulnerables y la reducción del gasto farmacéutico en hospitales, potenciando la coordinación entre los variados tipos de asistencia sanitaria y mejorando los incentivos a favor del uso eficiente de los recursos, en junio de 2014 la CE preconiza seguir aumentando la eficiencia del sector de la asistencia sanitaria y racionalizando el gasto farmacéutico (hospitales), preservando la accesibilidad de los colectivos más vulnerables.

Otro punto enunciado por la CE es el de acortar los atrasos en los pagos pendientes por parte de la administración, evitando nuevas acumulaciones y dando publicidad sobre las cantidades pendientes de pago.

Y en aquel mes de junio de 2014 la CE se pronunció de nuevo, con el objetivo de que antes de finales de 2014 se adoptara una reforma fiscal completa, simplificando el sistema tributario. La idea es que contribuyera al crecimiento y a crear empleo y a la preservación del medio ambiente, y que diera estabilidad a la recaudación. También se pretendía que trasladara la imposición hacia tributos menos distorsionadores, como los que gravan el consumo o el deterioro del medio ambiente o impuestos recurrentes sobre inmuebles, así como en eliminar los gastos ineficientes en el Impuesto sobre Sociedades y en el IRPF. No se olvidaba de considerar la posibilidad de reducir las cotizaciones empresariales a la Seguridad Social, principalmente en los empleos con salarios más reducidos, corrigiendo la distorsión a favor del endeudamiento en el impuesto sobre sociedades, tomando medidas para evitar que la fiscalidad obstaculice el funcionamiento armonioso del mercado interior español y, por último, ¡faltaría más!, la consabida cantinela de intensificar la lucha contra el fraude fiscal. Exactamente lo mismo que el FMI preconiza. Vamos, el tópico de siempre...

Pormenoricemos en la consolidación fiscal en la cual se plasma el teórico esfuerzo presupuestario estructural. Por el momento, las subidas de impuestos decididas por el Gobierno han incidido agresivamente sobre la ciudadanía. La corrección del déficit requiere de medidas que actúen con carácter duradero sobre los desequilibrios presupuestarios, siendo preciso aplicar creíblemente reformas estructurales, aumentando la capacidad de ajuste y fomentando el crecimiento potencial y la creación de empleo, con la vista puesta en 2018, año en el que España entraría en lo que se consideraría una zona de más o menos equilibrio.

Rigor presupuestario, por ende, y el establecimiento de una autoridad fiscal independiente que analice, asesore y supervise la política presupuestaria española de conformidad con sus normas presupuestarias y la de la UE.

Analicemos de qué manera se comprometía el Gobierno de España a llevar a cabo el esfuerzo presupuestario estructural y cumplir con los mandatos de consolidación fiscal que impone la troika.

Las medidas tomadas en lo concerniente al Impuesto sobre la Renta de las Personas Físicas afectaron esencialmente a los años 2012 y 2013 con un acusado aumento de la recaudación y de manera más tenue —igual al estar acostumbrados por la fuerza de las circunstancias y el imperio de la ley— en 2014 y 2015, según el detalle que sigue:

IMPUESTO SOBRE LA RENTA DE LAS PERSONAS FÍSICAS (IRPF)	IMPACTO PRESUPUESTARIO ADICIONAL AÑO/ MILLONES €			
MEDIDA	**2012**	**2013**	**2014**	**2015**
INGRESOS/CAJA	**3.525**	**3.430**	**83**	**81**
ANTERIORES A 2011	157			
GRAVAMEN COMPLEMENTARIO + SUBIDAS RETENCIONES, ELIMINACIÓN COMPENSACIÓN VIVIENDA, TRIBUTACIÓN PREMIOS LOTERÍAS	3.368	3.430	45	-
ELIMINACIÓN DEDUCCIÓN ADQUISICIÓN VIVIENDA	-	-	90	90
GANANCIAS PATRIMONIALES < 1 AÑO A TIPO GENERAL			40	
REDUCCIÓN 20% RENDIMIENTO NETO POSITIVO 2 PRIMEROS EJERCICIOS EST.DCTA.			-9	-9
DEDUCCIÓN 10% BENEFICIOS REINVERTIDOS			-77	
BUSINESS ANGELS (DEDUCCIÓN 20% INVERSIÓN Y EXENCIÓN GANANCIA PATRIMONIAL)			-6	

Respecto al Impuesto sobre Sociedades, tanto en 2012 como en 2014 las medidas tomadas impulsan un sustancial repunte de su recaudación, esencialmente por las modificaciones en el régimen de los pagos fraccionados y la supresión de deducciones e incentivos.

IMPUESTO SOBRE SOCIEDADES (IS)	IMPACTO PRESUPUESTARIO ADICIONAL AÑO/ MILLONES €			
MEDIDA	**2012**	**2013**	**2014**	**2015**
INGRESOS/CAJA	**4.607**	**152**	**2.920**	**-602**
ANTERIORES A 2011 (LÍMITES *ERD*)	-1.668			
INCREMENTO TIPO RETENCIÓN RENTAS CAPITAL	261	-217	-44	-
PAGOS FRACCIONADOS. LÍMITES DEDUCIBILIDAD GASTOS FINANCIEROS. NO LIBERTAD AMORTIZACIÓN. LIMITACIÓN DEDUCIBILIDAD FONDO DE COMERCIO. LIMITACIÓN BASESIS IMPONIBLES NEGATIVAS	5.925	-2.222	214	-
GRAVAMEN ESPECIAL S/DIVIDENDOS FUENTE EXTRANJERA	89	-80	-9	-
LIMITACIÓN DEDUCIBILIDAD GASTOS DE AMORTIZACIÓN Y GRAVAMEN REVALORIZACIÓN ACTIVOS	-	2.671	-	-
TIPOS REDUCIDOS 15%/20% NUEVAS EMPRESAS, 2 PRIMEROS EJERCICIOS	-	-	.176	-175
DEDUCCIÓN 10% BENEFICIOS ORDINARIOS REINVERTIDOS *ERD*	-	-	-547	-
DEVOLUCIÓN SALDO PENDIENTE DEDUCCIÓN I+D+i	-	-	-	-427
MODIFICACIÓN RÉGIMEN FISCAL ACTIVOS INTANGIBLES	-	-	-168	-
SUPRESIÓN DEDUCIBILIDAD DE LAS PÉRDIDAS EN ENTIDADES PARTICIPADAS	-	-	3.650	-

El filón de la fiscalidad medioambiental cuya razón de ser tendría que responder más a efectos disuasorios que no recaudatorios, supone otra fuente adicional de ingresos, tanto para el Estado como para las comunidades autónomas.

NUEVA FISCALIDAD AMBIENTAL	IMPACTO PRESUPUESTARIO ADICIONAL AÑO/ MILLONES €			
MEDIDA	2012	2013	2014	2015
INGRESOS/CAJA	-	1.889	54	-
IMPTO. VALOR PRODUCCIÓN ENERGÍA ELÉCTRICA				
IMPTO. PRODUCCIÓN COMBUSTIBLE NUCLEAR GASTADO				
IMPUESTO ALMACENAMIENTO COMBUSTIGLE NUCLEAR GASTADO				
NUEVO IMPUESTO S/GASES FLUORADOS DE EFECTO INVERNADERO				
IMPUESTO QUE ACTÚA SOBRE LAS EMISIONES DE HIDROCARBUROS HALOGENADOS				
OTROS IMPUESTOS DIRECTOS	2012	2013	2014	2015
MEDIDA				
INGRESOS/CAJA	1.300	-970	50	-
DECLARACIÓN TRIBUTARIA ESPECIAL. IRNR Y OTROS				

Los discutidos reajustes en el IVA implican unos considerables aumentos de recaudación para las arcas del Estado que en 2013 suponían 8.429 millones de euros adicionales.

IMPUESTO SOBRE EL VALOR AÑADIDO (IVA)	IMPACTO PRESUPUESTARIO ADICIONAL AÑO/MILLONES €			
MEDIDA	2012	2013	2014	2015
INGRESOS/CAJA	**1.505**	**8.429**	**117**	**983**
SUBIDA TIPOS JULIO 2010	-178			
REDUCCIÓN TIPO IVA DEL 8% AL 4% COMPRA VVIENDA Y SUBIDA TIPOS EN II.EE	-758	736	350	-
SUBIDA TIPOS SEPTIEMBRE 2012	2.441	7.693	750	-
CREACIÓN RÉGIMEN IVA DE CAJA	-	-	-983	983

La figura de las accisas o impuestos especiales potencia los ingresos fiscales del Estado especialmente por la vía de los gravámenes sobre los hidrocarburos.

IMPUESTOS ESPECIALES (IIEE)	IMPACTO PRESUPUESTARIO ADICIONAL AÑO/MILLONES €			
MEDIDA	2012	2013	2014	2015
INGRESOS/CAJA	**301**	**2.422**	**434**	**-**
LABORES DE TABACO	236	550	249	-
HIDROCARBUROS	65	1.562	141	-
ALCOHOLES Y BEBIDAS DERIVADAS	-	46	23	-
CARBÓN	-	264	21	-

Las controvertidas tasas reportan al Estado 604 millones de euros más.

TASAS Y OTROS INGRESOS	IMPACTO PRESUPUESTARIO ADICIONAL AÑO/MILLONES €			
MEDIDA	2012	2013	2014	2015
INGRESOS/CAJA	-	604	-	-

Fruto de esa intensificación que se hace en materia tributaria en pos de la consolidación fiscal que exige Europa, el total de incrementos de ingresos a través de los impuestos para el cuatrienio 2012-2015 presentado a la troika es de este tenor:

TOTAL INCREMENTO DE INGRESOS VÍA IMPUESTOS	IMPACTO PRESUPUESTARIO ADICIONAL AÑO/MILLONES €			
MEDIDA	2012	2013	2014	2015
IRPF	3.525	3.430	83	81
IMPUESTO SOCIEDADES	4.607	152	2.920	-602
NUEVA FISCALIDAD AMBIENTAL	-	1.889	54	-
OTROS NUEVOS IMPUESTOS DIRECTOS	1.300	-970	50	-
IVA	1.505	8.429	117	983
IMPUESTOS ESPECIALES	301	2.422	434	-
TASAS Y OTROS INGRESOS	-	604	-	-
TOTAL	11.238	15.956	3.658	462

Ahora bien, si se agregan otros conceptos como son los ajustes en el Impuesto sobre Bienes Inmuebles y las previsiones recaudatorias del plan de lucha contra el fraude fiscal, los números totales que arroja el paquete de medidas tributarias para el período 2012-2015, son éstos:

ESTADO: TOTAL INCREMENTO DE INGRESOS VÍA IMPUESTOS	IMPACTO PRESUPUESTARIO ADICIONAL AÑO/MILLONES €			
MEDIDA	2012	2013	2014	2015
IRPF	3.525	3.430	83	81
IMPUESTO SOCIEDADES	4.607	152	2.920	-602
NUEVA FISCALIDAD AMBIENTAL	-	1.889	54	-
OTROS NUEVOS IMPUESTOS DIRECTOS	1.300	-970	50	-
IVA	1.505	8.429	117	983
IMPUESTOS ESPECIALES	301	2.422	434	-
TASAS Y OTROS INGRESOS	-	604	-	-
IBI	900	-	100	100
PLAN LUCHA CONTRA EL FRAUDE	-	1.050	1.000	-
TOTAL	12.138	17.006	4.758	562

En lo referente a las comunidades autónomas las medidas que afectan al recorte presupuestario de gastos, se plasman en el cuadro siguiente:

COMUNIDADES AUTÓNOMAS	IMPACTO PRESUPUESTARIO ADICIONAL AÑO/ MILLONES €			
MEDIDA	2012	2013	2014	2015
GASTO/PRESUPUESTARIO: TOTAL MEDIDAS GASTOS	9.621	9.139	1.927	2.192
GASTOS DE PERSONAL				
MEDIDAS RETRIBUTIVAS GENERALES	-	2.203,80	-	-
MEDIDAS RETRIBUTIVAS ALTOS CARGOS	-	0,1	0	0
REDUCCIÓN PROPORCIONAL DE JORNADA Y RETRIBUCIONES	-	122	35,3	40,2
REDUCCIÓN/SUPRESIÓN GRATIFICACIONES Y PRODUCTIVIDAD	-	-1	-	-
MEDIDAS DE GESTIÓN/PLANIFICACIÓN DE PERSONAL	-	915,9	235,1	267,4
OTRAS MEDIDAS	1.504,70	-57,2	-	-
GASTOS FARMACÉUTICOS				
COMPRA CENTRALIZADA DE MEDICAMENTOS	91,2	89,4	25,9	29,4
OTRAS MEDIDAS EN MATERIA DE FARMACIA	644,3	660,4	191,3	217,6
MEDIDAS EN GASTOS CORRIENTES Y CONCIERTOS				
MEDIDAS DE AHORRO EN PRESTACIÓN SERVICIOS Y SUMINISTROS	-	573,1	166	188,9
MEDIDAS RETRIBUTIVAS CONCIERTOS	-	90,4	26,2	29,8
OTRAS MEDIDAS	560,5	759,6	220,1	250,3
TRANSFERENCIAS CORRIENTES	3.133,80	1.609,60	466,3	530,4
TRANSFERENCIAS DE CAPITAL (SUBVENCIONS/AYUDAS/OTRAS)	1.715,10	1.281,20	371,10	422,2
RESTO DE MEDIDAS	1.971,50	891,5	189,6	215,7

Los aumentos correspondientes a los ingresos de las comunidades autónomas se canalizan en gran manera a través de una mayor presión tributaria ya sea intensificando los gravámenes vigentes o creando otras figuras tributarias de nuevo cuño que les sirvan para acopiar mayores recursos. En el cuadro que sigue se reflejan las medidas relativas a los aumentos de ingresos de las comunidades:

COMUNIDADES AUTÓNOMAS	IMPACTO PRESUPUESTARIO ADICIONAL AÑO/ MILLONES €			
MEDIDA	2012	2013	2014	2015
INGRESO/PRESUPUESTARIO: TOTAL MEDIDAS INGRESOS	3.855	3.758	2.142	2.370
IMPUESTOS DIRECTOS				
IMPUESTO SOBRE LA RENTA DE LAS PERSONAS FÍSICAS (IRPF)	-	48,2	113,1	115,8
IMPUESTO SOBRE SUCESIONES Y DONACIONES	-	198,5	27,5	28,1
IMPUESTO SOBRE EL PATRIMONIO	-	304,1	50	70
IMPUESTO SOCIEDADES	-	0	0	0
IMPUESTOS AMBIENTALES	50,3	94,6	53,9	55,2
RESTO IMPUESTOS DIRECTOS	616,2	-	-	-
IMPUESTOS INDIRECTOS				
IMPUESTO TRANSMISIONES PATRIMONIALES Y AJD	76,5	386,7	343,6	510,7
IMPUESTO ESPECIAL DETERMINADOS MEDIOS DE TRANSPORTE	162	-1,8	0	0
NUEVOS IMPUESTOS	92,3	0	0	0
IMPUESTO VENTAS MINORISTAS DETERMINADOS HIDROCARBUROS	-	370,4	211,1	216,1
IGIC AIEM	-	178,3	0	0
RESTO IMPUESTOS INDIRECTOS	334,5	-	-	-
TASAS	188,4	72,1	41,1	42,1
OTROS TRIBUTOS	1.109,10	570,6	325,1	332,9
NATURALEZA NO TRIBUTARIA	43,9	1.536,0	976,7	1.000,0
TRANSFERENCIAS CORRIENTES/CAPITAL	1.181,90	-	-	-
TOTAL COMUNIDADES AUTÓNOMAS +INGRESOS -GASTOS	13.476	12.897	4.069	4.562

En lo atinente a las corporaciones locales, las medidas de éstas se encaminan, siguiendo las directrices de la Troika, a un recorte de sus gastos y a una potenciación de sus ingresos. Los ajustes en los gastos se especifican así:

CORPORACIONES LOCALES	IMPACTO PRESUPUESTARIO ADICIONAL AÑO/MILLONES €		
MEDIDA	2013	2014	2015
GASTO/PRESUPUESTARIO: TOTAL MEDIDAS GASTOS	1.843,5	2.431,4	5.133,3
GASTOS DE PERSONAL: REDUCCIÓN	908,4	890,4	4,48
SECTOR PÚBLICO EMPRESARIAL: DISOLUCIÓN DE EMPRESAS	4,33	381	1.016,8
INVERSIONES Y TRANSFERENCIAS DE CAPITAL: REDUCCIÓN	790	480	0
SUPRESIÓN DE SERVICIOS Y DESAPARICIÓN ENTIDADES	140,8	680	2.602
SANIDAD, EDUCACIÓN, SERVICIOS SOCIALES	0	0	473
GESTIÓN INTEGRADA SERVICIOS PÚBLICOS Y FUSIONES MUNICIPIOS	0	0	1.037

Y la mejora de los ingresos de las corporaciones locales se compendia de este modo:

CORPORACIONES LOCALES	IMPACTO PRESUPUESTARIO ADICIONAL AÑO/MILLONES €		
MEDIDA	2013	2014	2015
INGRESO/PRESUPUESTARIO: TOTAL MEDIDAS INGRESOS	261,3	1.099	176,1
TRIBUTOS: SUBIDAS TRIBUTARIAS, SUPRESIÓN EXENCIONES Y BONIFICACIONES	182,5	200	98,3
TRIBUTOS: REFUERZO EFICACIA RECAUDACIÓN EJECUTIVA Y VOLUNTARIA	15,41	60,36	20,82
TRIBUTOS: NUEVOS HECHOS IMPONIBLES NO GRAVADOS	8,04	300	0
TRIBUTOS: TASAS Y PRECIOS PÚBLICOS	55,31	538,6	23,27
OTROS INGRESOS: OTRAS MEDIDAS	0	0	33,68
TOTAL ENTIDADES LOCALES +INGRESOS - GASTOS	2.104,8	3.530,4	5.309,4

En suma, pues, el esfuerzo presupuestario, cómo no, recae sobre las espaldas y los bolsillos de los ciudadanos que asisten impotentes a lo que son subidas de impuestos por los tres frentes posibles —administración central, comunidades autónomas y corporaciones locales— a la par que han de resignarse ante recortes de los gastos sociales que en buena medida les perjudican. Así, en resumidas cuentas, se escribe el proceso de consolidación fiscal que no obstante afecta a recortes de pensiones, subsidios, mayores copagos por servicios sanitarios, médicos y farmacéuticos, aumentos en las tasas de educación, reajustes salariales a empleados públicos cuando no despidos, congelación de nuevas plazas limitando la promoción interna y la paralización de infraestructuras promoviendo, de un lado, mecanismos de colaboración público-privado, por ejemplo en concesiones, y, de otro lado, más tasas en aeropuertos, autovías, subidas de transporte público...

COMISIÓN EUROPEA 29 MAYO 2013: DECÁLOGO, + FMI: IMPACTO PRESUPUESTARIO DE LAS EXIGENCIAS SOBRE LA CUENTAS PÚBLICAS ESPAÑOLAS				
ESTADO, COMUNIDADES AUTÓNOMAS Y CORPORACIONES LOCALES: IMPACTO PRESUPUESTARIO ESPERADO DE LAS MEDIDAS ADOPTADAS Y PREVISTAS	IMPACTO PRESUPUESTARIO ADICIONAL AÑO/MILLONES €			
	2012	2013	2014	2015
ESTADO	12.137	17.006	4.758	562
COMUNIDADES AUTÓNOMAS	13.476	12.897	4.069	4.562
ENTIDADES LOCALES	-	2.105	3.530	5.309
TOTAL MEDIDAS	25.613	32.008	12.357	10.433

Sistema tributario: sistematización

Durante el mes de marzo de 2014 se dispuso del informe elaborado por un comité de expertos sobre la reforma fiscal o, al pie de la letra, sistematización de nuestro sistema tributario (*sic*). Se impone por la CE y el FMI limitar el gasto fiscal en la imposición directa, esto es, acotar y eliminar partidas deducibles, bonificaciones y deducciones, así como restringir la aplicación de tipos reducidos en el IVA. De igual manera, se propende a subir los impuestos medioambientales (carburantes) y a seguir en la lucha contra la economía informal y el trabajo no declarado.

En junio de 2014, con el informe de los expertos ya conocido, la CE insistía en la concepción y aplicación de la reforma fiscal considerándola clave para las finanzas públicas españolas y las perspectivas económicas de futuro. Más o menos, así ha sido.

No hay incentivos fiscales y las empresas tienen que hacer un esfuerzo enorme para soportar la miríada de cargas tributarias existentes. Tributos e impuestos estatales, una inflación tributaria provocada por las comunidades autónomas, una presión fiscal extenuante de los municipios... El hábitat tributario en España es inhóspito.

Se habla a menudo de presión fiscal y convendría poner el acento en lo que significa la idea de esfuerzo tributario. Se focaliza la asfixia tributaria en la persona física, en el ciudadano, pero las pequeñas y medianas empresas, ajenas a las posibilidades que brinda en términos fiscales un proceso de internacionalización —baza que las empresas de un determinado tamaño saben jugar perfectamente—, se ven asediadas y gravemente castigadas por una cascada inagotable de figuras tributarias. No se trata, ni mucho menos, de que la Ley de Emprendedores introduzca una serie de favorables medidas fiscales para quienes tengan iniciativas empresariales. Posiblemente, nuestro gobierno haya olvidado que, además de beneficiar al emprendedor, cosa que es muy positiva, habría que premiar, ayudar y agradecer a las empresas que, a pesar de las dificultades, han sabido aguantar estoicamente durante todos esos años de larga, profunda y destructiva crisis. Igual es que el Gobierno desconoce de cabo a rabo la marea de dificultades a la que se enfrenta el empresario y lance caramelos al emprendedor.

¿Cómo se cuadran las demenciales cuentas públicas de un modelo de Estado sobredimensionado, errático y sin brújula? ¿Cómo se liquidará la voluminosa deuda pública acumulada hasta la fecha y en trance de engrosarse durante los próximos años? A través de la consolidación fiscal.

La idea de consolidación fiscal se pone de manifiesto a la vista de las proyecciones de ingresos y gasto público para los próximos ejercicios, con un gasto público que no sólo no se frena, sino que crece.

Las subidas de impuestos hacen que se esté en España al límite de la eficacia recaudatoria. La presión fiscal resulta excesiva e incompatible con la competitividad empresarial. En vez de afrontar una reducción del gasto y una reestructuración de las administraciones públicas, el Estado aprieta las clavijas a los ciudadanos y empresas.

El hecho imponible de los tributos se adentra en una dimensión desconocida y se dirige a gravar todo lo gravable y más aún. Estado, comunidades autónomas, ayuntamientos... El consumo acaba pagando cada vez más —es una de las principales causas del retraimiento en el gasto privado— y los empresarios frenan sus impulsos inversores y de crecimiento ante la cascada impositiva y la larga retahíla de escollos legales y administrativos.

Se da pábulo a una nueva variante de tributación indirecta consistente en la dura carga fiscal para empresas con montañas de papeleo a guisa de compañía *low cost.* Se imponen a la ciudadanía copagos y repagos, surgiendo una pregunta: entonces, ¿para qué sirven y a qué se destinan nuestros impuestos si además hay que pagar también por casi todo?

Hemos entrado en los excesos autonómico-tributarios en clave federalista. España actualmente padece de un síndrome de federalismo tributario. El ciudadano y la empresa elucubran sobre dónde vivir, dónde invertir, dónde tributar e, incluso, dónde morir. La excesiva producción de tributación autonómica, con más de cien impuestos propios en el conjunto de las autonomías españolas, conduce a una dispersión normativa impensable en el conjunto de un Estado y, a lo que es peor, a una deleznable fragmentación del mercado.

Se ha topado con el filón de la fiscalidad medioambiental que, quebrando su propio espíritu y la «ratio legis», más que desincentivar prácticas contaminantes persigue exclusivos afanes recaudatorios. Nos encontramos ante una preocupante descoordinación de las comunidades autónomas en la aprobación y regulación de normas tributarias, causando distorsiones en el mercado y perjudicando a las empresas.

El esfuerzo fiscal exigido en España a sus contribuyentes es exagerado, al punto que el tipo marginal en el Impuesto sobre la Renta de las Personas Físicas alcanza, como en el caso de Cataluña, el 56 %, tipo de gravamen indiscutiblemente confiscatorio. En el Impuesto sobre Sociedades, España se sitúa por encima de la media de la UE y de la UEM. Por lo que respecta al Impuesto sobre el Valor Añadido, el tipo general sobrepasa al que se aplica en Francia y Alemania, y se iguala con el de Italia, países donde sus ciudadanos perciben mejores y más elevadas retribuciones.

ESPAÑA vs ENTORNO: PRINCIPALES TIPOS IMPOSITIVOS

	Principales tipos impositivos								
	IRPF			Sociedades			IVA		
	2000	2011	2012	2000	2011	2012	2000	2011	2012
EU 27	44,8	37,5	38,1	31,9	23,4	23,5	19,2	20,7	21,0
EA 17	47,1	42,2	43,2	34,4	25,9	26,1	18,1	19,7	20,0
España	48,0	45,0	52,0	35,0	30,0	30,0	16,0	18,0	21,0
Francia	59,0	46,7	46,8	37,8	34,4	36,1	19,6	19,6	19,6
Alemania	53,8	47,5	47,5	51,6	29,8	29,8	16,0	19,0	19,0
Italia	45,9	45,6	47,3	41,3	31,4	31,4	20,0	20,0	21,0

Fuente: Instituto de Estudios Fiscales

El subsiguiente problema radica en cómo se gravan niveles medios de renta. En España, los contribuyentes salen mal parados al recaer sobre bases generales medias un mayor esfuerzo fiscal que en Alemania, Francia, Italia y Reino Unido.

Sin embargo, aparecen disfunciones de grueso calibre en el Impuesto sobre Sociedades. Mientras que a las pymes se les grava a un tipo fijado entre el 20 % y el 30 %, en los últimos años, al comprobar cuál es el tipo efectivo del Impuesto sobre Sociedades de grandes compañías españolas, salta la sorpresa.

Las constantes subidas de impuestos azuzan mayor presión fiscal, cada vez menos soportable. De la lectura del proyecto de los Presupuestos Generales del Estado para 2014 se infiere un afilado acrecentamiento de la presión fiscal, comparando los impactos de los aumentos de impuestos en 2013 y 2014 respecto al *statu quo* existente en 2012, antes de llevarse a cabo las reformas en materia tributaria habidas durante ese año.

En el cuadro siguiente se resume el impacto anual de las subidas de impuestos entre 2013 y 2014 —en este año según los Presupuestos del Estado— que suponen en 2013 un aumento efectivo de la presión fiscal de 20.212 millones de euros en 2013 y de 35.834 millones en 2014.

IMPACTO DE LOS AUMENTOS DE IMPUESTOS (MILLONES EUROS)

IMPUESTO	IMPACTO ANUAL (MM€)		IMPACTO DIFERENCIAL (MM€)	
	2013	2014	2013	2014
IRPF	6.798	6.881	3.430	83
IMPUESTO SOCIEDADES	6.899	9.819	152	2.920
FISCALIDAD MEDIOAMBIENTAL	1.889	1.943	1.889	54
OTROS IMPUESTOS DIRECTOS	330	380	-970	50
IVA	9.970	10.087	8.429	117
IMPUESTOS ESPECIALES	2.722	3.156	2.422	434
TASAS Y OTROS INGRESOS	604	604	604	-
TOTAL	29.212	32.870	15.956	3.658
NUEVAS MEDIDAS 2014*	-	-		2.964
TOTAL IMPACTO 2014	-	-	-	6.622
AUMENTO EFECTIVO DE LA PRESIÓN FISCAL			29.212	35.834

NUEVAS MEDIDAS 2014*: SUPRESIÓN DE DEDUCIBILIDAD EN EL IMPUESTO SOBRE SOCIEDADES DE DETERIORO DE VALOR DE PARTICIPACIONES EN FONDOS PROPIOS DE ENTIDADES Y RENTAS NEGATIVAS + CREACIÓN IMPUESTO SOBRE LOS GASES FLUORADOS DE EFECTO INVERNADERO + ¿ALGUNA OTRA?

La reforma fiscal de 2014 proyecta una ligera rebaja en el IRPF para rentas bajas y concentra la disminución de la presión tributaria en los rendimientos del trabajo. Dando por sentado el punto anterior, preguntémonos qué es lo que sucederá con otros tipos de rendimientos, con ganancias patrimoniales, con dividendos de sociedades, con la reducción por planes de pensiones, con una batería de conceptos que restan tanto de la base como de la cuota.

En cuanto a las retenciones de los autónomos, que antes de la llegada del actual gobierno, se situaban en un soportable 15 % y desde 2012 se alzaron al 21 %, asistimos a un pequeña aminoración. Y en lo concerniente al Impuesto sobre Sociedades, para las pymes queda exactamente igual mientras que el tipo de las grandes empresas se rebaja de forma que acabará coincidiendo con el de las pymes, en lo que constituye todo un agravio comparativo para las pequeñas y medianas empresas y un trato de favor para las grandes.

Ésa es la realidad de los números, de las disposiciones legislativas, al margen de que el discurso oficial considere que todo comienza a marchar sobre ruedas.

8

A guisa de conclusiones

Después de toda esta paliza que le he pegado —gracias, amable y paciente lector, por su gesta de aguantar hasta el final la lectura de estas páginas—, llega la hora de concluir. Hemos hablado de muchas cosas para intentar fotografiar nuestra realidad económica. La idea primordial de este libro es responder a la pregunta que se formula con su título: ¿Dónde estamos? E ir desgranando las verdades, mentiras y deberes pendientes. España, se lo digo sinceramente, se debate ante una complicada encrucijada. Las cosas no sólo no se han hecho bien sino que mal. Nuestros gestores han errado y quiero pensar que ha sido por falta de competencia y, en caliente, uno llegaría a decir que por ineptitud, pero no por intereses torticeros, mangoneos y saqueos de nuestra España. Tal vez nosotros no hemos puesto todo lo que teníamos que poner por cambiar las tendencias sobre las que no queríamos saber nada o hacíamos oídos sordos.

Varios son, a la postre, las conclusiones que intento sintetizar aquí.

1. El origen de nuestros males actuales se encuentra en la corriente y vulgarmente llamada crisis económica que en realidad ha constituido y constituye una crisis de deuda, identificada en sus comienzos con una falta de liquidez que devino, acto se-

guido, en serios problemas de solvencia vinculados a los excesivos endeudamientos contraídos con motivo de costosas adquisiciones de activos, en ocasiones sobredimensionados en cantidades y en precios, dando lugar a capacidades productivas desproporcionadas; eso ocurrió tanto en el sector privado como en el público.

2. No saber, o no querer, reconocer la realidad, la virulencia, la enjundia y las consecuencias de la crisis que estaba germinando, impidió plantear un análisis coherente sobre la misma que explicara dónde y cómo se encontraban el sector público y privado de España, a la vez que nuestro sistema financiero, cuál era el estado real de nuestra economía y nuestras finanzas, cómo y por qué se había llegado a un escenario tan inextricable que evolucionaba a peor, qué impactos se producían y cuáles eran las secuelas susceptibles de darse. Faltó, consiguientemente, en el momento idóneo y oportuno, la formulación, con conocimiento de causa, de un diagnóstico certero sobre los síntomas, las causas y las posibles soluciones, del proceso crítico por el que atravesaba la economía española, que hubiera permitido diseñar a tiempo un plan de viabilidad tanto en la vertiente privada como pública. Al cabo, aquí nos encontramos...

3. La crisis económica, propiamente dicha, vino como consecuencia de unos rápidos crecimientos de los ingresos y de las cifras de facturación, confundiéndose ingresos recurrentes y no recurrentes, plusvalías atípicas y ganancias extraordinarias con ventas e ingresos normales derivados de la actividad, incurriendo en el error de identificar el conjunto de los ingresos como si todos ellos estuvieran tocados por una vitola de sostenibilidad. Simultáneamente, las estructuras de entes públicos y empresas privadas crecieron y sus gastos de funcionamiento, entre los que se encuentran los correspondientes al personal, se multiplicaron. Las incorporaciones de efectivos humanos nutriendo las plantillas derivaron en ocasiones en creación de empleo superflua, y se fue hinchando el peso de los gastos de explotación. La falta de control sobre los gastos de funcionamiento de entidades públicas y privadas, al ralentizarse la tendencia de las facturaciones, fue abriendo vías de agua en el sector privado y público.

4. El desproporcionado aumento de las deudas al calor de las pompas crediticias hizo muy accesible el recurso de la financiación bancaria. Los exorbitantes endeudamientos privados multiplicaron los volúmenes de deuda, aplicándose preferentemente a inversiones en activos. Los crecimientos empresariales, en buena parte, eran consecuencia de un fuerte proceso de apalancamiento que iba en detrimento de la independencia financiera y de la solvencia de familias y hogares así como de empresas. Las facilidades crediticias propiciaban incrementos de precios de los activos, en los que se atisbaba una preocupante fiebre inflacionista.

El repentino estallido de la crisis justo cuando las cifras del endeudamiento de familias, hogares y empresas alcanzaban sus cimas, les pilló muy desprevenidos y poco pertrechados para hacer frente a los avatares ante los que se enfrentarían. Los retrocesos del PIB español han pasado factura en forma de salidas de recursos humanos de las empresas que engrosaban las filas del desempleo, llegando a superar los 6 millones de parados, cayendo el número de afiliados a la Seguridad Social desde 2007 en unos 3 millones de cotizantes. La destrucción empresarial fue otra forma de pagar los excesos cometidos en el transcurso de la etapa expansiva vivida.

El freno en seco de la financiación bancaria al sector privado y el acusado recorte de la financiación de las actividades productivas que se da a partir de 2009, son equiparables a una especie de retirada de oxígeno financiero a empresas que dependen del mismo. Las insolvencias empresariales, a partir de entonces, se acumulan y las dificultades de toda suerte de empresas que habían hecho de la financiación bancaria su principal baluarte en el pasivo, les empujan a un callejón sin salida.

Esas complicaciones derivadas de la deuda privada llevaron a bastantes de nuestras cajas de ahorros a una situación límite. En algunas de ellas, digamos que las travesuras de sus mandamases las hundieron en auténticas catástrofes financieras. Así que no hubo más remedio que pedir ayuda y, con la excusa de sanear nuestro sistema financiero, España fue rescatada y se le impusieron unos deberes muy rigurosos a gran velocidad. Tras la opulencia se ha caído en la miseria.

5. Soportamos un elevado paro que ha llegado a superar el 26 % de la población activa, situando el número de desempleados en prácticamente 6 millones de personas, atenuada entre finales de 2014 y los primeros meses de 2015 la tasa de paro a casi un 24 % y con cerca de 5,5 millones de parados, sin que se observen visos de recuperación ni se tomen por parte de nuestras autoridades medidas activas para relanzar el empleo. Bajo el signo de la incertidumbre, en un ambiente de pesimismo, sin que se cobijen expectativas de reactivación, con una oferta cada vez mayor en el mercado de trabajo y una demanda laboral muy reducida, al calor de unos sueldos que cuando no se estancan sí disminuyen y asistiendo a un proceso de devaluación salarial, será complicado que el consumo privado tire del carro de la economía como lo debiera hacer para hablar de firme recuperación económica.

Otrosí, se abren preocupantes interrogantes sobre la sostenibilidad de nuestro sistema de pensiones debido, en primer lugar, a la evolución del desembolso por pensiones y, en segundo lugar, por la caída en la relación entre cotizantes y pensionistas.

Urge, en consecuencia, la puesta en marcha de medidas activas que estimulen el mercado de trabajo, verbigracia, procediendo a la bonificación parcial o total de las cuotas empresariales de la seguridad social durante un período determinado —por ejemplo, de dos años— de los trabajadores que cumplan determinadas condiciones que podrían estar referidas a su edad y al tiempo que llevan en situación de desempleo.

Asimismo, tendría que procederse a rebajar las cotizaciones sociales a cargo de los empleadores, que hoy se sitúan en unos porcentajes muy altos sobre los costes salariales, para así estimular el mercado de trabajo.

6. Un déficit público que en 2014 es del 5,8 % del PIB cifrándose en más de 61.000 millones de euros, manteniendo la tónica deficitaria de los últimos años que eleva a más de 612.000 millones de euros el déficit público acumulado por España entre 2008 y 2014, debe interpretarse en el sentido de que las políticas implementadas sobre nuestras cuentas públicas no resuelven nada salvo castigar a los contribuyentes con cada más cargas y gravámenes.

El problema del déficit no radica tanto en la falta de empuje de los ingresos, que en lo concerniente a los tributarios se hallan ya al límite de su capacidad, como en el poco entusiasmo por parte de quienes rigen los destinos políticos de España de rebajar las abominables cifras del gasto público, seguramente por estar más preocupados en sus asuntos que ocupados en solucionar los problemas de la sociedad española. De mantenerse la actual trayectoria deficitaria, España está condenada a una situación de bancarrota en los próximos años y a asumir un endeudamiento absolutamente imposible de liquidar que dejaría en el desamparo financiero al país y su suerte a merced de los acreedores.

7. Es indignante la absoluta falta de voluntad política por contener y, más aún, por rebajar el gasto público del conjunto del Estado, exigiendo así un esfuerzo descomunal en materia de impuestos a la ciudadanía.

Se hace imprescindible proceder a un recorte de gasto público que tendría que llevarse a cabo por parte de una autoridad fiscal independiente, tal y como reclama la CE y el FMI, a la vez que estableciendo una filosofía PBC (presupuesto base cero) que cuestione realmente la profusión del gasto público en sus diferentes niveles: administración central, Seguridad Social, organismos autónomos, comunidades autónomas y corporaciones locales. Igualmente, sería imprescindible acometer una reforma profunda de las empresas públicas, cuestionándose su razón de ser y sus finalidades así como si su papel puede desempeñarse por el sector privado; un reajuste de fondos presupuestarios a fundaciones, asociaciones y otros entes sobre los que asoman ciertas oscuridades, y replantearse la existencia de una serie de agencias oficiales de perfil estatal y autonómico cuyos cometidos levantan suspicacias.

8. Hemos de cargar con una imparable deuda pública, con un saldo que excede el billón de euros, que aumenta desde 2007 a 2014 en cerca de 650.000 millones de euros que hoy por hoy resulta impagable, así como un abominable incremento de los pasivos en circulación de las administraciones públicas que de suponer 508.184 millones de euros en 2007 alcanzan la friolera de 1.493.413 millones de euros al cierre del primer semestre de

2014, creciendo en 985.229 millones de euros en el período 2007-2014.

La contundencia de los déficits acumulados en el transcurso de estos años, su cuantía, la ausencia de políticas coherentes y prudentes en nuestras finanzas públicas, provocan una aceleración galopante en el ritmo de crecimiento de la deuda pública, y de los pasivos en circulación de las administraciones, al punto que su proyección es amenazante. No somos conscientes de la rémora con la que tendremos que apechugar durante los próximos años ni de la envenenada herencia que dejaremos a nuestros hijos, nietos, bisnietos y tataranietos.

9. Un PIB que muestra de unos años acá una manifiesta falta de fuelle, cayendo de 2008 a 2013 en 58.000 millones de euros, corrobora una economía sin capacidad de reacción en cuanto a su modelo. La fuerte dependencia por parte de nuestra economía en años precedentes del sector de la construcción se traduce en un derrumbe del PIB sin que se atisben a día de hoy sectores que sean capaces de ejercer como tractores de nuestro crecimiento económico.

La calidad del PIB español pone de manifiesto un estancamiento en el sector agrícola, ganadero y pesquero; una caída en la industria; un desplome de la construcción; tenues repuntes en comercio y hostelería, con mayor acento en éste si bien al albur de la coyuntura internacional; y, una caída en los servicios. Hay que saber generar un nuevo modelo económico-productivo que estimule la reindustrialización de España, pero no a base de fábricas con chimeneas que suelten humos contaminantes sino pensando en la industria del siglo XXI, gestionando el talento de nuestras universidades y nuestras empresas, inspirándose en las economías del mundo occidental que tiran y, de ser necesario, copiando cuanto sea menester. Eso sí, para disponer de un hábitat confortable, es requisito imprescindible, entre otras cosas, que se dé seguridad jurídica y estabilidad normativa al estilo de las potentes economías occidentales y no la actual inseguridad jurídica e inestabilidad normativa que condenan a España a ser una vulgar república bananera.

10. Tenemos que internalizar el volumen de una deuda privada muy elevada que, en condiciones normales y actuando pru-

dentemente, no podrá incrementarse a medio plazo al tener que seguir con un riguroso proceso de desendeudamiento por parte de familias y hogares, continuando las empresas con el desapalancamiento que sitúe en niveles aceptables sus elevadas cotas de endeudamiento. Será difícil, por consiguiente, que en años venideros se asista a inversiones significativas de tipo doméstico o de carácter empresarial, con lo cual las perspectivas sobre el consumo privado son más bien débiles.

11. La deuda total de España, sumando la privada y pública, sin incluir la de las entidades financieras, asciende en 2014 a 4,065 billones de euros, lo que representa el 384 % del PIB. Es harto evidente que el país, durante los próximos años, se ve compelido a rebajar esos volúmenes de deuda tanto por lo que concierne al sector privado como en lo atinente al sector público.

12. Atendiendo al cuadro clínico-económico presente, se antoja tarea ardua la de crear varios millones de puestos de trabajo que sirvan para rescatar a personas que se encuentran en situación de desempleo y muchas de ellas con el agravante del paro crónico, o sea, de larga duración.

13. Nos encontramos actualmente ante una especie de triángulo del estancamiento, donde sus vértices vienen dados por un paro enquistado, por un sistema productivo que no es capaz de crear empleo en términos estructurales, sino más bien de forma temporal y un tanto precaria, y un consumo privado que supone el 59 % del PIB que se contrae como consecuencia de varias circunstancias entre las que pueden citarse, al margen del paro, el mencionado desendeudamiento de las familias, esforzándose para rebajar sus niveles de deuda, su menor renta disponible, una preocupante pérdida de poder adquisitivo y unas cargas tributarias excesivas. Si no hay consumo, la economía no tira.

14. España, empantanada en la ciénaga de la corrupción, compungida por los escándalos que azotan a la clase política, castigada su ciudadanía por el grado de exigencia de sus obligaciones tributarias por parte de quienes moralmente no están en absoluto legitimados para hacerlo, necesita un brusco cambio de rumbo, un valiente golpe de timón. Nuestros jóvenes huyen de España y quienes aún están acá son conscientes de que su futuro

está lejos de nuestra tierra. Esto es lo que ha conseguido una deleznable partitocracia y unos gobiernos que sólo entienden de intrigas y de conjugar compincheos, que ha encumbrado a arribistas y mediocres a puestos de responsabilidad, tejiendo una estructura pública y una industria política insoportable, costeada a cargo de nuestros elevados impuestos y cargas sociales. Si a ello se agrega ese «capitalismo de amiguetes» que facilita a unos cuantos forrarse a costa de todos nosotros, como cuando sale mal algún negocio haciendo apechugar a todos los ciudadanos, los destrozos financieros para el país son gravísimos y con ese paisaje de fondo muy difícil se antoja la firme tarea de recuperación de España.

De no remediarse ese panorama, España, como venimos diciendo de unos años acá, va simplemente a la deriva. O reaccionamos pronto, o más adelante ya será demasiado tarde. Regeneración política, higienización de todo nuestro sistema, frescura de ideas, nuevas iniciativas que rompan con este fatídico presente y con un pasado tenebroso, implantación de un cambiante modelo económico-productivo, soluciones efectivas y no páginas de BOE y leyes a destajo, hechos y menos promesas, gente al frente del país que sepa lo que es trabajar de verdad y, permítame que lo diga así, menos chorizos es lo que España necesita para avanzar. Sobran leyes, sobran políticos, falta sensatez y falta más pueblo. Solo basta ver unos minutos las alturas de miras del debate sobre el estado de la nación que se celebra en el hemiciclo, para comprender dónde estamos, cómo estamos, adónde vamos y cómo lo hacemos...

Siempre me suelo despedir, amigo lector, con mi palabra favorita: ¡Ánimos!, y añadirle la expresión: ¡Vamos ahí! Posiblemente sea que al ser del Espanyol sé que, a lo lejos, en algún punto del horizonte se otea un haz, más que de luz, de esperanza. Gracias al Espanyol vivo este presente con entusiasmo y confío en el futuro. A usted, paciente lector, mi gratitud por los ratos perdidos leyendo este modesto libro.